Ten tomatoes that changed the world

a history

by William Alexander
translated by Takako Iijima

世界を変えた
10のトマト

ウィリアム・アレキサンダー
飯嶋貴子 訳

青土社

世界を変えた10のトマト　目次

世界を変えた10のトマト

序――金より価値のあるもの

テノチティトラン、メキシコ、一五二〇年七月一日

スペインから来た征服者《コンキスタドール》であるエルナン・コルテスは計算を誤った。しかもひどい誤算だった。七ヵ月前、虐殺と謀略の末に、アステカ島の首都テノチティトランに進軍したコルテスとその寡兵は、困窮状態に陥っていた。コルテスの庇護者であり捕虜でもあったモンテスマ〔アステカの第九代君主〕は、怒り狂った市民に石を投げつけられて死んでしまい、市民はその怒りを、今度は侵略者たちに向けはじめた。数の上でも劣り、本土からも分断され、四面楚歌にあったこのコンキスタドールは、二五〇人の兵士の命を救うことだけに望みをかけていた。だがもし彼が失敗したら、命を落とした兵士は幸運だったと言えるだろう。不運にも捕虜となった兵士たちは、まだ脈打つ心臓を胸からはぎ取られるのを待つことしかできなかったのだから。

盗んだ財宝をもてる限り詰め込んだスペイン人は、真夜中に決死の逃亡を企てた。移動式の橋を秘密裏に組み立て、破壊された土手道に渡すのだ。その際、あまりの重さに手に負えなくなった財宝の積荷は、虚しくもテスココ湖の底へと旋回しながら落ちていった。それまで世界が経験したこともない、計り知れない富の喪失だった。それでもコルテスは逃げて、軍を再編し、テノチティトランを再

び征服しようとしていた――徹底的に。それから一四ヵ月の間に、かつて栄華を極めたこの文明はスペインの侵略と病原菌と、金銀に対する彼らの飽くことなき欲望の犠牲となり果てて滅んだ。しかし、結果的に新世界の貴金属のすべてを合わせたものにも匹敵するインパクトをもつことになるメキシコの真の財宝はほどなく、船に乗ってヨーロッパへと辿り着き、歴史の流れを永遠に変えることになる。

その財宝とは、もちろん、トマトだ。

1　メディチ家のポモドーロ
見たこともない奇妙な野菜に名前が付けられ、そして忘れ去られる

ピサ、イタリア、諸聖人の日の前夜、一五四八年

フィレンツェ郊外にある田舎の大邸宅からバスケットが届いたという知らせを執事から受けると、トスカーナ大公コジモ・デ・メディチは、ヴェッキオ宮殿の長い階段を降りていった。集まった家族が新世界から到着した奇妙な野菜（vegetable）を一目見ようとする中、どうやらトマトが世界で初めて、多大な影響力をもつかの有名なコジモ・デ・メディチによってイタリアに紹介されようとしているようだ。実際、彼よりも紹介者として適した人間は考えられるだろうか？　ピサで初めての植物園の建設にも投資した、金離れのよい、芸術と科学のパトロンである大公は、一七歳で公人となって以来、新世界の植物に特別な関心を抱くアマチュア植物学者だった。それは、トスカーナにある彼の多数の邸宅のひとつ、ヴィラ・デ・カステッロに整然と並ぶトウモロコシが、訪れた客を驚かせていたことからも明らかだった。しかも彼の妻、エレオノーラ・ディ・トレドはスペイン人で、スペインに住む彼女の家族は、アメリカ大陸から到着する数多くの植物標本を入手することができた。

コジモは今、その後イタリアの代名詞になるばかりか、アメリカのケチャップからインドのティッ

カマサラまで、世界中の料理に影響を与えることにもなるトマトを手にしていている。まさに画期的瞬間だ！　次に何が起こるだろうか？　ピザとスパゲティの誕生か？　はたまたミケランジェロを夕食にご招待？　この劇的な瞬間は、執事によって謹んで記録される、ほとんど聖書のような調子で。

「そしてバスケットが開けられ、その後至極思慮深い面持ちで彼らは互いに顔を見合わせたり」

　次に彼らが口にしたことは記録されていないが、想像するに、きっと天を見上げてこう考えたのだろう。**一体全体《ファンクーロ》、何だこれは？？？**

　その翌日が伝統的な祝祭日である諸聖人の日に当たることを考えれば、トマトはそのために送られてきたのではないか、とも推測できる。ところが正餐にトマトはひとつも出されなかった。その日も次の日も。一年後も一〇年後も。一世紀が経ってからも。実際、てっきりイタリア原産の植物だと思い込んでしまいそうな（かく言う私もそう思っていた）、イタリア料理と密接な関係があるこの野菜は、その後三〇〇年間、イタリア料理にその地位を築くことはなかった。

　それでも、これが歴史的に重要な出来事であったことには変わりない。なんと言っても、トマトがイタリアに到着したという事例が初めて記録された日なのだから。それから執事は、バスケットが無事に届いたという丁重な手紙を田園の邸宅へ送ると、新世界からやって来たこの奇妙な輸入品に、ヨーロッパのどの国よりも先にポモドーロという名前を付けた。

　ヴェッキオ宮殿に舞い込んだ新世界からの珍しい輸入品と同じく、この宮殿の現在の居住者は明らかに、私のことをどう解釈すればよいか、また私が一体なぜ、はるばるアメリカから、現在はピサ県の政治を司る県庁《プレフェットゥーラ》として機能するこの場所を訪ねてきたのか、今ひとつ理解できていない。大公や公妃たちが（そして少なくとも一回はトマトも）、かつて一堂に会したこの宮殿は今、市民が入漁許可証を取りに来たり、税金を支払ったりするための事務所になっている。コジモ・デ・メディチの公爵にふさわしい壮大な部屋部屋は、金属製の机やファイルキャビネット類が並ぶ職場と化し、クリスタルガラス製のシャンデリアは飾り気のない蛍光灯に変わっている。そして何よりもがっかりさせられるのは、ここにいる誰ひとりとして、かつての建築物《パラッツォ》の植物学的意義に少しも気づいていないということだ（とはいえ彼らは、私の言葉を進んで信じようとしてくれているようだが）。

たしかに私は、トマトを記念するような飾り額がここにあることを期待していたわけではなかったし——コジモがトマトで何かをしてくれればよかったのだが——、ピサには斜塔をはじめ、もっと大きな歴史的意義をもつ名所がひとつやふたつ、間違いなくあるのだろうが、それでも私は少しがっかりさせられたような気分になる。ガイド役を務めている秘書は、私がこの〈オフィス・デポ〉のような内装を眺めて落胆しているのに気づいているはずだ。「歴史的建造物をそのまま残しておいたら」と彼女は切り出す。「私たちには住む場所も働く場所もなくなってしまうでしょう。これがイタリアなのです」

そのとおりだ。それにこの状況は、コジモがフィレンツェのウフィツィ美術館を建設したという事実によって、この上なくバランスが取れていると思われる。ウフィツィ美術館は現在、世界で最も荘厳な美術館のひとつで——誰にも想像できないだろうが——行政機関としても機能している。つまり、同じ建物がふたつの役割を果たしているというわけだ。この巡礼の旅を手配するために、イタリアでの面倒な役所手続きと言葉の壁と、とりわけ世界的なパンデミックを数ヵ月もの間経験してきた今（思い返せば、イタリアでちょっと釣りがしたいとでも言っておけばよかった）、多少の安堵は感じながらも、自分はこの部屋いっぱいのコピー機を見るためにわざわざ六四〇〇キロもの道のりを旅してきたのか、という気分にもなる。

無味乾燥な事務室を出ると、秘書は中庭を通り、このパラッツォの修復されていないウイングと彼女が呼ぶ場所へ案内してくれる。その二階と三階部分には知事《プレフェット》が住んでいて、印象的なライオンの頭像が欄干の上から彼を見守っている。出入口に通された私は思わず心の中で叫ぶ——ファンクーロ、何だこれは？？？

私たちがいるのはコジモの古びたキッチンで、長い木製のテーブルが壁の端から端までを占領している。屋内に配管系統が備え付けられ、調理器具も新調してあるが（上階にはプレフェット専用のキッチンがあり、レセプションに使用される）、キッチン自体はコジモの時代からほとんど変わっていないそうだ。風通しがよく広々としていて、五、六人のシェフが作業できそうだ。そして私の目を捕らえるのは、フロアが青と白の一六世紀の見事なタイル張りで、それが壁の上まで伸びていることだ。つまり、少し羨望を込めて記すとすれば、食事の準備で散らかった後も、キッチンの床から天井までモップで拭くだけでよいということだ。

重厚な木製のシャッターに囲まれた窓からはたっぷりと自然光が入り、部屋からそのまま大通りへ出て、まさに道を横切るように流れるアルノ川まで行くことができる。秘書いわく、このアクセスはとても重要だ。なぜならキッチンは、宮殿のありとあらゆる配送品（陸上、海上含め）の受取り場所だからだ。「とすると、ここは——」そのとおりです、と彼女は私の言葉が終わらないうちに確信して笑う。ここはまさに、メディチ家の家族が集まって、別の文明からやって来た神秘的な果物（fruits）が入ったバスケットとご対面した部屋だ。

ただ、彼らがここでトマトを調理することはなかったのだが。

コジモのトマトはどんな感じだったのだろうか？　彼の執事は腹立たしいほど何の記述も残していないが、街を通って大聖堂に向かえば、その着想だけでも得られるかもしれない。そのためには、ほとんど不自然なくらい真っ白な塔の下を通っていく必要がある。この塔は、少なくとも私の目にはあまりに不安定に傾いて見える。もしも観光客の一行が塔のてっぺんまで登り、全員が同じ側に立ったとするならば、ポーカーゲームのチップの山が崩れるように、地面に崩れ落ちてしまいそうに見える。なのに、**ピサの斜塔には登ることができるんだって？**　それは衝撃だ。この貴重なランドマークは、コジモがトマトのことを忘れ去ってから一四九年間そこに存在し（そして南へと傾きつづけ）、「カジモド」（ヴィクトル・ユーゴーの一九世紀の小説『ノートルダム・ド・パリ』に登場する、目の上に大きな瘤のある、背骨の曲がった醜い生き物のこと）と名付けられた者以外、立ち入り禁止になっていると普通は思うからだ。そして話のついでに言っておくと、将来、塔を建設しようとする者は、ピサはギリシャ語で「湿地」の意味だということに注意すべきだ。次は「岩盤」という名の町にどっしりとした塔を建設することを考えるだろう。

この塔は、今ではこの地区の主要な呼び物になっているが、それは結果論だ。この鐘塔は隣接する大聖堂に付属するかたちで後から建設されたもので、完成した一一一八年には、ヨーロッパ最大の、最も荘厳な塔だった。ところが現在使われている扉は「最近のもの」で、当初の扉が火災で破壊した後の一六〇〇年に鋳造されたものだ。精巧な装飾が施された重厚な三枚のブロンズ製の扉は、新旧約聖書の場面を描いたパネルで構成され、このパネルが、キュウリやエンドウマメの鞘、リンゴ、ナッツ、リス、カメなどの、在来種・外来種両方の植物相と動物相のフリーズ〔古典建築で天井のすぐ下に施す浮き彫りの彫刻のこと〕で縁取られている。サイの姿もあるが、これは、コジモのいとこでフィレンツェ大公としての前任者、アレッサンドロ・デ・メディチの紋章だ。彼は一五三七年に親友に暗殺されたため、その権力がまだ一〇代だったコジモに強引に押し付けられたのだ。

さらにもう少し詳しく見てみると、右端の扉の左下に当時の姿が保存されているのは、紛れもなくトマトだ。とはいっても、現在よく目にするようなトマトとは少し違う。六つに分割されていて、どんぐりカボチャのような畝《リブ》があり、くっきりと縦の線が入っている。なめらかな球形のトマトがデビューを飾るのは、それからさらに二〇〇年後のことだが、このリブ付きトマトは、今でもピサの市場でひいきにされているらしい。

大聖堂の扉は、フランドル派の彫刻家ジャンボローニャの作業場で建築された。ジャンボローニャは一五六三年、コジモ・デ・メディチが創設した著名な芸術院、アカデミア・デッレ・アルティ・デル・ディゼーニョの創立メンバーだった。コジモがここにも絡んでいるのだ！　実際、彼はジャンボローニャのことをよく知っていたが、コジモのトマトとジャンボローニャのトマトとの関連性という興味をそそる見解は、この扉の鋳造の四半世紀も前に大公が五四歳で亡くなっているという事実によって打ち砕かれる。それでも、トマトが描かれているという事実（しかも二ヵ所も）は、ポモドーロが一六〇〇年にイタリアで健在だったことを物語っている。それは単に、人びとに食べられていただけではなかったのだ。
とはいえ、新世界からもち込まれたその他の食用植物はすぐに受け入れられた。トウモロコシは挽かれてポレンタ〔トウモロコシの粉を練ったイタリア料理〕になり、マメはスープやシチューの中でコトコト煮られた。まもなくするとヨーロッパ全土にタバコの煙が充満し、ジャガイモは遠く離れたアイルランドまで進出して、悲惨な結果として小作農の主食となった。**すべては、イタリア人がトマトを食べはじめる前の話だ。**どうしてそれほど時間がかかったのだろうか？

ピサ大聖堂の扉のフリーズには、16 世紀のトマトが彫刻されている（写真は著者提供）。

この疑問をジュリア・マリネッリに投げてみる。彼女はピサから北へ数時間、イタリアのエミリア゠ロマーニャ州にある世界で唯一のトマト専門博物館、ポモドーロ博物館のガイドだ。「トマトは長い間、鑑賞用の植物と考えられていました」と彼女は言う。植物園の中でも珍しいものとして育ったのだ。「ところがあるフランシスコ会修道士は、一六世紀という時代にも関わらず、メキシコ人はこの果物を調理したりソースにしたり、生のままでも食べるということを知っていました」

この修道士はベルナルディーノ・デ・サアグンと呼ばれるスペイン人で、一五二九年、スペイン征服直後のメキシコに宣教師としてやって来た。彼がどれくらいの間メキシコに滞在するつもりだったかはわからないが、その期間は結局、彼の余生である六一年間にも及んだ。ベルナルディーノはアステカ文化に魅了され、コルテスが「信じられないほど摩訶不思議」と称した街、テノチティトランの跡地にさえ心を奪われた。コルテスが燻《くすぶ》る廃墟を後にする前、小型のボートやカヌーで埋め尽くされた運河が交差するこの海上都市は五つの土手道で本土とつながっていて、公園や庭園、広場、そして――ヨーロッパでその概念が生まれるよりも先に――動物園まであった。テノチティトラン（現在のメキシコシティに位置する）はおそらく、世界で最も大きく、最も清潔で、最も栄えていた都市であり、この街の宝石職人は、ルネサンス時代のヨーロッパで最も腕のよい職人の技量にも引けを取らない、繊細で複雑な作品を生み出していた。

アステカ文明の精巧さは農業にまで及び、その多くがチナンパと呼ばれる水上農場でおこなわれていた。葦を棒状に組み、これを浅い湖床に長方形の格子状に配置して固定し、水面下の囲いを有機物（人間の排泄物も含まれている）で埋めるこうした農法を特徴とするアクアポニック農場は、二三〇万エーカーの敷地面積をもち、トウモロコシやトウガラシ、カボチャ、マメ、そしてアステカ人がシトマトゥル（「膨らんだ果実」の意味でトマトの語源となっている）と呼ぶ赤や黄の丸い野菜を栽培して育てていた。

ペルーとエクアドルの海岸高地を原産としながら特に評価されることも栽培されることもなかったこのエンドウマメほどの大きさの果物、すなわちトマトは、スペイン人が到着するまでの少なくとも一〇〇〇年間は、メキシコで栽培品種化されていた。アステカ人はこれをスープやシチューに入れて風味を加えたり、ピーマンと一緒に炒めたり、生のまま細かく刻んでトウガラシやハーブと混ぜ、スペイン人がサルサ（単純に「ソース」の意味）と呼ぶものを作ったりするのに利用され、それは肉料理や魚料理、ときには人肉料理にも――アステカ人の勝利の祝宴では、しばしば敗者の肉が目玉料理としてふるまわれた――添えられた。あるコンキスタドールは、戦闘の前夜、敵の陣営からグツグツと煮えるトマトの不吉な香りが漂ってきたことに気づき、そこに足りない食材は自分かもしれないと考えたことを書き残している。それはもしかしたら、私たちが現在、スペイン風トマトシチューとして食べているものの最初のレシピかもしれない。

ベルナルディーノ・デ・サアグンはテノチティトランで、後に二一世紀のアメリカの数多くのファーマーズマーケットを圧倒することになる豊富な種類のトマトを発見した。

トマトの売人は大きなトマト、小さなトマト、グリーントマト、リーフトマト、細長いトマト、甘いトマト、大きな蛇トマト、乳頭型トマトなどを売っている。それに加えて、コヨーテトマトやサンドトマト、黄色い、とても黄色い、ものすごく黄色いトマト、赤い、とても赤い、ものすごく赤いトマト、赤みを帯びた色、鮮やかな赤、ほんのり赤色、くすんだローズ色のトマトなども売っている。

ところが彼は、売人には注意しなければならないと警告する。というのも、「悪徳売人は腐ったトマトや傷んだトマト、下痢を引き起こすようなトマトを売るからだ」と（いまだに変わらない部分もある）。

このフランシスコ会修道士は「最初の人類学者」と呼ばれていた。もともと、土着文化を研究するための方法論的戦略を開拓することを生業としており、その研究には、年配者や女性を情報源として尊重すること、土着のナワトル語を学ぶこと、そして先住民の世界観から歴史を記すことなどが含まれていた。彼の研究は二四〇〇ページにも及ぶ革新的なアステカ文化研究、『ニュー・スペインの一般史』にまとめられた。

ベルナルディーノはアステカ文化（と食事）の詳細な研究の草稿を定期的にスペインに送り、一五九〇年にその生涯を終える直前まで調査を続けた。彼の解説書は、トマトの食用性に関する疑問を解決するものになるはずだった。「ところが」とジュリアは説明する。「原稿は一八二九年まで出版されることはありませんでした」異教徒たちを西洋の宗教と文化に改宗させる（その逆ではない）ために、ベルナルディーノをテノチティトランに送ったにも関わらず、その異教徒に対していわば同情的すぎるとして、教会から弾圧されたからだ。そして、スペインの君主制が最も出版を渋ったのは、征服の説明が土着の視点から語られたためだった。「だから三〇〇年もかかったのです」と言って、ジュリアは小さなため息をつく。

とはいえ、この書物がもっと早期に出版されていたとしても、トマトが日の目を見る時期にそれほど違いはなかったかもしれない。他のスペインの宣教師や自然学者も、メキシコでトマトがどのように利用されていたかについて記録していたが、トマトは魅惑的というよりもやっかいなものだった。青いうちは食べられず、熟したかと思えばあっという間に腐ってしまい、調理すればほろほろと崩れ、それでいてヨーロッパの食事では他に類を見ないほどの濃度と風味がある。言うまでもなくトマトも、ほぼ週ごとにアメリカからやって来る何十種類もの魅力的な新種の食物——植物種としては全部で一二七種類もある——に対する世間の関心を得るために闘わなければならなかったのだ。そして素直に認めるならば、現在だってトマトはみんな大好きだけれど、チョコレートとは違うということだ。

そもそもトマトはいつ、ヨーロッパにやって来たのだろうか？　スペイン征服に関する他の多くの出来事なら時間単位で正確に言い表すことができるが、トマトの上陸については、一〇年単位ですら特定することのできた歴史家はいない。セビリア港でクイントレアル（ロイヤルフィフス）〔貴金属にかけられた二〇パーセントの関税で、「王の1／5」の意味〕を集金していたカスティーリャの収税吏は、硬貨やネックレス、銀の皿など、ガレオン船〔一五〜一八世紀頃にスペインで使用された三本マストの大型帆船〕から積み降ろされたものはひとつ残らず記録したが、植物にはあまり関心を示さず、その種子に至っては気にも留めなかった（今世紀の未来の歴史家なら、もっと簡単に、たとえば二〇一八年五月の、たった一枚のトマトのスライスがアメリカに密輸入されようとして未遂で終わった事件も調査することができるだろう。空港でサンドイッチを買ったおかげで、私はアメリカ国土安全保障省に「農業違反者」として——おそらく一生——マークされることになってしまった。しかも腐りかけたお粗末なトマトのせいで）。

トマトがイタリア全土に流通しはじめた頃、これがあまりに見慣れないものだったため、イタリア人はこの植物のどの部分を食べればよいのかもわからなかった、とジュリアは言う。食通の中には、葉をむしゃむしゃ食べて、これは食べられた代物ではないと断言した者もいたそうだ。しかも「トマトには毒性があると多くの人が思っていたのです」とジュリアは付け加える（葉を大量に食べればの話）。たしかに、ナス科の植物に属するということは、トマトにとって何の得にもならなかった。ナス科の仲間であるベラドンナは、地球上で最も猛毒と言われる植物で、梅毒よりもこれが原因で亡くなるローマ法王や枢機卿や神聖ローマ皇帝の方が多かったからだ。ベラドンナの毒性は、あまり威圧的ではないその名称――イタリア語で「美しい女性」の意味――を裏切るものだった。その名はもともとイタリアの女性が、魅惑的に見える大きさまで瞳孔を拡げる点眼薬として使用していたことに由来する。その魅惑の効果が女性《ドンナ》たちにとってあまりにも大きかったため、何度も繰り返し使用しているうちに、女性たちは美し《ベラ》さを通り越して失明してしまったという話だ。

　それでもやはり不思議に思わざるを得ない。なぜトマトだけが毒があると取り沙汰されて、ナスやピーマンなど、ベラドンナよりも明らかにトマトと密接な関係があると思われる他のナス科植物の仲間は、長い間イタリアの食事を彩ってきたのか。はたまた本当にトマトには毒があるのだろうか。実際トマトは、一六世紀の植物学者から新種のナスと誤認されることがあった。つまり彼らは、それが毒ではないことを知っていたはずなのだ。

　トマトは一六〇〇年代初頭になってようやく食べられはじめたが、最初にトマトを受け入れたのは、その輸入港があったセビリアを含むスペインの州、アンダルシアだった。セビリアの血液病院の記録を見ると、一六〇八年の夏の間にトマトの購買履歴があるが、その後は購入されていない。ということは、患者がそれ以上要求しなかったということだろう。当然のことながら、スペインのトマトは当初、トウガラシと一緒に油でソテーするアステカ流の調理法が使用されていた。一九世紀になって初めて――トマトがヨーロッパデビューを果たしてから三〇〇年後――、スペイン人は、すでに伝統料理となっていたガスパッチョやパエリアにトマトを加えるようになった。

　実際、一六世紀のスペインがトマトにした主な貢献は、それを「発見したこと」を除けば、トマティーヨと混同したことだと言えるだろう。アステカ人はトマトをシトマトゥルと呼び、（その遠縁にあたる）トマティーヨをミルトマトゥルと呼んだ。それぞれの語根である*tomatl*（トマトゥル）は「丸い果物」の意味で、ふたつの品種を区別するために接頭語が付けられていた。残念ながら、一六世紀のスペイン人の著述家は語根だけに目をつけ、その両方をスペイン語で*tomate*（トマテ）と呼んだのだ。こうした著述家には、スペインで最も著名な物理学者であり自然学者でもあるフランシスコ・エルナンデスがいる。

　エルナンデスは一五七一年、国王フェリペ二世より、新世界の動植物について研究するよう命じられ、メキシコへ派遣された。五年後、彼は一六巻からなる二つ折りの書物を編纂し、それまでに発見した植物や動物について詳しく記した。すばらしい研究ではあったが、そのいい加減な命名法のせいで、トマトの説明に間違った方の*tomate*（トマテ）のイラストが描かれてしまったのだ。さらに悪いことに、トマトとトマティーヨの思い違いがこの野菜と一緒にイタリアへ伝播し（そしてご存じのとおり、英語にまで浸透し）、イタリアではこのふたつの野菜はどちらもポモドーロとなった。この勘違いは現在に至るまで、どちらがどちらかを巡って学者たちを悩ませている。

　イタリアでトマトを初めて消費したのは富裕層で、それは現代の冒険好きの人びとが日本を訪れたときに、命に関わる危険性があるとされるフグに挑戦しようとするのに似たエキゾチックなものへの好奇心としてだった。ところが、大半のヨーロッパ人の間で、食べられる植物としてトマトが認識されるようになってからも、ルネサンス時代全般を通じて人びとがトマトを食べることはめったになかった。その主な理由は、実はルネサンスそのものにあった。

　奇妙なことに、前例のない文化と学問が、ヨーロッパ人を暗黒時代から引き上げたこの時代は、トマトの三〇〇年にも及ぶ暗黒時代の到来に一役買ってしまったと言えるかもしれない。なぜか？　実に、ルネサンス時代を照らす閃光は古典古代の再発見——そしてその新鮮な理解——だった。つまり、古代ローマと古代ギリシャの文化をはじめ、古いものはすべて、ときに文字どおり、再び新しいものになったということだ。たとえば、一〇代をロレンツォ・デ・メディチ（本書ですでにおなじみのコジモの半いとこ）の王室で見習いとして働いていたミケランジェロの最も初期の作品のひとつは、古代ローマのキューピッドを描いた本物そっくりのレプリカだった。それがあまりにも精巧だったため、少しだけ引っかき傷を作って、新たに発掘された遺物として悪徳ディーラーが売りに出した。この偽造はまもなくして真相が明らかになったが（芸術性ではなく、老朽化具合に疑わしい点があったことにより）、ミケランジェロはそのキャリアが始まる前にスキャンダルによって終わってしまう代わりに、古典芸術の模倣という能力によって、才能ある彫刻家としての若き芸術家の地位を築き上げることになった。実際、詐欺にあったローマの枢機卿は、この絵に非常に感銘を受け、偽造を公然と非難しながらもミケランジェロを雇い、ローマに連れて帰った。あとはよく知られているとおりだ。ミケランジェロは、悪事と知りながら美術品の偽造に加担することで芸術家としてのキャリアをスタートさせたのか？という興味深い問いについては、いまだに論議が交わされている。

そのキャリアのもう一方の側で、ミケランジェロは、唯一残存する古代ローマの騎馬像を設置するため、ローマにあるカピトリーノの丘の前の広場を再設計するよう依頼された。それは紀元一六一年から一八〇年の間ローマ帝国を支配していたマルクス・アウレリウスの、壮大な、実物よりも大きいブロンズ像だった。そして、一周回って結局のところ、ルネサンスのトマトをぐちゃぐちゃに潰したと思われるのは、マルクス・アウレリウスの主治医、ガレノスだったのだ。

ルネサンスを具体的に表している古典主義の受容は、芸術や建築に限らなかった。古代の文学、科学、医学——その程度だが——がすべて掘り起こされ、よりよい人生を送る方法の手がかりを得るために、徹底的に調べ尽くされた。そしてルネサンスのイタリア人は、ガレノスから学ぶことがたくさんあると信じていた。

ギリシャに生まれたペルガモンのガレノスは、絶大な力をもつ医学者だった。言うなれば、医師のベンジャミン・スポックとジョナス・ソークとメフメト・オズを足して三で割ったような存在だ〔ベンジャミン・スポック（一九〇三—一九九八年）は米国の小児科医、乳児とのスキンシップの重要性を説いた育児書が世界的ベストセラーになる。ジョナス・ソーク（一九一四—一九九五年）はポリオワクチンを開発した米国の医学者。メフメト・オズ（一九六〇年—）はコロンビア大学心臓外科教授、米国をはじめ世界中で放映されている健康情報番組『ドクター・オズ・ショー』の司会者〕。三三歳のときにローマに定住してからすぐに、彼は最高位の医者の地位まで上りつめ、数人の皇帝に主治医として仕え、仲間たちの間に嫉妬の感情を芽生えさせた（嫉妬については、実際のところ彼は、自分には無縁と考えていた）。だからいつも、仲間に毒を盛られるのではないかという恐怖に怯えながら生活していたのだ。

とはいえガレノスは、単なる自己宣伝に長けた野心家ではなかった。医師であり、科学者であり、哲学者だった彼は、喉頭が声を発生させるということを（金切り声を上げるブタから適切な神経を切断することによって）初めて証明した。また、動脈と静脈の違いを認めた最初の人物でもある。感覚神経と運動神経の相違を発見し、白内障の手術も初めて成功させた。

ガレノスは薬理学に関する本を執筆し、後に「精神分析学」と呼ばれるようになるものの初期の体系を実践した。その解剖学研究――ヒトの死体の解剖は古代ローマでは違法とされていたため、サルとブタを使って実験がおこなわれた――は、驚くことに一五〇〇年もの間、ヨーロッパで標準的に参照されてきた。ガレノスは間違いなく、ローマ時代で最も洗練された賢人のひとりだったと言えるだろう。彼の唯一の欠点は（うぬぼれの強さを除いて）おそらく、ヒポクラテスと、この古代ギリシャの医者が編み出して紀元前四世紀に発展した四体液説に対して、絶望的なまでに虜になってしまったことだろう。

四体液説《ヒューモリズム》とは喜劇の研究ではなく、"humors" すなわち「体液」――人間の健康と行動を司ると考えられている内部物質――の研究だということを言っておかなければならない。ヒポクラテスはそれを、血液、粘液、黄胆汁、黒胆汁とし、こう記している。「健康とは主に、これらの構成物質が互いに正しい比率で存在している状態だ」と。このことは、ヒポクラテス以前はすべての病気が神の仕業だと言われていたことを理解して初めて、画期的なものに聞こえてくる。これが、ヒポクラテスが「医学の父」とみなされる理由だ。

紀元二世紀、ガレノスはヒポクラテスの理論を拡大し、特定の食物と体液との関係、体液と性格類型との関係を導き出した。憂鬱な気分なのは、体内に黒胆汁が多いからだ。楽観主義者が明るい見方をするのは、体内に血液が豊富に流れているからだ。「人は、その人が食べたものからできている」という考え方を当時から支持し、世界初のセレブ向け食事療法医として認定されてもよいガレノスは、食事を調整することで健康と気質の両方を変えることができると信じていた。

サウスビーチダイエットだろうと、アトキンズダイエットだろうと、ガレノスのダイエットだろうと、食事理論には食品の分類が必要で、ガレノスはその分類に単純な二方向のグリッド、つまり温／冷と湿／乾の交差を選んだ。たとえば、食物のなかには温かくて乾燥しているものもあれば、冷たくて湿っているものや冷たくて乾燥しているものもある。熱くなりがちなローマ人は「冷」に分類される食物を食べて、バランスの乱れを調整するようアドバイスを受けたかもしれない。鼻水はどうだろうか？　この粘液に対抗するには、温かく乾いた食物を食べなくてはならない。彼らの分類に従えば、いくつかの食物は完全に避けられるべきだと考えられた。

　ルネサンスの時代において、一四〇〇年前のガレノスの著書――これは、そのさらに五〇〇年前に確立された理論に基づいている――が再発見され、再解釈されたわけだが、それとほぼ時を同じくして、新世界のなじみのないさまざまな野菜が発見され、そのすべてが、後にガレノスの温／冷／湿／乾／健康／不健康の図式に当てはめられるようになった。

　トマトは、あまりうまくはいかなかった。ガレノスの最も好ましくない組み合わせ――ジメジメとした地下室のような「冷と湿」――に格下げされたトマトは、植物学者によれば「おそらく最高レベルの冷たさ」をもつ「危険で有害な」ものだった。一五八五年のある記述は、「トマトは冷たいが、マンドレイクほど冷たくはない」というもので、幻覚を引き起こす根をもつマンドレイクよりも、この新種の野菜の方に少しだけ承認を与えた。トマトのひんやりとして水気の多い性質は消化を妨げると考えられ、この印象はトマトの酸味によってより強調されることになった。

　ガレノスによるトマトの分類は、適切ではなかったが的を射ていた。トマトは実際に冷たくて湿っている。私はいつも、暖かい日に陽の当たる庭からとったばかりの完熟トマトが、口のなかでどれほど――ときに不快なまでに――冷たく感じられるかに驚かされる。これは水分量が多いからだろう。

トマトはその九五パーセントが水分で、果物と野菜の中では最も多い部類に当たる。

さらに、トマトがたやすく不健康なものに分類されてしまうのは、好んで食べようとする人が少なかったからだ。その実は少し酸っぱくて、葉は、幾人かの植物学者の言葉を借りれば「悪臭を放っている」いつも驚かされるのだが、七センチほどの若木でも、トマトの葉は実と同じくらい強烈なにおいがする。こうした特徴をもつ植物は他に思い浮かばないし、だからこそシェフは、少量のトマトの葉をソースに入れて料理にアクセントをつけるのだろう。とはいえ現代のトマト愛好家であれば、このにおいを、夏に食べるBLTサンドイッチを思い出すものとして楽しむことができるが、トマトの葉が放つ強烈なにおい（当時は今よりもっとにおいがきつかったと考えられている）は、ルネサンスの感性からしたら不快なものだったようだ。フランドルの薬草栽培人マティアス・デ・ロベルは一五八一年、「この強い、鼻を突くような悪臭だけでも、これを食べるのがどれほど不健康で有害かということを人びとに気づかせるのにじゅうぶんだ」と警告し、一六世紀後半のイギリスの植物学者ジョン・ジェラードは、これを「むかつくような悪臭を放つもの」と考えた。一七三一年になってもまだ、イギリスの『ガーデナーズ・ディクショナリー』（主にイギリスで栽培される植物を収録したフィリップ・ミラーによる植物参考書）は次のように記していた。「この植物はにおいが強すぎるので、住居の近くや、頻繁に出入りする場所に植えるには不向きである」と。

トマトの味に関する当時の評価は、それほど多くは発見されていないが、どれもあまりよろしくない（結局、人は自分が食べないものの味については書かないということだ）。パドヴァの医師ジョヴァンニ・ドメニコ・サラは一六二八年、イナゴやクモ、コオロギの不快な摂取について書き、「限られた愚かな人」しか食べない「奇妙で恐ろしいもの」の中にトマトを含めた。エルナンデスはと言えば、自著の中の「酸っぱくて酸味のある植物」の章にトマトを入れた。これを実際に口にしたある「愚かな人」は、調理したトマトは酸っぱいブドウ〔イソップ物語の『狐と葡萄』から生まれた「負け惜しみ」を意味する表現〕で甘くするよう推奨した。

たしかに一六〇〇年代のトマトは、より甘く、より酸味が少なくなるように何世紀もの間、改良を重ねて作られた現代の品種と比べれば、食べる楽しみがほとんどなかった。アステカ人自身は〔はっきり言って〕トマティーヨの方を好み、進んでトマトを食べることはめったになく、前述のように、たいていはトウガラシやスパイス、そしてときどき二足歩行の捕虜〔人肉〕でもって味付けして食べた。

健康に悪く、においが強烈で、奇妙なものとくれば、トマトがルネサンス期のヨーロッパであまり売れなかったとしても何の不思議もない。しかもこれで終わりではない。まるで復活したガレノスが与えたダメージだけでは足りなかったかのように、この新世界の野菜の評判は、この良医とのもうひとつのつながりによってさらなる打撃を受けたようだ。というのも、ガレノスがすでに滅んだ有毒な果物として、強いにおいを放つ黄色い汁とリブのある外観と表現する「ガレノスの狼桃《オオカミモモ》」とは、トマトのことだと信じる人がいたからだ。これは実際、一五〇〇年代のイタリアで見られた黄色いトマトを形容するきわめて正確な表現である。トマトは

ルネサンス期に復活したガレノスの図式では、トマトはきわめて冷たく湿っているとされており、ほとんど図からはみ出している（イラストは著者提供）。

一五〇〇年代になるまでイタリアに紹介されることすらなかったため、ガレノスの狼桃になることもできなかったはずだと、エルナンデスをはじめとする当時の植物学者が指摘していたにも関わらず、この関連付けは定着し、トマトの学名またはラテン語の名称である *Solanum lycopersicum*（*Lycopersicum* とは「狼（lycos）桃（persicos）」の意味）として生きつづけている。

ガレノスの狼桃との関連性も、トスカーナ＝イタリア語のトマトの名称であるポモドーロも、イタリアの初期のトマトは必ずしも、またはそのほとんどが赤色ではなかったことを示している。*Pomodoro*（もともとの綴りは *pomo d'oro*）は「黄金のリンゴ」、より正確には「黄金のリンゴのような果物」という意味だ。「黄金の木の実」とは、明らかに木にはならない何かの異名だが、歴史家デヴィッド・ジェンティルコアは、*pomo d'oro* は当時、イチジクやメロン、柑橘系に至るまで、あらゆる種類のものを説明するのに幅広く使用されていたと指摘している。ギリシャのニンフや空想上の黄金のリンゴの話にも、*pomo d'oro* と呼ばれる古典的な神話上の果物が登場する。つまり、用語リストに別の名前を追加するというよりも、トスカーナ人は古代まで遡って——当時、古代への回帰という現象が多く見られたことを思い出してほしい——この新しい果物に名前を付けたと思われる。

これを果物（fruit）だと、（少なくとも名目上は）正しく特定したイタリア人の功績は認めよう。実を言うと、私はこれまでほとんどの場合、これを「野菜」（vegetable）と呼んできた。野菜か果物かという、この昔からある疑問については、次章で米国最高裁判所を召集する必要があるが、それが解決するまでは、主に野菜と呼ぶことにする。というのも、私はトマトをアイスクリームにのせるのではなくサラダに入れて食べるからだ。とはいえ、折に触れて、そちらの方が適切と思われる場合は、これを「果物」と称することもあるだろう。**ご理解いただけただろうか？《キャピシ？》**

一六世紀の大多数のイタリア人にとって、ポモドーロはもちろん果物でもなければ野菜でもなかった。それは食べ物ではなかったからだ。これまで、最終的にトマトをスターの座にのし上がらせた国という理由でイタリアに焦点を当ててきたが、トマトはヨーロッパの他の国ではポピュラーではなく、イギリスには一五九〇年代になるまで入って来ることさえなかった。この頃、トマトはラブアップル、または愛のリンゴと呼ばれることもあった。同様にフランス人も、これに *pommes d'amour*（「愛のリンゴ」の意味）名付けていた（リンゴは当時、あらゆる果物を指す一般的な言葉だった）。

イギリス人とフランス人がなぜトマトを愛と結びつけることになったかについては、一致しない意見がいくつかあるが、どれを選ぶかは私たち次第だ。たとえば、その媚薬ともされる特徴や、人間の心臓と形が似ていること、そして前述のように、聖書の時代から肥沃や豊穣と結び付けられてきたマンドレイク（ヘブライ語で「愛の植物」の意）と同じ植物学的分類に属する、などの理由だ。ジェンティルコアは、この愛との関連性は、トマトがトマティーヨと混同されてきたというやっかいな誤りが招いたもうひとつの結果でもあると考えている。というのも、トマティーヨの外皮が乾くと、それがはじけて、薄緑から紫色の実が中から現れるからだ。スペインの植物学者フランシスコ・エルナンデスは、女性の生殖器を連想させる「性的で猥褻な」外観が「恐ろしく卑猥」であることに気づいたが、対外的にはそうした不快感を抱かせないように、「愛のリンゴ」として大々的に宣伝したのかもしれない。

かつてパリの三つ星レストランのウェイターに、習ったばかりのフランス語で、「私には新聞に載っているハムを、息子には私の娘をお願いします」と、わけのわからない注文をしてしまったという外国語の苦い体験がある私個人としては、真の説明はもっと単純なものだと思っている。つまり、ポ、モ、ド、ー、ロ、という言葉が外国人には *pom'amoro*（「愛のリンゴ」）のように聞こえてしまったということ。以上。その由来が何であろうと、「愛のリンゴ」というあだ名は一九世紀になるまでついてまわり、イギリスとフランスは「愛」の部分を削除し、イタリア語ではなくスペイン語を採用し、それぞれ *tomato* と *tomate* になったが、フランスへ渡る途中で男性名詞の *el tomate* が変化して *la tomate* となった。言語学的に言うと、トマト陣営はいまだふたつの世界に分割されている。つまり、西欧（イタリアを除く）各国と北アフリカではスペイン語の *tomate* の変形が使用されている一方で、イタリア語の *pomodoro* の派生語はアドリア海とバルカン半島を越え、ポーランド、ロシア、ウクライナ、その他の東欧諸国まで辿り着いた、ということだ。

何と呼ばれようと、トマトは一六〇〇年代になるまで一般的なものではなく、人びとに愛されることも食されることもなかった。もちろん、ある時点で態度が変わったことは、（私がここで食べた前回と前々回の食事を含めて）証拠が示している。トマト博物館に入るとき、私はジュリア・マリネッリに、なぜイタリア人は何世紀もの間トマトを食べなかったのかと尋ねた。そして博物館を出ようとしている今、私は逆の言い方で尋ねる。「何がきっかけでイタリア人はトマトを食べるようになったのですか？　何か文化的な変化があったのか、それともトマトの方が変わったのでしょうか？」と。

ジュリアは少し考えてから口を開く。「多くのことが考えられます。でもアメリカでは、ご存じのように一九世紀のはじめ頃、この果物が有毒ではないということを人びとに理解させるために、言ってみれば品評会のようなものをおこなっていたのです」と。

いや、それは初耳だ。

2　ジョンソン大佐のバケツ

「憎むべき不快なにおいを放つ液果」がアメリカで大人気の野菜になる

初期のアメリカでは、トマトにまつわる状況はそれほど芳しくはなかった。ヒポクラテスやガレノスの亡霊による中傷こそなかったものの、アメリカ人の中にはトマトに毒があると信じる人もいれば、単にトマトがきらいだという人もいた。専門誌『ホーティカルチャリスト』はこれを「憎むべき不快なにおいを放つ液果」と名付けた。『フロリダ・アグリカルチャリスト』は一八三六年、「この上なくばかばかしい」と結論づけた。『アメリカン・ファーマー』は、「初めて口にするときは受け入れられない味かもしれないが、心配無用、この胸くそわるいものは食べつづけているうちに不快感に慣れてくる」と認めた。ラルフ・ワルド・エマーソンは仲間のほとんどのニューイングランド人を代弁して、トマトの味はだんだん好きになっていくものだと宣言したが、とどめのひと言を発したのは『ボストン・クーリエ』の編集者ジョゼフ・T・バッキンガムで、一八三四年にトマトを「単なる菌と変わらない不快な植物」と称し、次のように記した。

〔この菌は〕触ったらすぐに石けんと水で洗い流し、オーデコロンをふりかけて手についたにおいを消さなければならない——腐って酸っぱくなったポテト玉の双子の兄弟のようなトマトから、われわれを救い出してくれ、高級品の仕出し屋よ、料理学の神よ、女神よ！　われわれをトマトから救い出したまえ。

おかしなことに、この痛烈な批判のすぐ後に、トマトを使ったレシピがふたつ紹介されている。

植民地がメキシコに近かったにも関わらず、最初のトマトは大西洋を横断するふたつの旅程を含む遠回りのルートを通って到着した可能性が高い。つまり、メキシコからスペインに渡って再びアメリカへ戻り、現在ジョージア州とノース／サウスカロライナ州となっているスペイン人居住地で栽培されたということだ。その他のトマトはカリブ海のスペイン領から、または、当時もまだそれを愛のリンゴと呼んでいたイギリスの植民地開拓者の荷物に紛れて到着した可能性もある。トマトはイタリアやスペインよりも遅れてイギリスで受容され、一七〇〇年代になるまでいかに人気がなかったかを考えれば、なぜイギリス人の入植者は、この一方通行の旅路の貴重な所持品の中にトマトの種を入れたのか疑問に思うだろう。いずれにせよ、トマトの不人気は、イギリスからニューイングランド〔アメリカ合衆国の北東部の六州からなる地域〕までついて回った。私が妻のアンを連れて、こうした嘲笑の種――アメリカの芸術にトマトが描かれた最初の例――を見るためにやって来たのが、このニューイングランドだ。

著名な肖像画家チャールズ・ウィルソン・ピールの長男、ラファエル・ピール（全員が画家になるための教育を受けていたラファエル兄弟の名はそれぞれ、レンブラント、ティティアン、そしてルーベンスである）は、アメリカで最初の静物画家だった。コネチカット州ハートフォードにあるワズワース・アテネウム美術館にある小さなギャラリーに、さりげなく展示されている『野菜と果物の静物画』という彼の作品は、アメリカで最も初期の静物画のひとつとされている。そしてこの絵の前方中央に、赤く熟れたトマトが描かれているのだ。

「ブランディワイン〔西洋梨〕みたいね」とアンは言う。

この不恰好に醜く膨れた果物がそんなふうに見えるものかと、もう少しで反論しそうになったとき、彼女が言っているのは私が栽培していた奇形のブランディワイン・トマトのことだということに気づく。おっしゃるとおりだ。

『野菜と果物の静物画』ラファエル・ピール、1795–1810年頃（ワズワース・アテネウム美術館、ハートフォード、コネチカット州）。

「それとも赤ピーマンかしら」リブの凹凸の肩の部分が、茎の切り口よりも上に盛り上がっているのを見て、彼女はそう付け加える。いよいよ正解に近づいてきた。というのも初期の美術研究者の中には実際、これを別のナス科の植物と勘違いした人もいるくらいなのだから。

しかし何よりもそれは、ピサの大聖堂の扉を縁取るフリーズに描かれたトマトに驚くほど似ている。つまり、ヨーロッパに紹介されてから二〇〇年の時を経ても、トマトはまだ、現代のトマトとはほとんど似ていない、リブで区切られた果物だったということだ。しかし私の心を掴むのはそれだけではない。私はこの美術館のキュレーター、エリン・モンローに尋ねてみる。トマトがブドウ、モモ、三本のニンジンと同じキャンバスに描かれているが、他のものは一般的に野菜や果物であることを享受できている。そこになぜトマトが描かれているのか、と。ピールはフィラデルフィアの人なので、壁の掲示にこの絵の制作年として書かれている一七九五年に、トマトを夕食に食べていた可能性は低い。

「となると興味深いですね」とエリンはメモをペラペラめくりながら言う。「〔一九四二年に〕この絵をコレクションに加えて以来、どうやらこちらで日付を少し調整したようです。当初の調査結果では、これは早くても一八一〇年頃のものとされていました。ところが私の前任者の誰かが、それを一七九五年に書き換えたのです」

なんだって?! たしかに私はPeale（ピールという名前）とpeel（剥く）とpeal（轟き）の区別はつかないが（どれも同じ発音）、自分の名前がこの絵の横の解説文に載るのを想像するだけでもワクワクする（「ウィリアム・アレキサンダーにより一八一〇年またはそれ以降に日付を改訂」と）。この絵画を一八世紀のものとしたことには、伝記的またはその他の正当性があったとは想像できるが（とはいえこれは、現存する彼の次の静物画作品より約二〇年も前のものだ）、植物学的には、一八一〇年の方がもっともらしく聞こえる。というのも、それよりも前にアメリカ北東部でトマトを最も熱心に消費していたのは、トマトにつくスズメガの幼虫、トマトホーンワームだったのだから。

実も葉もどちらも旺盛に食べる、この恐ろしいフィンガーサイズ（北米で最大級）の芋虫は、威嚇するような角を尾部に出し――これは経験から言っているので信じてほしいのだが――トマトをもぎとろうとする人が至近距離に顔を近づけるまで、まだらの緑色でカモフラージュして草木の影に隠れている。その恐ろしい見た目のせいで、危険な虫でもあるという噂が立った。一八三八年、ラルフ・ワルド・エマーソンはこの芋虫を次のように表現している。「大いなる恐怖の対象であり、今では毒があると考えられており、果物の上を這ったならば、その毒性が果物にも伝播する」この芋虫に毒があるという噂は一八六〇年代まで絶えることはなく、『オハイオ・ファーマー』は、ある少女がこの芋虫に刺された後、「ひどく苦しんで死んだ」と報じた。一方『シラキュース・スタンダード』は、これは「ガラガラヘビと同じくらい強い毒性があり」、毒を含んだ唾液を六〇センチも先まで飛ばすことができると記した。ところが実際は、この小さな生き物は見た目が不快であるのと同程度に無害なのだ。

トマトホーンワームの近縁種でニコチン中毒のタバコホーンワームを見慣れていた南部の人びとは、おそらくこの芋虫をそれほど気味悪く思わなかったため、一七〇〇年代半ばには南部一帯にトマトが普及し、一九世紀初頭になるとヴァージニア州にまで拡大した。トーマス・ジェファーソンは一八〇九年、これをモンティチェロ〔ジェファーソンの邸宅とプランテーションがあった場所でユネスコ世界遺産にも登録されている〕で栽培し、食べはじめた。南部における初期のトマトの受容は、カリブ海の奴隷貿易の島々でこれを食べていた奴隷（家庭料理人を含む）の影響によるものだと言われる。エリン・モンローによれば、ラファエル・ピールは熱心な旅行家だった。だから彼は、南部で（またはメキシコや南アメリカなど、彼が訪問した国でも）トマトを食べていた可能性がある、と。このことは、彼の静物画になぜ、ニンジンやブドウと並んでトマトが描かれ

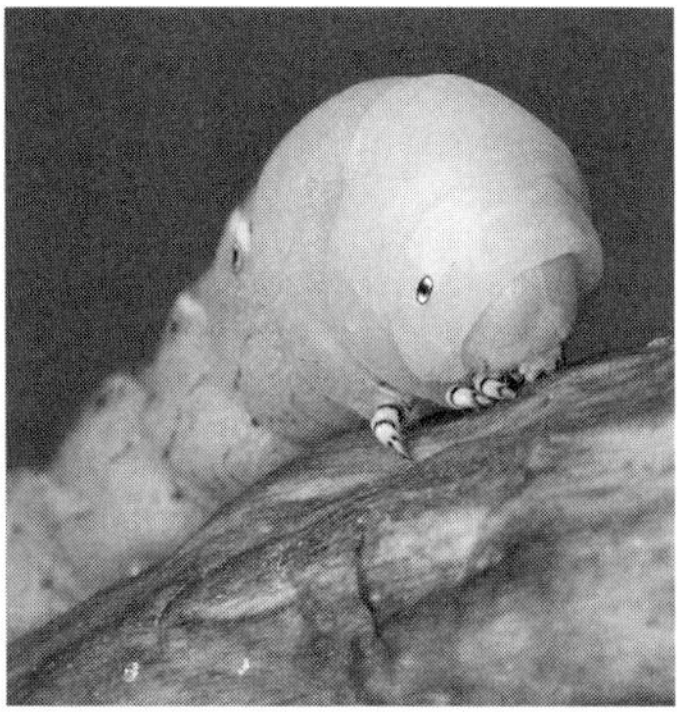

トマトホーンワーム：ラルフ・ワルド・エマーソンはこれを「大いなる恐怖の対象」と形容した（ダニエル・シュヴェン／CC-BY-SA-3.0）。

ることになったかの説明になるかもしれない。

ところでトマトはどのように、ピールのパレットからアメリカの味覚《パレート》へと移行したのだろうか？「憎むべき不快な」ものから、なぜ一年中栽培される植物になったのだろうか？　どうやらポモドーロ博物館にも及んでいるらしいひとつの逸話によって、一八二〇年九月二六日が、トマトが植木鉢から夕食の皿へと飛躍した日として祝われている。この日こそ、ニュージャージー州セイラムのロバート・ギボン・ジョンソン大佐が郡裁判所の階段の最上段にのぼり、トマトは無害であるばかりか美味でもあるということを市民に証明するために、「ジャージートマト」〔園芸家でもあったジョンソン大佐がニュージャージーで栽培したトマト〕とも呼ぶべきバケツ一杯のトマトを食べ切って、集まった群衆を震え上がらせたと言われている日だ。

バケツの底に近づくため——すなわち、この勇気ある大佐についてもう少し詳しく知るため——、私は郡裁判所前でおこなわれたデモンストレーションの二〇〇周年記念の日にセイラムまで車を飛ばし、セイラム歴史協会の会員に会いに行った。集合場所は、まさにそれにふさわしいセント・ジョンズ聖公会の墓地にあるジョンソン大佐の地下納骨室だ。そこは郡裁判所から一区画先にあり、街全体を覆うほどの巨大な教会の尖塔の影になっている。とはいっても、聳え立つ尖塔はこの聖公会のものではなく、ジョンソンの肖像画がある隣接する長老派教会に属している。肖像画の中の彼は堪忍袋の緒が今にも切れそうに見え、実際、聖公会会員との口論でその緒がついに切れたとき、彼は隣接する敷地に長老派教会を建設するための資金を提供し、建設中の長老派教会の尖塔が聖公会の尖塔を三〇センチ超えるごとに、ボーナスとして一ドルを支払ったという。

どうやら彼は、払った金に見合うだけのものを得たようだ。

富を継承した上に、さらなる財を得たジョンソンは、その土地の主な地主で、熱心な園芸家で、ニュージャージー園芸協会の創立者でもあった。また、彼が奴隷を保持していたせいで、ニュージャージーは北部の州の中で奴隷制廃止が最も遅れた。

セイラムは長い間、郡裁判所の階段をのぼった大佐の勇気を称賛しつづけ、一九八〇年代には年に一度のロバート・ギボン・ジョンソン・デーを発足させた。この日は、仮装した俳優やトマトコンテスト、トマトパイなどの他、トマトの被りものをして植民地服に身を包んだジョンソンが、郡裁判所の前で満面の笑みを浮かべるイラストが描かれたTシャツなどが揃う。ABCテレビの『グッドモーニング・アメリカ』は、一九八八年にこの見せ物を特集し、ジョンソンはアメリカで最初にトマトを食べた人物だという、それまで知られていなかった詳細をホストがアドリブで演じた。これはジェファーソンを大いに驚かせたことだろう。

年に一度のこの祝祭は数年もすると廃れたが、二〇〇周年を祝う何らかのセレモニーは今でも残っているだろう——または少なくとも一組は、熱烈なトマトファンがスナップ写真を撮っているだろう、と期待している。もしそうでないなら、アメリカで二番目に古い今も現役の郡裁判所の前で、私自身がこの日のパフォーマンスを再現し、階段をのぼって裁判所に入ろうとするセイラム市民の前で、トマトをさもおいしそうに食べて彼らを驚かせる準備はできている。

ただし、そこに階段がないということを除けば。ジョンソンの功績に関する数多くの興味深い解説を読んでから、私は郡裁判所の階段を、米最高裁判所の階段の小型版のようなものだと想像し、ジョンソンが階下に集まる群衆を見下ろすかたちで、階段の一番上に立っている姿を無邪気にも思い浮かべていた。しかし実際には、郡裁判所は地面からたった一段しか階段がなく、それすらも車椅子用の傾斜路の一部になっている。さらに、裁判所には鍵がかかっていて、駐車違反の切符や犬の放し飼いなどに対応するために一週間に数日、夜間だけ開錠される。つまり、私がトマトについて熱心に教え説くことのできる通行人はそこにはおらず、ジョンソンに対する私の敬意を目撃する人も誰ひとりいないということだ。

　郡裁判所には階段もなく、見物人もなく、二〇〇周年の祝祭もない。本当にそこにロバート・ギボン・ジョンソンが立ったのだろうか？

　たしかに、郡裁判所から、今では〈ミールズ・オン・ホイールズ〉という食事宅配センターになっているジョンソンの元の邸宅まで歩いているとき、セイラム歴史協会の現会長カート・ハーカーと元会長ロン・マギルが私にそう教えてくれたのだ。実際、ジョンソン大佐は一八四五年に設立されたこの歴史協会の初代副会長だった。ジョンソンは著名人なので、彼については私たちもかなり多くのことを知っている。トマトとなると話は別だが。ジョンソンとトマトが初めて同じ文脈に現れたのは、彼の死から五八年が経った頃で、ウィリアム・チューによる一九〇八年の『セイラム郡ハンドブック』には、一八二〇年に「ロバート・G・ジョンソン大佐がセイラムに初めてトマトをもち込んだ……当時この野菜は、大衆の利用には向いていないと考えられていた」と記されている。

　その後、この伝説に金めっきが被せられはじめた。一九三七年のセイラムの歴史の中で、この郡の郵便局長であり、アマチュアの歴史家でもあったジョゼフ・S・シックラーがチューの主張を繰り返した上で、次のように詳細を付け加えた。「ジョンソンはトマトの品質について、地元の人びとを辛抱強く教育し、トマトは食べられる野菜で栄養があるということを示した」と。

その三年後、歴史書『ザ・デラウェア』で、ハリー・エマーソン・ワイルズはこの郡裁判所の一件をシックラーの解説に追加し、ジョンソンが「郡裁判所の階段（steps）の上で勇気を出して、貴重なトマトを公衆の面前で食べたことで、ようやく用心深い南ジャージーの人びとも、今や最大の収穫量を誇るこの野菜を、食べられるものとして受け入れることにした」と記した（彼は私と異なり、郡裁判所に（複数の）「階段」があるように描写していることに注意）。

九年後、スチュワート・ホルブルックが郡裁判所のシーンをもっとおもしろくして、『アメリカ史から消えた男たち』に次のように書いた。

ジョンソンはセイラムの郡裁判所の階段に立ち、大声でこう宣言した。今、この瞬間、この場所で、自分はこの命に関わる恐ろしいものを食べようとしている、と。これを彼はいかにもおいしそうに貪り、一方で口をあんぐり開けて見守る群衆は、彼が身悶えして苦しみ、泡を吹いて地面に倒れ込むのを待ち構えていた。

他の著述家も想像力を駆使して、何千人もの野次馬や気絶寸前の女性について書いたり、ある特定の日付などを付け足したりした。意外にも、そんな「他の著述家」のひとりが他でもないジョゼフ・シックラーだった。彼は一九四八年に自身のオリジナル版を改訂し、彼自身のオリジナルの理論に色鮮やかな発見を組み込み――さらに飾り立てた。

シックラーは、郵便局の資金をめぐるいかがわしいビジネスに手を染めたことでセイラムを追われ、当時ニューヨークに身を寄せていた。一九四九年一月三〇日のこの歴史的出来事を再現するため、CBSラジオの『ユー・アー・ゼア』という番組の有償コンサルタントとして出演したとき、彼が改訂し、やみくもに脚色したバージョンは、まだインクも乾いていない状態だった。シックラーがCBSにアプローチしたのか、それともCBSの方が彼にアプローチしたのかは知る由もないが、この番組は彼にとって確実に大きな転機となった。これをきっかけに、「この逸話を守り抜いた者として国民的称賛」を得ることができたと、彼は自慢げに語った。『ユー・アー・ゼア』は『ドランク・ヒストリー』〔二〇〇七年に制作されたアメリカの教育コメディテレビシリーズ〕ではなかった、ということは言っておくべきだろう。後にテレビに移行したのをきっかけに、ウォルター・クロンカイト〔アメリカのジャーナリスト、アンカーマンで、米テレビニュース界の伝説的存在〕がホスト役を務めることになったこの放送は、信頼できる歴史的報告とみなされ、しばしば翌日の新聞にも特集された。おそらく制作チームは、資料をくまなく精査してから郡裁判所の階段をのぼったのだろう――「一段」だけ。

シックラーは、もともとの逸話は、その出来事を目撃したチャールズ・J・キャスパーを祖父にもつある男（都合のよいことにすでに故人だ）によって語られたと主張した。シックラーが信頼できる情報源を求めていたとすれば、彼は誤った情報を選んでしまったのだ。というのも、キャスパー自身の息子はたまたまセイラムの著名な缶詰業者で、この業界の小史を執筆し、そこに、「トマトは一八二九年に、フィラデルフィア出身の女性たちによってニュージャージー州セイラムにもたらされた」と記しているからだ。ジョンソンが郡裁判所で起こしたクーデターほどの重大な出来事を目撃したことを、キャスパーがトマト缶詰業者の息子に話さなかったとは考えにくい（しかしキャスパーは息子ではなく孫に話して、その孫がこれをシックラーと関連付けようとしたのかもしれないが）。

これは、私たちが出会う最後のトマト伝説では決してないが、最ももみ消されにくいものだったことはたしかで、『サイエンティフィック・アメリカ』や『ニューヨーク・タイムズ』のような信頼できる出版物にも掲載された。注意深い事実検証をすることで有名な『ニューヨーカー』の一九九三年の記事にまで掲載されたのだ。偽情報を急速に拡散する過去に類を見ない世界最新の力（またの名をインターネットという）を借りて、この逸話はそれにふさわしい新たな尾ひれを付けて広がりつづけている。ある記事によると、消防隊楽団が葬送歌を演奏しながら現地にやって来たという。また別の記事では、郡裁判所という設定のままに、裁判にかけられている哀れなトマトそのものへと発展しているものもある。トマトに有利な判決になるのは、大佐が……被告人を食べたときだけだ！

ロバート・ギボン・ジョンソン（1771–1850）、彼がトマトをアメリカにもたらしたという伝説は、虚実を交えて装飾され、綿密な調査がおこなわれてきた。ジョージ・W・コナローによる肖像画、1840年頃（ニュージャージー州セイラムのセイラム歴史協会コレクションより）。

そこで私は、絶対起こらなかった出来事の二〇〇周年の日に、セイラムの歴史家たちにこう尋ねた。一体この伝説には真実というものがあるのか？　と。ジョンソンがそんなデモンストレーションをしたという新聞記事はひとつもない。一八三八年に出版された、ジョンソン自身が著したセイラム郡の歴史書は、トマトに触れることすらしていない。さらに、RGJ〔ネバダ州の日刊紙『リノ・ガゼット・ジャーナル』の頭文字〕が農業フェアのスポンサーになったというのは事実だが、トマトは評価対象の作物に含まれていなかったという記録もある。「ジョンソンがトマトを育てていたかどうか、私たちにわかるのでしょうか?」と私は尋ねる。「もっと言うなら、そもそも彼はトマトのことを知っていたのでしょうか?」

私の抗議を予測していたかのように、ロン・マギルはきわめて慎重に、ブリーフケースから一八一二年のジョンソンの蔵書の一冊を取り出す。それは『有用な知識の古記録——商業、製造業者、地方および国内経済、農業、そして有益な芸術に捧げられたある業績』と題されており、貸し手が本のもともとの所在を忘れないように、二ページにわたって大佐の署名がしてある。マギルがこの本の三〇六ページを開くと、そこには「トマト、または愛のリンゴのケチャップ」のレシピが載っている。トマトのレシピが掲載されている本をジョンソンが所有していたという事実は、彼が〔そしてもちろん、他の人びとが〕トマトは食べられるものだと知っていたことを示している。しかし、彼が一九世紀版の『ジュリー・アンド・ジュリア』〔料理をテーマにした二〇〇八年のアメリカ映画〕の役を演じ、この本のレシピをひとつ残らず作ったという証拠がない限り、それ自体としては何の証明にもならない。とはいえ、この地元の歴史家たちはいずれも、ジョンソンが実際にニュージャージー州南部へトマトを紹介したという揺るぎない確信をもっている。たとえそれがさほどドラマチックな方法によるものでもなく、もちろん裁判所で決められたものでもなかったとしても。シックラーの最初のバージョン——ジョンソンが同郷の人びとに、この不快な液果は消費に適していることを納得させたというもの——は正しかった、と彼らは言う。そしてそれはオーラル・ヒストリーや新聞記事に基づいている可能性が高い、と。しかし、もしどこかに何らかの新聞記事があるとしても、まだ誰もそれを掘り当ててはいない。とはいえオーラル・ヒストリーを見くびってはならない。それはしばしば、驚くほど信頼できることが証明されている。

ジョンソンの伝説を支持するものはいくつかある。もともとの一九〇八年の説明は、その簡潔さと、大佐が熱心な園芸家で、新しい作物に好奇心をもち、革新的な関心を抱いていたという事実を報じた信憑性のあるものだ。しかもこれに匹敵する逸話は他に存在しない。セイラム郡にトマトを紹介した誰かがロバート・ギボン・ジョンソン大佐だったという可能性は、他の人びとがそうであった可能性と同じくらいある。たしかにタイミングは合っている。その後の数十年で、トマトのレシピが雑誌や料理本のページを埋めるようになり、トマトは園芸家の情熱を一手に引き受け、種子カタログの表紙を飾り、そしてアメリカのどの家の食卓にもケチャップをこぼした跡をつけ、トマトは無名からポピュラーな食物へとその地位を格上げしたのだ。こうしてジョンソンのセイラム郡は、アメリカ全土で最大のトマト農業地域となっていった。

セイラム郡裁判所の階段の上でジョンソン大佐が演じた勇敢な行為のような数々の伝説は往々にして、説明のつかないことを説明するために生じるものだ。実際、そうでなければ私たちはどのように、トマトが「憎むべき不快なにおいを放つ液果」から、この国で最もポピュラーな野菜へと、衝撃的な飛躍を見せたことを説明できるだろうか？　これは完全に満足できる答えのない難しい問題だが、トマトの幸運は、熟練した偽薬セールスマン、健康食品としてのトマトの突然の評判、そしてパンデミックという、三つの要素のありえない融合によるところが大きいようだ。

一八三〇年代という不穏な一〇年で、アメリカは「健康」とその対極にあるものを突然発見することとなった。市民健康運動《ポピュラー・ヘルス・ムーブメント》が、当時アンドリュー・ジャクソン大統領の反エリート主義的見解（これには――どこかで聞き覚えがある――従来の医学と科学に対する不信感が含まれる）をきっかけに起こり、本格的に稼働していた。『健康ジャーナル、および生理学的改革の提唱者』といったタイトルの週刊誌が流行り、あるボストンの本屋はもっぱら健康関連の書物に門戸を開いた。健康によいライフスタイルに精を出す寄宿舎に住む健康おたくには、新鮮な果物や野菜を使った食事が提供され、前代未聞の週三回の入浴が義務付けられた。

健康的な生活に対するこの突然の関心は、ヨーロッパ全土に急速に広まっていたコレラの大流行によって拍車がかけられた部分もある。このパンデミックは一八三〇年にロシアに達し、車に乗ってポーランドや東プロイセンへ拡散して、皇帝ニコライ一世が送り込んだ侵略軍の内臓に到達した。一八三一年には、ヨーロッパ全土が危険に晒された。その一年後、病はアメリカ沿岸まで到達していた。コレラの原因はいまだ解明されておらず、予防策も見つかっていないが、栄養価の高い食事を摂り、清潔な生活を送ることよって大事には至らずに済むと合理的に片づけられた。

シルヴェスター・グラハム（グラハムクラッカーで有名）やアモス・ブロンソン・オルコット（『若草物語』の著者ルイーザ・メイ・オルコットの父）などの著名人は、菜食主義、入浴、セックスとアルコールの節制などの利点を説いていた一方で、オハイオの巡回医師ジョン・クック・ベネットは、トマト主義者としてその名を馳せていた。医学学校を退学させられ、別の医学学校への入学にも失敗したベネットは、一八三四年、トマトの健康的利点について医学生たちにおこなった講義を出版し、全国的な名声を得ることになる。いまだ一般的に受け入れられていなかったこの野菜に対して、健康を促進し胃や腸のさまざまな病気を防ぐことができるというベネットの主張は、(医学の専門家とは言わないまでも)報道機関に盲信的に受け入れられ、アメリカの二〇〇紙を下らない新聞で繰り返し印刷された。読者が特に関心を抱いたのは、「栄養素の中で最も健康的な一品」であるトマトは、「コレラの攻撃をかなり受けにくくすることができ……ほとんどのケースでそれを防ぐことができる」という彼の確信だった。

こうしてトマトは、その数十年後に登場したコカ・コーラと同様、すべての病を治すことを保証する強壮剤として、初めてアメリカの食事に進出したのだ。しかし、人びとはそれをどのように食べるようになったのだろうか? トマトのレシピがあまり普及していないことを知った新聞や料理本や雑誌は、トマトのピクルスからソースやシチューに至るまで、あらゆるレシピについて語っているベネットの発言を追いかけた。ベイクドトマト、スタッフドトマト、スカロップドトマト〔クリームソースで焼いたトマト〕、トマトジャム、トマトオムレツ、トマトペースト、トマトパイ、トマトワインに至るまで、さまざまなレシピがあった。こうしたレシピの多くは、最新号の『ボナペティ』〔アメリカ料理とホームパーティの雑誌〕に載っていても場違いには見えない。たとえば、ある「イタリア風」トマトソースのレシピには、トマト、タマネギ、タイム、ベイリーフ、オールスパイス、そして――意外な隠し味として――サフランが使われている。

一八三〇年代の終わり頃には、トマトは広く受け入れられるようになっただけでなく、自分が作った料理が救いがたいほど前世紀的に見えることだけは避けたいと思う女主人にとって、是非とも必要な食材となった。ウィスコンシン州マディソンにあるアメリカン・ホテルに滞在していたあるロンドンの新聞記者は、こんな不満を述べている。

朝から晩までトマトという言葉やテーマや歌が聞こえてきた……朝食には、この緋色の果物を載せた皿が五品か六品もったいぶって並べ立てられ、しきりに勧められる宿泊客たちは、ただひたむきにそれを貪り食っていた。ミルクと一緒に食べる者もいれば、酢やマスタード、砂糖や糖蜜をかけて食べる者もいる。私も先例に倣おうとしたが、もう少しでテーブルの上の朝食の残りの分を払い戻させるところだった。

グリルドトマトが、伝統的な「イギリスの朝食」の中心的存在となる日が来ることを知ったときの彼の恐怖を想像してほしい。この記者は狼狽と不信感が入り混じった気持ちで、トマト旋風と記したが、それはトマトパイやトマトパティ、ドライトマトやトマトジャム、メープルシュガー漬けトマトとなって、午後のお茶や夕食に旋風を巻き起こしつづけた。

一八三〇年代は、歴史家アンドリュー・F・スミスがアメリカの「偉大なるトマトマニア」と称した時代の端緒を開いたが、この野菜の驚くほど急速な台頭については、同時代の評者でさえ認識していた。一八五八年、ニューヨークの種商人トーマス・ブリッジマンは次のように書いている。

この一八年間を思い返してみると、これほど短期間のうちにこれほどの人気を博した野菜は目録の中に見当たらない……一八二八年から二九年にかけては、この野菜は嫌悪の対象と言ってもよかった。それから一〇年のうちに、ほとんどすべての種類の錠剤や万能薬がトマトから抽出して作られるようになった。今やキャベツと同じくらい畑の面積を占有し、全国くまなく栽培されている。

すべての種類の錠剤だって？ はたして、ベネットの健康に関する主張とトマトの上昇運気は、アーチボルト・マイルズという名の偽薬《スネークオイル》セールスマン（その半世紀前には実際に蛇油《スネークオイル》が存在していた）の目に留まった。マイルズはオハイオ州ブランズウィックの商人で、〈アメリカン・ハイジーン・ピル〉と呼ばれる信頼できない製品を売り歩いていたが、うまくいかなかった。これは、新聞の広告面でよく見かけるような多くの「万能」特許薬――その最も有名なものが水銀と塩素を含む化合物である塩化水銀――のひとつだった。

一八三七年、マイルズは無名の医師――おそらくベネット――と会うチャンスを得る。その人物はマイルズに、薬の名を「ハイジーン」ピルから「トマト抽出」ピルに変えるよう提案した。マイルズが新しいラベルを印刷すると、〈マイルズ博士のトマト配合抽出薬〉と名付けられた薬が市場に出回りはじめた。

「トマト錠剤があなたの病気を治します」と誇らしげに語る広告によれば、マイルズの抽出薬は「消化不良、黄疸、胆汁性疾患、尿砂、リウマチ、咳、風邪、インフルエンザ、カタル、神経疾患、胃酸過多、あらゆる種類の腺組織の肥大、便秘、腹痛、頭痛など」を治すということだった。

この魔法のような成分はマイルズによれば濃縮抽出物で、「それはトマトからとり、肝器官や胆管器官に特異効果がある」もの、つまり肝臓に効くということだった。だが実際は、その主な「特異効果」は肝臓よりも下の方で効力を発揮するものだった。この錠剤は、基本的には下剤だったのだ。塩化水銀より安全な代替物として市場に出回ったこの錠剤は（実際そうだった。少なくともこれによって水銀中毒になることはない）、「間違いなく、これまで公判や検閲に提供されたものの中で最も価値ある品物のひとつだ」とマイルズは語った。

「公判や検閲」にかけられる前に、マイルズはニューオーリンズからカナダの国境まで流通業者を手配し、医師や報道機関から驚くほどの承認を得た。しかし彼には長い間、自分自身を売り込むための市場がなかった。そのため発売から一年もたたないうちに、〈マイルズ博士のトマト配合抽出薬〉はコネチカット州の競合製品である〈フェルプス医師のトマト配合錠〉との闘いを繰り広げることになった。

ガイ・フェルプスはマイルズ「博士」とは異なり実際の医師で、一八二五年にハーバード大学医学大学院を卒業した。フェルプスは、大学での研究中にトマトの薬効成分の知識を深めたと主張していたが、マイルズはこれに対して懐疑的だった。それには正当な理由があった。つまりニューヨークで〈マイルズ博士のトマト配合抽出薬〉の流通を請け負っていた業者は、ホードリー・フェルプス社という製薬会社で、この「フェルプス」はガイの兄のジョージのことだったのだ。

錠剤を仕入れているニューヨークの流通業者にマイルズがスパイを送ったところ、ホードリー・フェルプス社は見込み客に対して、この薬は危険だと言って買わないよう忠告していたことが代理店を通じて判明した。その代わり、彼らは（驚くべきことに！）〈フェルプス医師のトマト配合錠〉を勧めたのだ。マイルズは激怒した。そして売れ残った錠剤の返却を要求した。ところが自分が最初に提供した分とまったく同じ量の錠剤が戻ってきたとき、その怒りはさらに爆発した。つまり、ニューヨークの「流通業者」は、アメリカ最大の市場で、彼の錠剤を一箱たりとも売っていなかったということだ。この反目はまもなくして、トマトホーンワームよりも醜いものへと発展し、お互いが相手に対して、騙している、嘘をついている、特許の侵害だ、塩化水銀その他の形態の水銀入りの薬を生産して市民を危険に晒している、などと言って非難し合うことになった。

マイルズは、フェルプスに製法を盗まれたと主張し、彼に「いんちき野郎」だの「ペテン師」だのというレッテルを貼った。これに対してフェルプスは、マイルズは「私の馬と同じくらい医者の肩書きを要求した」〔horse doctor には「ヤブ医者」の意味がある〕と記された手紙を公開するなどして対抗した。

どちらの非難も、それまで両者の口から出た言葉の中で最も正確な主張だっただろう。さらにマイルズは、自分の競争相手の製品にはトマトがこれっぽっちも含まれていない、フェルプスがあれほど錠剤をたくさん売ったのなら、「コネチカット州のトマトの産出量をすべて合わせても」これらの錠剤のすべてを製造するには足りないだろうと主張したとき、何かを見抜いていたのかもしれない。ガイ・フェルプスの一八三九年の納品書を精査した『ハートフォード・デイリー・カレント』によれば、カンゾウ、アロエ、アラビアゴム、シナモン、アルコール、そして緑と黄の顔料の注文があったことは判明したが、トマトの注文は見当たらなかった。フェルプスはと言えば、マイルズの抽出薬を分析させ、これには「アロエ、ルバーブ、トウガラシ、コロシント〔ヒョウタン科の植物で強い下剤効果がある〕、エッセンシャルオイル」しか含まれていないと主張した。

泥沼の闘いが繰り広げられ、両者の評判を傷つけていく中で、また別の競合製品――〈ハロックのトマト万能薬〉や〈ペイン博士のトマト配合錠〉、〈ベンジャミン・ブランドレスの万能野菜錠〉など――が市場シェアを奪う勢いを見せていた。新聞はこの混戦から賢く利益を得て、この短期戦の間に何万ものトマト錠剤の広告を発表した。ブランドレスは、自社だけで広告に年間一〇万ドルを支払ったと主張した。これは当時からすれば破格の金額である。

トマト錠剤市場は一八四〇年の初頭に崩壊した。市民が明らかに両者の製品はデタラメだと信じるようになったからだ。私の知る限り、それは文字どおりデタラメだったと思われる。コレラの流行が先細りになったことと共に、特に北東の州を襲った金融危機、いわゆる一八三七年恐慌によって、健康万能薬はほとんどの人が買えないほどの贅沢品になったことで、この錠剤の終焉が早まった可能性が高い。

驚くべきことに、マイルズとフェルプスはこの熾烈な闘いに生き残っただけでなく、その後も繁栄しつづけた。マイルズは不動産代理店として成功した。偽薬《スネークオイル》が彼のDNAに染み込んでいたに違いない。というのも同世紀の後半、ひとりの身内が〈マイルズ博士の健康回復神経鎮静剤〉という名の薬で、一族の伝統（と名声）を復活させ、その儲けを利用してマイルズ・ラボラトリーズという会社を設立して大きな成功を収めたのだ。この会社は一九七九年に、製薬会社の大手、バイエルAGに買収された。

ガイ・フェルプスはさまざまな回復薬を売りつづけ、しまいには健康よりももっと確実に儲かるもの――死――を思いつき、コネチカット相互生命保険会社を設立した。フェルプス自身は二三〇〇万ドルを超える資本をもつ会社を遺して、一八六九年にこの世を去った。

偽薬のことはさておき、トマトは健康によいという主張にはどれだけの根拠があったのだろうか？トマトはコレラや消化不良を治すことはできないかもしれないが、実際、とても健康によい。二三〇グラムのトマト一個だけで、成人の一日のビタミンC摂取量の約六〇パーセント、ビタミンA摂取量の約三〇パーセントを満たす。トマトはビタミンBと鉄分も豊富で、リコピン（抗酸化作用の一種で、

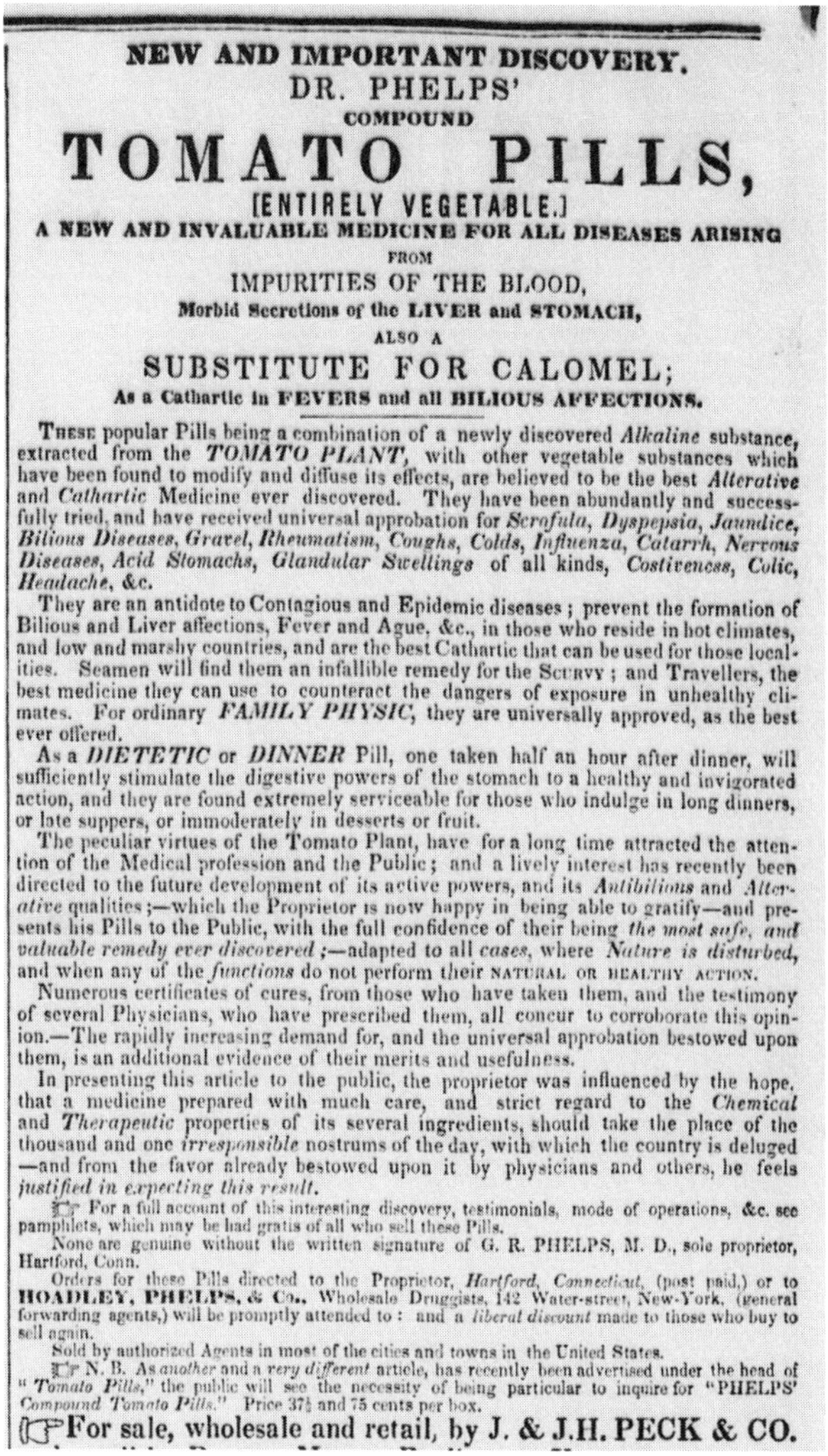
NEW AND IMPORTANT DISCOVERY.
DR. PHELPS'
COMPOUND
TOMATO PILLS,
[ENTIRELY VEGETABLE.]
A NEW AND INVALUABLE MEDICINE FOR ALL DISEASES ARISING
FROM
IMPURITIES OF THE BLOOD,
Morbid Secretions of the LIVER and STOMACH,
ALSO A
SUBSTITUTE FOR CALOMEL;
As a Cathartic in FEVERS and all BILIOUS AFFECTIONS.

THESE popular Pills being a combination of a newly discovered *Alkaline* substance, extracted from the *TOMATO PLANT,* with other vegetable substances which have been found to modify and diffuse its effects, are believed to be the best *Alterative* and *Cathartic* Medicine ever discovered. They have been abundantly and successfully tried, and have received universal approbation for *Scrofula, Dyspepsia, Jaundice, Bilious Diseases, Gravel, Rheumatism, Coughs, Colds, Influenza, Catarrh, Nervous Diseases, Acid Stomachs, Glandular Swellings* of all kinds, *Costiveness, Colic, Headache,* &c.

They are an antidote to Contagious and Epidemic diseases; prevent the formation of Bilious and Liver affections, Fever and Ague, &c., in those who reside in hot climates, and low and marshy countries, and are the best Cathartic that can be used for those localities. Seamen will find them an infallible remedy for the SCURVY; and Travellers, the best medicine they can use to counteract the dangers of exposure in unhealthy climates. For ordinary *FAMILY PHYSIC,* they are universally approved, as the best ever offered.

As a *DIETETIC* or *DINNER* Pill, one taken half an hour after dinner, will sufficiently stimulate the digestive powers of the stomach to a healthy and invigorated action, and they are found extremely serviceable for those who indulge in long dinners, or late suppers, or immoderately in desserts or fruit.

The peculiar virtues of the Tomato Plant, have for a long time attracted the attention of the Medical profession and the Public; and a lively interest has recently been directed to the future development of its active powers, and its *Antibilious* and *Alterative* qualities;—which the Proprietor is now happy in being able to gratify—and presents his Pills to the Public, with the full confidence of their being *the most safe, and valuable remedy ever discovered;*—adapted to all *cases,* where *Nature is disturbed,* and when any of the *functions* do not perform their NATURAL OR HEALTHY ACTION.

Numerous certificates of cures, from those who have taken them, and the testimony of several Physicians, who have prescribed them, all concur to corroborate this opinion.—The rapidly increasing demand for, and the universal approbation bestowed upon them, is an additional evidence of their merits and usefulness.

In presenting this article to the public, the proprietor was influenced by the hope, that a medicine prepared with much care, and strict regard to the *Chemical* and *Therapeutic* properties of its several ingredients, should take the place of the thousand and one *irresponsible* nostrums of the day, with which the country is deluged—and from the favor already bestowed upon it by physicians and others, he feels *justified in expecting this result.*

☞ For a full account of this interesting discovery, testimonials, mode of operations, &c. see pamphlets, which may be had gratis of all who sell these Pills.

None are genuine without the written signature of G. R. PHELPS, M. D., sole proprietor, Hartford, Conn.

Orders for these Pills directed to the Proprietor, *Hartford, Connecticut,* (post paid,) or to **HOADLEY, PHELPS, & Co.,** Wholesale Druggists, 142 Water-street, New-York, (general forwarding agents,) will be promptly attended to: and a *liberal discount* made to those who buy to sell again.

Sold by authorized Agents in most of the cities and towns in the United States.

☞ N. B. As *another* and a *very different* article, has recently been advertised under the head of "*Tomato Pills,*" the public will see the necessity of being particular to inquire for "PHELPS' *Compound Tomato Pills.*" Price 37½ and 75 cents per box.

☞ **For sale, wholesale and retail, by J. & J.H. PECK & CO.**

「これまで発見された中で最も安全で価値ある薬」として、〈フェルプス医師のトマト配合錠〉を宣伝する広告（『バーリントン・フリー・プレス』、1838年12月7日。Library of Congress, SSN84023127.）。

トマトやスイカを赤くする成分）も含んでおり、がんを予防する効果があると考えられている――厳しい中傷を受けたベネットやマイルズ、フェルプスには申し訳ないが。トマトを食べることの唯一の欠点は、その酸味がデリケートな胃をびっくりさせてしまうかもしれないということだけだが、なるべく酸味を減らそうという品種改良の傾向は、数百年も前から始まっていたものだった。

現在も、ベネット博士が顔をしかめてしまいそうなトマトの栄養機能表示（大部分がリコピン含有量に基づく）を見かけるが、その多くが正当な査読がなされた研究に基づいている。トマトは前立腺がんから心臓病、精子の運動率低下に至るまで、あらゆるものを予防、治癒するのに役立つと言われている。とはいえ、トマトに塩をふって食べるように、中にはほんの少しの塩と一緒に受け取る〔take with a grain of salt は「話半分に聞いておく、鵜呑みにする」という意味のイディオム〕方がよい研究もある。というのも、こうした研究の多くは濃縮されたトマト抽出物を使用――準備――し、場合によっては材料となるトマトの濃度があまりに高いため、同量のものを摂取するのに毎日一日も欠かさず、トマト六個またはトマトペースト半缶を食べなければならないということになるからだ。それが嫌なら錠剤を飲むしかない。

トマト錠剤は、一八四〇年には影響力を失っていたかもしれないが、トマト――その多くがベネット、マイルズ、フェルプスのおかげで今や市民の意識の中にしっかり根付いた――は、アメリカ人のハートと胃袋を掴みつづけた。とはいえ、かつては軽蔑の対象だった野菜が野菜界の王者となったのは、健康ブームのせいだけではない。アメリカは農耕社会から工業大国へと変化し、移行していた。つまり、スキルのある職人の労働力が組立ラインの作業者に変わり、トマトはその中心に君臨するよう運命付けられていたのだ。その後数十年の間に、トマトは最初の組立ラインに載せられることになる。そして缶詰や瓶詰にされた最初の保存食となり、フードブランディングの概念を導入し、ほとんど原形を留めないくらい加工され、戦地にも赴くことになる。別の言葉で言えば、トマトは一九世紀のアメリカを象徴するものとなったのだ。

トマトの生産は一八〇〇年代を通じて急上昇を続けた。セイラム郡を主な産地とするニュージャージー州は、肥沃な土壌、大西洋の温暖な気候、そして三つの主要市場（ニューヨーク、フィラデルフィア、ウィルミントン）に近いという三拍子揃ったおかげでアメリカのトマト生産の主役の座を勝ち取った。あまりにも多くのトマトが北東部や中部大西洋岸で栽培されるため、八月に収穫高がピークに達すると市場価格が急激に下落する。一八五五年、セイラム郡の一〇エーカーほどの農地でトマト農業を始めたエドモンド・モリスの指摘によれば、最も早生のトマトは一かごあたり二ドルだったが、その価格が真夏には一ブッシェル〔ブッシェルとはヤード・ポンド法に基づく体積の単位。アメリカでは一ブッシェルは三五リットル〕あたり二五セントにまで落ち込んだという。これは農夫が畑にトマトを放置して腐らせるようなレベルで、収穫して輸送するためのコストはトマトの値をはるかに超えていた。

こうして、早生トマトを栽培しようとする意欲はかなり高まっていった。たとえば、蒸した肥料で温めた温室を利用して少しでも早いスタートを切ろうとしたり、メリーランド州やヴァージニア州などの温暖な州に農地を増やしたり、早熟トマトの種を保存したりなど、さまざまな戦略がとられた。しかし農夫に必要だったのは、トマトが過剰供給されるシーズン中に利益を得る方法だった。

救済策は、間接的ながらも、ナポレオン・ボナパルトという思いがけない人物からもたらされた。一八〇〇年、腹が減っては戦はできぬと言ったことで有名なナポレオンは、兵士たちの食事環境に投資し、よりよい食品保存法を考えた人に一万二〇〇〇フランを与えることにした。この賞金を手にしたのは科学者だけでなく、パリでシェフをしていたニコラス・アペールもそのひとりだった。アペールは一八〇六年の博覧会で、肉、果物、野菜——そして彼の代表作である羊の丸焼き——を、コルクとワックスで密封したガラス瓶に詰めて、グツグツ煮えた湯に浸すという、現代の家庭で瓶詰めを作る人にもまったくなじみがないわけでもない食品保存法を披露した。一八二〇年代後半になると、トマトはアメリカで市販される最初の瓶詰食品のひとつとなり、トマトの人気が高いということだけでなく、その強い酸味によって腐敗しにくいという事実の証明にもなった。

それから一〇年もしないうちに、イギリス人のピーター・デュランドがアペールの発明を改良し、割れやすいガラス瓶を、(防錆のため) ブリキで裏打ちした鉄製の缶に変えた。この缶はイギリス南西部で多く見られた。ところがデュランドは、欠かすことのできないもうひとつの付属品——缶切り——の発明までは考えが及ばず、当然のことながら、一八五五年になるまでブリキの缶が流行することはなかった。この年、もうひとりのイギリス人ロバート・イエーツが、この忌々しい代物をこじ開ける手段を発見した。

それは南北戦争になんとか間に合った。世界初の「缶詰」戦争中、北軍は缶詰食料保管所から最低限の缶詰を旅の友にすることを兵士に許可し、兵士たちが地元の不親切な店に立ち寄って物を強奪しないようにした。小麦粉など、乾燥食品以外の供給品を求めて郊外をくまなく探さなければならなかった南軍の兵士は、闘いに勝ったときは、北軍の食料保管所の貯蔵室を襲撃し、栄養失調を満たすべく、北軍の缶詰肉や缶詰野菜を貪り食った。

こうして南北両軍の多くの兵士が戦争中に缶詰トマトを初めて味わい、その味覚を養い、帰還してからもこの缶詰を求めた。戦争は、トマトと芽生えつつある缶詰産業の両者にとっての恩恵であることが証明された。一八七〇年までには、一〇〇軒の缶詰工場が、戦前の六倍以上にもなる年間三〇〇〇万個のトマト缶を製造するようになった。かなりの量に聞こえるかもしれないが、実はこれは一人あたり年間一缶にも満たない数字で、製造の限界を反映したわずかな量だった。

缶詰製造は骨の折れる巧みなプロセスを要した。缶の作図から始まり、そのひとつひとつをカットし、ローラーで平らにし、手ではんだ付けしなければならなかった。トマト生産者のエドモンド・モリスはこのプロセスに関する情報を聞きつけ、南ニュージャージーのトマト缶詰工場について次のように説明している。

部屋の片隅に大きなボイラーが三つある。その隣にもうひとつ大きなボイラーがあり、ここで熱湯処理がおこなわれる。トマトは最初、この熱湯に通され、じゅうぶんな時間をかけて浸した後、長いテーブルの上に並べられ、両側を一〇人から一二人の若い女性が囲み、なめし革で手早く皮を剥いでいく。皮が剥かれたトマトはその後ボイラーに入れられ、沸騰するまで待ってから、素早く缶の中に注ぎ込まれる。そこからブリキ職人のところへ運ばれ、職人たちが実に驚くべき器用さで缶に蓋をし、はんだで固める。

缶はその後バクテリアやその他の微生物を殺すために、四～六時間、沸騰した湯の中に浸される。

とはいっても、これらの缶は密閉状態ではない。缶が破裂しないように上部に小さな空気孔が開いていて、後からその孔を塞ぐようになっている。すべて手作業で密閉するため、少量のすず鉛はんだが入ってしまい、台無しになるというリスクも常にあった。

ところが、この手間のかかるプロセスにも救いの手が現れた。南北戦争後、蒸気機関の幅広い適用が、繰り返しのように見えるプロセスを自動化するアメリカの刷新者《イノベーター》の能力と結びついて、トマトの缶詰製造における指数関数的な成長に拍車をかけた。イノベーターはベルト駆動の缶詰機械を設計し、一分間に四〇〜六〇個の缶に詰めることができるようになった。また、蒸気と水で皮を剥くトマト湯剥き器のおかげで皮剥き作業も容易になった。

缶詰プロセスの自動化が進んだのは、生産量を増やす必要性があったためばかりでなく、南北戦争後の数年間でスキルのある労働者を雇用し維持する困難と、それにかかる高い経費も、その理由だった。キャッパー――モリスが「ブリキ職人」と称した、中身が詰められた缶に蓋をはんだ付けする人――は特に人材が不足しており、彼ら自身もそれを知っていたため、缶詰工場のオーナーは常に、組合に属さない人は雇われにくいということに気づいたキャッパーがストライキを起こすのではないかという脅威に直面していた。

とはいえ、最大の給与を得ながら、拡大に対する最大の障壁の象徴ともなっていたのは加工業者――密閉された缶を沸騰した湯に浸して食品を殺菌するという重要な手順を担当していた人――だった。戦後数十年経っても、加工作業はまだどこか神秘的な技とされており、手品師と同じくらいきっちりと秘密が守れる限られた人によっておこなわれ、彼らはそのサービスを一番高く買ってくれる人に売っていた。加工作業には、じゅうぶんに長い時間をかけて食品を調理して安全に保存しながらも、食品を損なわない程度の長すぎない時間にしなければならないという微妙なバランスが必要だった。

缶詰産業を牛耳る加工業者の支配力は、アンドリュー・シュライヴァーがスチームケトルを発明したのちの一八七〇年代に徐々に衰えを見せはじめた。現代の圧力調理器の前身であるこのスチームケトルは、沸騰した湯ではなく圧力をかけた蒸気を利用して缶詰食品を加工するもので、情報に基づく当て推量――およびスキル――を重要な加工手順から外すことになった。

その後一八八〇年代に、J・D・コックスというニュージャージー州ブリッジトンの機械工が、一度に六缶分の蓋を閉め、はんだ付けすることができる装置を発明した。自動化の波が容赦なく押し寄せるにつれて、キャッパーは徐々に衰退し、コックスの露骨な販売パンフレットの言葉を借りれば、「給料を受け取った上に、上司が必要と思う以上に酔い覚ましの時間を要求していたキャッパー」は一掃された。生活を守るために闘っていた労働者は、放火や流血事件に訴え、ほぼ毎日のように死の脅威に直面していたオーナーはこれをきっかけに銃を保持し、工場警備員を雇うようになった。

結局、テクノロジーが勝利を収めたのは言うまでもない。同世紀の最後の数年間に、巻締部のついた缶が導入され、現代とほぼ同じような缶ができあがったが、缶詰の最後の手順――ラベル貼付――の自動化は、一八九三年にナップが自動ラベル貼付装置を発明するまでは、驚くほど難しい課題だった。ラベル貼りは低賃金の仕事で、主に女性がおこなっており、自動ラベル貼付装置は自動キャッパーよりも抵抗なく受け入れられた。

これらのイノベーションは缶詰産業に変革をもたらしたが、おそらくこの時代の最も重要かつ持続したイノベーションは、実質的にあらゆる工場がその影響を感じていたもので、缶詰工場の各工程に野菜を移動させる「自動化ライン」の導入だろう。これは、ヘンリー・フォードが自動車業界の組立ラインを「発明」する数十年も前のことだった。このようなシステムのひとつが、〈トライアンフ・プラットフォーム・コンベア・ピーリング・テーブル〉と呼ばれるもので、それまで多くが手作業だったトマトの皮剝きを能率化した。

自動化によって新鮮な食品を供給する仕事が増えれば増えるほど、この傾向が缶詰製造の企業買収の前触れになるのではないかと予想する人もいたかもしれない。しかしその反対のことが起こった。というのも、缶詰製造ビジネスに進出するために必要な機器は比較的安価で、幅広く手に入れることができたからだ。そしてそのそれぞれのイノベーションで、労働者のスキルもそれほど必要としなかった。こうして缶詰製造――特にトマトの缶詰――は、アメリカの主要な家内工業のひとつとなり、起業家はトマト畑の近く（ときには畑の中）に小規模な季節限定の地域缶詰工場をオープンした。実際、多くの農夫が夏のピーク時に、供給過多のトマトを処理するひとつの方法として、専用の缶詰工場を動かしていた。

一八七〇年にはアメリカ全土でたった一〇〇軒しかなかった缶詰工場が、一九〇〇年になると一八〇〇軒にもなり、トウモロコシや牡蠣、コンデンスミルクなどがトマトと並ぶ一般的な缶詰食品となった。おそらくトマトの普及に貢献したジョンソン大佐のセイラム郡は、すでに生のトマトで生産量をリードしていたが、缶詰生産でもこの国を率いていた。チャールズ・キャスパーが著した缶詰の歴史には、「一八九二年はセイラム郡の缶詰製造の当たり年だったようだ」と記されている。この年、三一軒の缶詰工場が一二〇〇万個の缶を製造した。トマト産業がイノベーションを促進し、イノベーションがトマト産業を変革したということだ。ところが今、技術的な発明と同じくらいアメリカ的なもう一つの変化が缶の内部から起ころうとしていた。

〈トライアンフ・プラットフォーム・コンベア・ピーリング・テーブル〉がトマトの加工に組立ラインを導入した（Sprague General Catalog of Canning Machinery and Supplies, *1913. Smithsonian Libraries and Archives*. 画像はジョン・ホーニグ提供）。

南北戦争から間もなくして、五〇歳になったジョーゼフ・キャンベルは、フィラデルフィアの青果会社の購買代理業者としての職を辞し、ニュージャージーの缶詰会社のパートナーとなった。カムデン（セイラムから六四キロ）に位置するこの会社は、エイブラハム・アンダーソンという名の元ブリキ職人が所有していた。キャンベル――彼もジャージーボーイだ――は、缶詰に蓋をする機械の発明者J・D・コックスを生んだ街でもあるブリッジトン近郊の青果農園で育った。一八七七年、キャンベルはパートナー会社を買収し、その目玉商品である「ビーフステーキ」トマト（アンダーソンの造語）の著作権をそのまま使った。広告が自慢気に宣伝するとおり、このトマトはあまりにも大きいので、たったひとつで缶がいっぱいになる。缶に入った一個のトマトというだけで、（サイズ以外は）すぐ手に入る何百という他のブランドの缶入りトマトと何ら変わりはなかったが、そのブランディングと大量の広告により、キャンベルは自身の〈セレブレイテッド・ビーフステーキ・トマト〉を（〈ストリクトリー・ファンシー・スモール・ピーズ〉と〈ファンシー・アスパラガス〉と共に）、他では手に入れられないユニークな製品として売り出した。

有名ブランドトマトの誕生だ。

ところが大衆は納得せず、ジョーゼフが一八九三年にキャンベル社の支配権をビジネスマンのアーサー・ドランスに売却した頃には、この会社から金がじわじわと流れ出していた。アーサーのいとこで、MITとグッティンゲン大学の学位をもつジョン・ドランスは、その四年後にこの会社に入り、キャンベルが捨てたトマトをすぐさま拾って、キャンベル社の缶詰商品を、他のどこからも手に入れられない真にユニークな商品にする方法を探し求めた。

彼が出した答えはトマトスープだった。正確に言えば濃縮トマトスープだ。この用語は少しばかり誤解を招きやすい。濃縮スープと言えども、実際にスープを「濃縮」して——つまりスープから水分を取り除いて——作ったものではないからだ。むしろ最初から水を加えないで作る。にも関わらず、濃縮スープの販売には多くの利点があった。缶のサイズを小さくすることができるので、製造やラベル、出荷に関わるコストを抑えることができ、食料品店にせよ、家の食器棚にせよ、置き場所に関してもあまりスペースを取らないで済む。スープの発売（濃縮したコンソメ、野菜、チキン、さまざまなオックステールと共に）から一年もしないうちに、キャンベル社は再び潤いはじめた。

新製品には新しいラベルが必要だった。そこでこの会社は、それまでのオレンジと黒のラベルデザインを一新しようとしていたが、オレンジと黒のラベルから潜在意識として残るメッセージは、"M'm! M'm! Good!"〔キャンベルのロゴに書かれているフレーズ〕よりもむしろ"Trick or Treat!"〔ハロウィンの日の合言葉」だった。一八九七年の感謝祭の日におこなわれたアメリカンフットボールの試合では、ペンシルベニア州がコーネル大学のホストとなっており、参加したファンの中に、キャンベル社の社員で後に会計を担当することになるハーバートン・ウィリアムズがいた。ゲストチームであるコーネル大学の大胆な赤と白のユニフォームに目を奪われた彼は、オフィスに戻ってから、新しいラベルの色としてはこの二色が理想的なのではないかと提案した。上司はこれに同意し、それから二ヵ月足らずのうちに、これが新しいデザインとして採用された。以来、このロゴはほぼ変わっていない。

一九六二年、アンディー・ウォーホルがキャンベルスープ缶の三二枚のシルクスクリーンキャンバス（各種類にひとつずつ）を発表したとき、キャンベルスープのラベルは親しみやすさからアイコニックなものへと昇華した。思うにこのアーティストは、なぜキャンベルスープを選んだのか？という問いかけに、少しはぐらかし気味にこう答えたのではないだろうか。「昔よくこのスープを飲んでいたんだ。毎日同じ昼食を食べていた。二〇年間ずっと」と。まさにウォーホルらしい。だが、日雇い労働を辞める前に広告イラストレーターをしていたアンディは、ラベルの美学にも惹かれていたに違いない。無駄のないすっきりとしたデザインは、

"M'm! M'm! Good!" 魅力的で大胆でコンパクトなキャンベルのスープ缶（写真はキャンベルスープカンパニーとその子会社からの許可を得て転載）。

スープそのものに語らせると同時に、シンプルさと健全性をそれとなく伝えるものでもある。

実のところ、このシンプルなラベルは、この業界の複雑さ――たとえばキャンベルの科学者が、グツグツと煮えるスープの大桶から漏れ出る揮発性ガスを捕獲するために開発したプロセスなど――をスープの背後に覆い隠してくれる。この揮発性ガスが食品に独特の香りを与え、それをスープに還元しているのだ。

濃縮スープはトマトを保存野菜から完全食に変えた。つまり、最小限に加工された食品から高度に加工された食品に変えたということだ。実際それは、後にインスタント食品と呼ばれるようになるものの初期の、大きな成功を収めた例だ。忙しい母親（または芸術家）は、缶を開けて水を加え、ソルティンクラッカーをいくつか砕いてテーブルでランチを食べるまでのことを一〇分でできる。当時と同じ、シンプルでほっとする現代の日常風景だ。

缶詰産業に変革をもたらした工業化と自動化の進歩によってできあがった加工度の高いインスタント食品の出現は、時間のかかる食事の下ごしらえから解放することで女性たちを労働市場に参入しやすくするなど、その後、アメリカの食事と社会に広範囲にわたる影響をもたらした。そしてこうしたパスタソースや冷凍ピザなどのインスタント食品の多くに、トマトが含まれているのだ。

トマトスープの人気は、トマトの王冠を飾るもうひとつの宝石だった。一八〇〇年代後半になると、トマトはアメリカで最もポピュラーな生鮮野菜となり、（トウモロコシと並んで）最もよく売れるふたつの野菜缶のうちのひとつとなった。ところが、これは野菜ではないと主張する人もいて、このことをアメリカの最高裁判所にまでもち込んで主張しつづける者もいた。この論争はトマトを再度、その本拠地である裁判所へ戻すことになった――しかも今度は本物の裁判所で、アメリカ最高裁判所の裁判服を着た九人の裁判官の前でおこなわれた。
階段がある方の裁判所だ。

南北戦争はトマト缶を流行させた一方で、生鮮野菜としてのトマトには破壊的な影響を及ぼした。戦前、早生トマトをヴァージニア州や他の南部の州の畑から出荷していた北部の売人は、オフシーズンの農産物を作るため、バミューダ諸島やバハマ諸島に目を向けた。戦後の南部復興と共に、南部の農夫はビジネスを元どおりにしようとロビー活動をおこない、一八八三年の関税表に含まれる輸入野菜に一〇パーセントの納税義務を含めることに成功した。この税金は、輸入された「自然な状態のまま、または塩や濃い塩水に浸した野菜」に適用され、「熟れていないものも熟れているものも、またドライフルーツであっても、果物」は例外とされた。

三年後、米国最大の青果輸入業を営む会社をニューヨークに保有していたジョン・ニックスは、ニューヨーク港の関税徴収官エドワード・ヘデンから、関税法に基づきトマトの出荷に対して税金を支払うよう命じられたとき、ショックを受けたと公言している。ニックスは条件付きの支払いをおこなったが、植物学的に言えばトマトは果物であって野菜ではないため、関税の対象にはならないはずだ、と主張した。その翌年、彼は関税徴収官に対して訴訟を起こし、支払った税金のすべてを回収した。

一八九三年、ニックス対ヘデンの裁判は最高裁判所までもち込まれ、ついにトマトが果物なのか野菜なのかを裁定しなければならないときが来た。これはヘデンが被告人となった開廷期中のふたつの最高裁判所訴訟のひとつで（もうひとつも似たような訴訟で、その結果は「完成した」家具という言葉の定義にかかっていた）、関税徴収官という仕事が当時、やっかいな業務だったことをほのめかしている。

口頭弁論は辞書をめぐる争いへと発展し、ニックスの弁護士は *fruit*（果物）、*vegetable*（野菜）、そして *tomato*（トマト）という単語の定義を『ウェブスター辞典』やその他の辞書から証拠として引いた。ヘデンの弁護士は *pea*（エンドウマメ）、*eggplant*（ナス）、*cucumber*（キュウリ）、*squash*（カボチャ）、*pepper*（ピーマン）という単語の定義を『ウェブスター辞典』から引いて対抗し、裁判所がトマトを果物と裁定するのなら、これら、その他すべての昔ながらの野菜も同じカテゴリーに含める必要があるだろうと論じた。彼はポイントを突いていた。一八八八年版の『ウェブスター辞典』は、*pea* を「植物およびその果実、多くは食物として栽培される」と定義し、*eggplant* を「トマトと同類の植物で、卵に似た形の大きくて表面がつるつるした果実を実らせる」としている。

ニックスの弁護士はその後、この辞書の *potato*（ジャガイモ）、*turnip*（カブ）、*parsnip*（パースニップ）、*cauliflower*（カリフラワー）、*cabbage*（キャベツ）（「一般に野菜として食される葉物植物」）、*carrot*（ニンジン）、*bean*（マメ）といった一般的な野菜の定義を誤りだと論証し、トマトがその仲間とされているものにどれほど似ていないかを証明した。ついに両者は立証を終え、全員が安堵した。裁判所が一九六四年に、「ハードコアポルノグラフィ」を定義しようとしたときほど活発な論争にはならなかった。

裁判所は全会一致で関税徴収官に有利な判決を下したが、徴収官はすでに二月に亡くなっていて、この勝利をかみしめることはできなかった（そして同日に家具の訴訟にも判決が下され、それには負けたことを嘆くこともできなかった）。ホレイス・グレイ裁判官の頭脳明晰な判決は次のとおりだ。

植物学的に言って、トマトはキュウリやカボチャ、インゲンマメやエンドウマメと同じツル科の果物である。しかし人びとの共通言語では、食糧の販売者であろうと消費者であろうと、これらはすべて野菜であり、キッチンガーデンで栽培され、調理して食べようと生のまま食べようと、ジャガイモ、ニンジン、パースニップ、カブ、ビーツ、カリフラワー、キャベツ、セロリ、レタスなどと同様、通常はスープや魚料理や肉料理の中に、またはそれに添えて、もしくはその後に提供されるもので、これらは食事の重要な部分を占め、一般的な果物のようにデザートとして提供されるものではない。

トマトやキュウリ、エンドウマメその他が植物学的には果物である理由は、果物の定義が（裁判の精神を尊重して『ウェブスター辞典』から引用すれば）「通常は、種子植物の食用生殖体」だからである。リンゴ、オレンジ、トマト、キュウリはすべて生殖導管で、ニンジンやセロリはそうではない。もうひとつの考え方は、果物は果肉が多く種が含まれているが、野菜は根と茎と葉から構成されている、というものだ。

また別の例として、パンダの食べ物がある。これも（再び裁判の精神を尊重して）最後にもう一度、私たちを辞書へと立ち返らせる。つまりこんな話だ。パンダがあるバーに入り、サンドイッチを食べ、空中に銃を発射し、立ち去る。「あれは何だったんだ?」と客が困惑して尋ねる。それを説明するため、バーテンダーは疲れきった面持ちで、めちゃくちゃに句読点が付けられた図鑑を引っ張り出し、*panda* の項を読む。そこにはこう書かれてある。「哺乳動物、中国原産。食べ、銃を撃ち、立ち去る

（"Mammal, native to China. Eats, shoots, and leaves."）」〔句読点のエラーにより、まるで違う意味になってしまっている例。本来であれば Eats と shoots の後のコンマは不要で、「若芽と葉を常食とする」の意味になる〕

3　サンマルツァーノの奇跡

一個のトマトが一国を――そしてその国の料理を――決定する

紀元七九年八月二四日、ローマ帝国の偉大な自然学者であり年代記編者だった大プリニウスが昼食後、ナポリ湾沿いにある友人の別荘でくつろいでいると、対岸にある死火山と思われていた山から煙が立ち上っているのが見えた。恐れおののく何千人もの人びとが陸上や海沿いを逃げ惑う中、プリニウスは人生で最も重要な自然現象を見逃すまいと小型ボートに乗り込み、煙の出どころまで船を漕いでいった。

それきり彼は二度と戻ってこなかった。

噴火後一時間足らずで、昼の風景は夜に変わった。一八時間もの間、灰白色の粉塵や軽石、そして最も悲惨なのはジュージュー音をたてる熱い岩石で、それらが秒速四万立法メートルという測定不可能な速さで入り混じりながら空から降ってきて命を脅かした。一方で、地面は地下からぐらぐらと揺れ、富める者にも貧しき者にも等しく苦渋の選択を迫る――落ちてくる瓦礫から身を守るか、さもなくば逃げるか。

真夜中を少し過ぎた頃、ヘルクラネウムの村は火山泥の土壁の中に姿を消した。六時間後、太陽は昇ったものの煙と塵に包まれ、燃える火山ガスと瓦礫の雲がヴェスヴィオ山の斜面をなだれ落ちてポンペイの町全体を飲み込むと、七五〇度のマグマとガスのプラズマが犠牲者の命をあっという間に奪う。筋肉が収縮し、胎児の姿勢のまま固まった遺体は、今なお灰の中に埋もれている。

噴火は、ポンペイとヘルクラネウムの二万人の住民にとって災難ではあったが（とはいえ、一般に考えられているのとは異なり、人口の約九〇パーセントが避難した）、環境的には恩恵でもあった。地球が文字どおりひっくり返って、大地を再び活発化させたのだから。これによって――何世紀もの間風雨にさらされ、再生と放牧を繰り返した後のことだが――他の何よりも、ある特殊な品種のトマトを育てるのに最適な風景を残した。ヴェスヴィオ山の噴火から二〇〇〇年後、その影響は火山から立ち上る煙の柱よりも遠くまで広がることになる。

一六〇〇年代中頃になると、トマトを覆っていた帷《とばり》が上がりはじめた。ルネサンスは啓蒙思想に道を譲り、次の世紀になると、ニュートンやリンネといった近代の思想家たちがガレノスやヒポクラテスに取って代わった。二〇〇〇年続いた四体液説がついに沈静化し、それと共にトマトをこき下ろしてきた「冷たく湿っている」という汚名も払拭された。食物に対する一般的な態度が変化したのはイタリアだけでなく、ヨーロッパ全土に言えることだった。美食、または実際に食物を楽しむことを意味するガストロノミアという新しい言葉が、イタリアの専門辞書に掲載されるようになった。

それでも、トマトがイタリアの料理本『近代の給仕長――晩餐の準備術』に初めて登場したのは、一六九四年――トマトがイタリアに紹介された一世紀半後――になってからのことだった（トマトにとっては幸運にも、この本はシャーベットのレシピを最初に世界に紹介した本として記憶されていることの方が多い）。著者のアントニオ・ラティーニは両親を亡くした孤児で、初めての仕事はレストランでの皿洗いだった。それから料理人の階段を一段ずつ上り、イタリア半島へ辿り着き、四一歳のときついに、ヴェスヴィオ山の斜面に別荘を所有するスペイン人評議員の家の給仕長という名誉ある職を紹介された（ナポリ王国がスペインの支配下にあった頃の話だ）。おそらくこのスペイン人の影響により、ラティーニは――とりあえずというかたちで――トマトに手を出したのだろう。ラティーニの二巻からなる料理本にある三つのトマトレシピのうち、トマトを主な材料としたのはひとつだけで、焦がしたトマト、みじん切りのタマネギ、トウガラシ、タイム、塩、油、酢から作るサルサソースだった。これは図らずも、メキシコのチワワ州で現在作られているサルサソースとまったく同じ製法だ。

ラティーニは、このサルサソースを茹でた肉や「その他何にでも」かけて食べることを推奨している。彼のトマトの利用法には「イタリア的」な要素はほとんどなく、トマトはメソアメリカの調味料として扱われていただけだが、ラティーニがトマトを使って調理していたという事実は、一七世紀の終わり頃にはイタリアではある程度まで、少なくとも南部では、トマトが間違いなく受け入れられたことを示している。その後、トマトの足跡は途絶え、『近代の給仕長』の登場から八〇年間、イタリアで料理本が出版されることはなかった。歴史的記録にはこうした類いの空白があるが、イタリア人がほぼ一世紀の間、どのようにトマトを利用していたのか（また本当に彼らはトマトを利用していたのか）、私たちはどうやって知ることができるだろうか？

記録保持の方法こそ発明しなかったものの、それを高度な技術にまで高めた修道士や修道女に神のご加護があらんことを。彼らは僧院で、ありとあらゆること、特に、彼らが貴重な一リラをどのように使っているかということまで書き留めていた。彼らの記録から、たとえば一七〇〇年代半ばには、ローマのカーサ・プロフェッサのイエズス会士が、七月の毎週金曜日、フリッタータ〔イタリアの卵焼き〕にトマトを加えて食べていたことがわかる。またトラーニのセレスティン会の修道女は、一七五一年にきっかり二〇回トマトスープを食している。シチリアのベネディクト会の修道女は、モルタレットと呼ばれるトマトとハーブのペーストリーを食べていた。

最後に、一七七三年に出版された『礼儀正しい料理人』からも、トマトがどのように一八世紀のイタリアで受け入れられていたかの全容を知ることができる。著者のヴィンチェンツォ・コッラードは、ナポリのセレスティンベネディクト会の修道士で、他のベネディクト修道会を訪ねて世界各国を旅していたため、彼の本にはイタリア全土のさまざまなトマト利用法の好例が掲載されている。コッラードは、歩く動物、泳ぐ動物、飛ぶ動物のすべての調理にトマトが使われているのを知る。たとえば、煮て濾したソースをキジバトや魚にかけたり、子羊の肉や米と一緒に詰め物にしたり、スープに入れたり、アンチョビやパン粉と一緒に焼いたり、細かく刻んでチーズや卵やスパイスと混ぜ、おいしそうなコロッケを作ったり……。イタリア人は明らかに、自分たちだけの印をトマトにつけようとしはじめていた。細かく刻んでサルサに入れるだけでは飽き足らず、なじみのある材料と一緒に利用して、現代のイタリア料理と似たような料理を創作しようとしていたのだ。

一方、これらは特権階級のレシピであり、トマトが最も大きな影響力をもっていたのはキジバトに和えるものとしてではなく、南イタリアやシチリアの貧しい人びとの必需食品としてだった、という事実が覆い隠されてしまっている。こうした地方では、小作農は主に野菜を食べて生活していた。どんな種類であっても、肉はなかなか食べられない贅沢品で、それは「百姓が鶏肉を食べるのは病気のときか、ニワトリが病気のときだけだ」というイタリアの諺《ことわざ》が示しているとおりだ。トマトが食卓の重要な一部となったのにはそれなりの理由があった。たくさん実がなり、そこそこ栄養があり、ともすると単調な色味になりがちな食事に明るい差し色を添えることができるからだ。

こうして一八〇〇年代初頭には、南イタリアはトマト王国となり、ナポリからシチリアへとそのツルを伸ばしていった。ところがトマトは、家庭菜園家なら誰でも知っているように、補足的ではあるもののやっかいな特性をもつという問題がある。つまり、栽培期が短いのに、その期間にものすごい勢いで成長するのだ。野菜を常食とする貧困にあえぐイタリア人は、八月の豊かな恵みを維持して三月のトマト不足に備え、一年中トマトが食べられる方法を探し求めなければならなかった。

その最も手っ取り早い方法は、トマトがまだ青いうちに茎ごと土から引っこ抜き、それを涼しいところに逆さにして吊るしておくというものだ。そうすれば冬の間もずっと、そこからもいで食べることができる。

この果物はピクルスにすることもできる――塩漬けにして、酢や濃い塩水を入れた瓶の中で保存するのだ。古代ギリシャ時代から食品保存法として利用されている方法だ。これは貧しい人びとにとっては、陶器（と保管場所）への実質的な投資が必要になるという欠点があった。ところが、何の出費も必要としない次なるイノベーションが現れた。農夫というより日曜日のブランチを楽しむ人びとが今も利用するポピュラーな方法、つまり乾燥トマトだ。南イタリアの気候は地中海沿岸の暖かい太陽の光、安定した微風、低湿度といった特徴から、トマトを乾燥させるのに適している。しかもその方法はこの上なく簡単だ。トマトを半分にスライスして、塩を少しふって水分を抜き、自宅のテラコッタの屋根に並べておく。一週間ほどでトマトの水分が蒸発して重さが九〇パーセント程度減り、常温保存食品のできあがりだ。

とはいえ、梯子にのぼる前に心しておかなければならないのは、テラコッタの屋根がなければ乾燥トマトに適した気候も享受できない、ということだ。以前私は、何回か屋外のワイヤースクリーンの上で乾燥させようとしたことがあったが、アメリカ北西部特有の晩夏の湿気のせいで、水分を完全に抜くことができず、結局、小学三年生の科学の実験のようにカビが生えておしまいとなった。

ピクルスにしたり乾燥させたりすることは、新鮮な野菜に代わる食べ物を一年中手に入れる手段だった。ところが次に適用された方法は、まさに野菜の利用法を変え、保存食としてのトマトを、生のトマトとは異なる個性と役割をもつそれ自体を目的とする食品に変えた。

それがトマトペーストだ。

南イタリアの主婦は、トマトを濃いペースト状に煮詰めれば保存ができることを発見した。それは現在、缶やチューブで売られているトマトペーストよりもはるかに乾燥した、硬いペースト状のものだった。完熟トマトをアウトドア用の大きなバットの中でコトコト煮て濃厚なソースにし、これを濾して種と皮を取り除く。この濃いドロドロとしたソースを板の上に薄く広げ、数日間、天日に干す。そして現在スーパーで目にするような乾燥アプリコットと同じくらいの濃度になったら、黒いジャム《コンセルヴァ・ネラ》と呼ばれる半透明の板状にして油紙に包んで巻く《ロール》か、一塊に成形する。スープやシチュー、ソースに風味を加えるために利用されるこの栄養価の高いジャム《コンセルヴァ》は、非常に濃度が高いため、大きなスープ鍋にティースプーン一杯入れるだけでじゅうぶんな風味が加わる。一八五〇年にアメリカの新聞に掲載されたラ・スペツィアという街から生まれたレシピには、コンセルヴァ・ロールは「数年間保存が効く」と書かれていた。

煮る、濾す、干すという数日間にわたる作業が必要となるコンセルヴァの下ごしらえは、単なる退屈な骨折り仕事のようにしか聞こえないかもしれないが、一八八一年にフランスの考古学者フランソワ・ルノルマンの記述から判断すると、その作業はどちらかと言うと祭りのようなものだったようだ。

カラブリア〔イタリア南西部の州〕ではどの家もトマトジャムを作って、それを一年間利用する。それは、この土地の一般的な生活の厳粛な行事であり、ある種の祝祭であり、会合や集まりの口実でもある……近所の人びとが、特に女性同士がそれぞれの家に次々と集まり、ポモドーロのコンセルヴァを作る。その一連の作業は大量のごちそうで締め括られる。女性たちはできるかぎりのゴシップに勤しみながら、トマトをつぶしたり調理したりする。これぞ、数ヵ月間の地元のスキャンダルが特定され、批評される場だ。そしてこれこそ、現代の民間伝承好きの学者たちが熱心に収集する古い素朴な歌が、世代から世代へと繰り返し歌われる場所なのだ。

その他の評論家の中には、この甘いペーストに魅せられたハエがものすごい大群で押し寄せるため、常に追い払わなければならないことに深い感銘を受ける者もいた。それでも、共同でのコンセルヴァ作りは大切な伝統行事となり、この慣習は二〇世紀になるまで続き、こうしたすべての作業をまったく必要としない市販の缶入りトマトペーストが手に入るようになっても、まだ続いていた。

イタリアの缶詰産業は、アメリカのライバルにほとんどひけをとらず発展したが、最初に保存食となった食品はトマトではなかった。というのも、肉や果物、アスパラガスやエンドウマメといった外来種の野菜の方が利益につながったからだ。実際、その名がイタリアの缶詰トマトの代名詞にもなった男は、当初、トマト以外のすべてのものを缶詰にしていた。

フランチェスコ・チーリオは、一八五六年に北イタリアのトリノに初の食品保存工場をオープンしたとき若干二〇歳で、旬の期間が極端に短いエンドウマメを缶詰にして早くも成功を収めた。それからまもなくして、西洋ナシやアスパラガス、アーティチョーク、モモへと事業を拡大し、最終的にトマトに行き着いた。

エミリア＝ロマーニャ州の肥沃なポー平原にあるパルマ周辺のエリアは、重要なトマト加工地域となったが、トマトがこの地にもち込まれたのは南部よりも遅く、トマト博物館のジュリア・マリネッリによれば、ほとんど後から付け足したようなものだったという。一九世紀中頃、作物栽培学と社会意識が同時にイタリアに進出したと彼女は説明する。「小作農の生活水準をとても心配する人びとがいたのです。彼らはそこへ行って、小作農に何をすべきか教えはじめました」とジュリアは言う。そのひとつが、輪作などの新しい技術だ。そしてこの輪作によって生まれた作物のひとつがトマトだった。こんにちまで、「穀物とトマトと干草――これがパルマ地方の輪作の基盤となっています」とジュリアは語る。

チーリオが最初に缶詰にしたのは、ホールトマトではなくトマトペースト――コンセルヴァ――だった。いくつか理由があったが、そのひとつは、初めて缶詰にされたトマト製品が単に自家製コンセルヴァに置き代わったということだ。もっと言えば、チーリオが住む北イタリアで一般的なトマトは、水分を多く含むドロリとしたゼリー状で、皮を剥くとすぐに崩れてしまい、まるごと缶詰にするにはあまり向いていなかった。缶詰にできたとしても、また別の問題があった。形が丸いのだ。球状のものはコンパクトに詰めることができない（空のトマト缶にテニスボールをいくつ詰めることができるかを考えてほしい）ので、結局、トマトと同じくらいの分量の詰め物《フィラー》が必要になる。

北部のトマトはまだ大きくて丸く、コジモ・デ・メディチのキッチンに少しの間花を添えていた深いリブのある品種だったが、ナポリ周辺のさらに南部の栽培者は長い間、フィアシェラとか、レ（「王」の意味）・ウンベルトなどの洋ナシ型または卵型のトマトを好んでいた。これらの品種は、ゼリー状の部分より果肉の方が多く芯も小さいので、調理に向いているだけでなく、缶詰にするのにも適していた。形が長細いので、オイルサーデンのようにコンパクトに詰められるからだ。こうして一八〇〇年代後半、フランチェスコ・チーリオが、さらに南のナポリとヴェスヴィオからアマルフィ海岸へと続く農業地帯、カンパーニア州までビジネスを拡大する頃には、トマト栽培と加工ビジネスは盛況の一途を辿っていた。

世紀の変わり目の頃、チーリオを代表とするイタリア最大の缶詰会社が、カンパーニアでの栽培を希望していた新種のトマトの種と共にミケーレ・ルッジェーロの農園に到着した。今もその地域で栄えているルッジェーロ家の口頭伝承によると、なぜミケーレが選ばれたのかと言えば、彼は土地の守護者《ガルディアノ・デレ・テッレ》として知られる、皆から非常に尊敬されていた人物であり、この肩書きが、土地所有者の論争を解決したり、盗賊を追い払ったりする、イタリアのこの荒れ果てた土地の事実上の保安官のような役割として認識されていたからだ。

ミケーレの人生はイタリアのオペラのようにも読める……では幕を開けることにしよう！

第一幕：緞帳《どんちょう》が上がると、舞台は二〇世紀初頭。異彩を放つカイゼルひげのミケーレが、段ボール製のスーツケースとほんの少しの所持金をもってステージに現れる。アメリカで二年間夢を追い求め、帰国したばかりだ。故郷の地カンパーニアに戻ってきた彼は、近所に住む一家に引き取られた美しい孤児と恋に落ちた。ところが悲しいことに、この一五歳のナンツィアティーナは別の男と婚約していたのだ。それでもふたりは秘密の逢瀬を繰り返す。

第二幕：この薄幸なカップルはあらゆるリスクを背負って逃避行したが、家名を傷つけられた両家族にあえなく捕まり、故郷に帰された。互いに対する嫌悪感は別としても、両家はこの時点で、ナンツィアティーナの輝きを失った婚約をほぼ確実に破棄することに同意し、ぱっとしない選択肢の中からふたりが敢えて選ぶとすれば、いわゆるデキ婚でもってこの関係を正当化することだった。それは最終的には幸せな（そして生産的な）結婚となる。というのも、早めのスタートを切ることができたナンツィアティーナは、その後の二五年間で、ミケーレとの間に一〇人の子をもうけたのだから。その間、ミケーレは農業でまずまずの生計を立てた上、ガルディアノ・デレ・テッレとしての名声も獲得した。

第三幕：時は一九三五年。チーリオのオフィス訪問の長旅から戻り、季節の収穫物への支払い金をジャケットの内側に隠してサルノ川の土手を歩いているとき、悲劇がミケーレを襲った。極度に疲労していた彼はそこで眠りこけてしまい、目を覚ましたときには、全額四万五〇〇〇リラ――年俸とほぼ同じ額――が入った財布が盗まれていたのだ。ガルディアノ・デレ・テッレ、平和の維持者が盗難に遭った――なんて残酷なアイロニーだろう！　大家族を養おうと必死だったミケーレは自宅を抵当に入れ、地元の裕福な地主から四万リラを借りたが、この不幸な事件のために深いうつ状態に陥ってしまった。もはや働くことも、部屋から出ることも、喋ることさえもできなくなった彼は、ローン返済日までに支払いができず家を失った。

フィナーレのアリアを歌うのは太った女性だ。今や心の底から落胆したミケーレは病気を患い、回復が見込めず、かつて皆から尊敬されたこの傷ついた男は人びとに哀れまれながらこの世を去った。しかし彼の記憶は、それから何世代にもわたってずっとサルノの土地を耕し――そして守り――つづけるであろう残された一〇人の子どもたちだけでなく、すでにその土地の景観を変えてきて、誰も想像できないような方法でイタリアの運命をも変えてしまったチーリオの実験的なトマトのなかにも生きつづけることになるだろう。

チーリオがミケーレに手渡した種は、新しいタイプの缶詰トマトのもので、南部の三種類の品種をかけ合わせたものだった。どちらもカンパーニアで広く栽培されるフィアスコンとレ・ウンベルト、そして小さな果実がたわわになるプーリア地方（イタリア半島のかかとと足首の部分）の人びとの好物、フィアシエラだ（フィアスコンとレ・ウンベルトは、現在では同じトマトとされることが多いが、一二〇年前、これらはその同一性とDNAがあいまいな、二つの別個の品種だった可能性が高い）。

この新しい缶詰トマトは、それぞれの生みの親がもつ最高の品質を備えているように見えた。洋ナシよりも長くてスリムな形は、缶詰に最適だった。種もほとんどなく、芯も非常に小さく、皮が薄くて剥きやすく、皮を剥いて加工してもぐちゃぐちゃにならず、形を保っている（イタリアのプラムトマトはほぼ必ず皮を剥いて缶詰にする）。しかし最も重要なのは、このトマトは缶詰になっても味がすばらしく、同時代のものよりも甘くて酸味が弱いという点だ。

チーリオは当然、この品種こそ勝者だと考え、その種のサンプルをイタリア半島全域に配布し、どの地域で最もよく育つかを調べた。はたして一番うまく育った場所は、ヴェスヴィオ山のふもとの肥沃な火山性の土壌だった。まもなくこのトマトは、ミケーレ・ルッジェーロの農園があった街の名にちなんでサンマルツァーノと名付けられた。

ヴェスヴィオ山——一九四四年に最後に噴火して以来、いまだ活発な活火山として知られ、噴火時には幅八〇〇メートルにわたる溶岩の帯の下に、ふたつの村と一〇〇機近い連合軍のB25爆撃機が埋もれた——は、三〇〇万人もの人びとが密集する大都市に迫り来ると仮定すれば世界で最も危険な火山と考えられるが、現在の人口からすればそうした危険性はない。

「私たちはここを幸福の地《ラ・テッラ・フェリーツェ》と呼んでいます」とミケーレのひ孫、パオロ・ルッジェーロは、火山に用心深い眼差しを向ける私に言う。カンパーニアのルッジェーロ家の四代目であるパオロは、彼なりのやり方で土地の守護者となり、父のエドアルドが設立したトマト協同組合、ダニコープと共に今も生きつづけるサンマルツァーノの伝統と品質と評判を守ろうとしている。この協同組合は、渓谷にある七〇ほどの農家からトマトを買って缶詰にし、〈ガスタロッソ〉というブランド名で世界中に販売している。Tシャツにジーンズといういでたちの、こぎれいな坊主頭をした四〇歳のパオロは、残念ながらきちんと櫛の通ったミケーレの口髭は遺伝しなかった——〈ガスタロッソ〉のラベルには口髭が描かれているが。しかしミケーレについて聞いていると、パオロの黒い瞳の内側からは、創始者の中にあったプライドと情熱が発せられるのが垣間見られるように思われる。彼の心配そうな様子は、これが簡単なビジネスではないことを示していた。

「幸福の地」は、そこにある自然石が文字どおり空から降ってくる場所としてはふさわしくない名称のように思えるが、実際そのあだ名は紀元七九年の噴火にまで遡り、そのときの幸福の源《ソース》のひとつを、私は今まさに見に行こうとしている。驚くべきことにそれは、サンマルツァーノ・トマトと言えばほとんど必ず引き合いに出される、あの有名な火山性土壌ではない。

「どこへ向かっているのですか？」私はパオロのアシスタント兼通訳のナンシー・ガウディエッロに尋ねる。収穫まっさかりのトマト農園に向かっているものとばかり思っていたのだが、私のイタリア語より少しだけマシな英語を話すパオロは、数世紀も前からポンペイ近郊にあるサルノの古代都市の狭く曲がりくねった道をドライブしている。

「源《ソース》を見に」

「何の源ですか？」

「サルノ川の水源《ソース》——三つの水源——です」と、ナンシーは畏敬の念を込めて言う。彼女は三位一体について語っているのだ。私たちは最初の石積みの水路に到着する。おそらく幅が一・二メートルほどで、鉢植えの植物が並べられていることからローマ風呂であることがわかる。険しい山のふもとの建物の下を流れる小川は、あまりにも透き通っていて、川底に置いた本を読むことだってできるくらいだ。私たちの足元を流れているその川は、街の中へと消えていく。

「〔ここがその〕水源です」とパオロは英語で厳粛に宣言すると、私たちを残るふたつの水源へ連れていく。水に対する彼のプライドは小川そのものと同じくらい透明だ。これは彼だけに言えることではない。翌朝になれば、サルノの文化大臣がもう一度水源を見せようと私をしつこく誘うだろうし、それだけでなく、考古学者も「聖なる水源」を崇拝する紀元前三五〇〇年から続く水信仰（これは私が見たところ、現在もしっかりと残っている）の証拠を発見している。古代エトルリア人は、これらの水源にちなんで街の名前をつけることまでした。つまり、サルノとは「多くの水源をもつ川」という意味だ。

イタリア人が水を愛するようになってから久しい。古代ローマにはすべての市民が利用できる何百もの公共浴場やスイミングプールがあり、水道橋の名残りが今もヨーロッパ大陸に点在している。透明できれいな水が特に珍重され、保護されていたのには明白な理由があり、水源では小便も情事も禁じられていた。そんなわけで古代ローマ人は、私たちが今、サルノの三つの水源の最後のものに見ているような光景――人もイヌも冷たい小川で水遊びをし、気温三二度の日にこの「幸福の地」を享受する一方で、数百メートル上流では、男がスボンの裾をめくって川に入り、一〇リットル入りのボトル数本を水で満たして家にもち帰る――そんな光景を楽しむことはできなかっただろう。

言葉の壁――そして早くトマトを見たいという私のはやる気持ち――にも関わらず、パオロのメッセージがだんだんと腑に落ちてくる。トマトを見る前に、トマトを理解する前に、その生命線とも言える水を見ておく必要がある、と彼は言っているのだ。サルノ川がなかったら、サンマルツァーノも、火山性土壌も存在しなかったのだから。

誰もこのことに触れないが、私はサルノ川がもうひとつの、それほど高尚ではない目的を果たしていることを知った。つまりサルノ川は、この渓谷の産業用下水道なのだ。水源付近はボトルに入れてもち帰れるほど清潔だが、全長二四キロメートル足らずのこの川は、海に達する頃には川岸に沿って戦略的に建てられたトマト加工工場やなめし革工場、その他の工場から流れ出る廃水によって水が赤褐色に染まっており、ヨーロッパで最も汚染された川として名を馳せている。一九七三年以来、すでに干拓計画が成立しているが、川をきれいにすることの方が進行中の作業よりも熱望されているのは、数千もの仕事が、ナポリ湾に沿って並ぶ汚染の原因となっている工場に依存していたからだ。

最後に私たちは田園地方へ向かい、数分もしないうちに三代目農夫のヴィンチェンツォ・ジオとその妻ポルツィアの農園に着く。ヴィンチェンツォが真っ先に私に見せたがっているのは……水だ。サルノの水が――乾期も終わりに近い八月の中旬だというのに――彼の土地一帯に勢いよく流れ込んでいて、ヴィンチェンツォが腰をかがめて針金製の罠を引き上げると、今夜の夕食のおかずになりそうな大きくて、この上なくわくわくするザリガニと、夕食になりそうもない小さくてやわらかいナマズが数匹入っていた。

もちろん、この小川の主な目的は灌漑で、ヴィンチェンツォがポンプ――この農園で目に入る唯一の機械――のスイッチを入れると、水が桶を満たし、その間にヴィンチェンツォは年季の入った鍬を使い、まずは灌漑用の溝のひとつに流れを引き込む。次に鍬で最初の水路をふさぎ、数回振ったかと思うと、もう次の溝に取り掛かっている。この男はどうやら私と同い年くらいに見える。私も最近になって社会保障給付金を受け取るようになった。私は自分の背中を指さして、「きつくないですか?」と尋ねる。

彼は笑ってうなずき、目を白黒させながら背中をおさえる。後からわかったことだが、ヴィンチェンツォは私と同年代ではない。七七歳だ。「彼は五七年もの間、私たちにトマトを提供しているのです」とパオロは言う。「彼のおじいさんは私のおじいさんにトマトを提供していました。三世代にわたって」パオロは胸を叩いてこう付け足す、「私は、四代目ですが」家族と伝統が重視される場所に生まれるメッセージは、「私の家族は彼の家族より長くここに住んでいる」ということだ。

ヴィンチェンツォほどの高齢は、サンマルツァーノの農夫としては珍しいことではない。隣の農園のエドアルドは九〇歳になる。私はパオロに、農夫たちの年齢を考えると、サンマルツァーノ・トマトの未来に不安はないのかと尋ねる。

「いや」と彼は言う。「若い連中がいるから」と。

「いくつぐらいですか?」

「五〇歳か六〇歳かな」

私の目が大きく見開いたのをパオロは見逃してはいないはずだ。「農夫の息子たちは」と彼は説明を続ける。「畑で働きたがらない。私たちの使命は、畑に若い衆を呼び入れて、この仕事がいかに重要かを説明することなんだ。われわれ農夫がこの土地に抱いている愛情を彼らに示しながらね。自分が食べているものが何なのかをよく知りたければ畑に戻れと、若者たちに教えなければならない」問題は、たくましい背中と懸命に働く意欲がある若者でさえ、ヴィンチェンツォや他の年配の農夫たちがもらっているもの、つまり政府からの年金が足りないということだ。これは、彼らが小さな農園から得るわずかな賃金を補う重要な財源となる。

六〇年もこの仕事を続けている若々しいヴィンチェンツォは、イタリアの農夫そのものだ。そのフレンドリーな顔は日に焼け、太陽と風に晒されて変色しているが、輝く陽光の下で長年働いてずっと目を細めていたせいか、一瞬笑顔を浮かべると目がなくなってしまう。それでもその瞳は、輝きと活気に満ちて、どこかで彼と会ったことがあるような気がして仕方ない。だが、たぶん会ったことはなく、なじみのステレオタイプに当てはめようとしているだけなのだろう。

「サルノの水はきれいで豊富である他に、何か特別なことはありますか?」とナンシーに尋ねる。

「ええ、もちろん!」と、彼女は私の無知に驚いたように答える。「ミネラルがとても豊富です。特にカルシウム。カルシウムはトマトにとってすごく重要なのです」実際、カルシウム不足は尻腐れ病の原因になるとされているため、アメリカのトマト栽培家は、トマトの苗木の脇に卵の殻や、場合によっては少量のタムズ〔米国の胃薬の商標〕を埋めることで知られている。

水の話題のネタが尽きた（と願う）私たちは、みんなで畑へ向かう。衝撃的なほど小さな畑だ。「二エーカーもなさそうですが、ヴィンチェンツォはもうひとつ畑をもっているのですか？」

「いや、いや、これだけですよ」と、パオロは低い柵越しに畑を指差して「エドアルドの畑」と言う。さらに別の方向を指して「ジーノの畑」と言う。どちらの畑もヴィンチェンツォの畑と同じくらいの大きさで、この地域の他の畑はどれもこれくらいのサイズだ、と彼は言う。私の混乱を感じ取ったパオロはこう説明する。「サンマルツァーノ・トマトは、イタリアで育つトマト全体の一パーセントにも満たないのです」と。たった三七〇エーカーと、その面積があまりに狭いため、イタリアやアメリカのどの民間トマト農家にあっても見過ごされてしまう可能性があるのだ。

パオロはひと握りの土をすくい上げる。「ヴェスヴィオ山です」と彼は言う。他に説明はいらない。彼はその土を手のひらに広げ、私に見せてくれる。私にとってはただの泥土にしか見えず、いくらか有機肥料が使用されているのかもしれないが、私に何がわかるだろう？

火山の噴火による瓦礫——溶岩流と焼けつく石と灰を連想させる——が非常に肥沃であるということは、直感的にはピンと来ないが、豊かに生い茂る木々や森が黒い火山砂によって縁取られているハワイを見れば、きっとそうに違いないということがわかる。火山砕屑物をすぐに耕地に利用することができないのはもちろんのことだが、何世紀にもわたる風化作用が火山の玄武岩と長石を破壊し、鉄やカルシウム、マグネシウム、ナトリウム、カリウム、リン、硫黄、ケイ素、その他の重要な微量元素を放出したら、それが栽培に適したものとなる。そしてこの土には、パオロが私に見せたがっている何か別のものがある。それを示す英単語を彼は探し求める。

「粘土です」地面から三〇～六〇センチメートルのところに粘土基質がある。通訳のナンシーを介して、パオロはその重要性について説明する。「地表が乾いていても粘土は水分を保持しているから、植物の根は土から水分と養分を得ることができます。とても重要なことです」

たしかにそのとおりだ。トマトの根に水分を常に与えることがどれほど重要かを即座に実証できる。水やりの習慣を犯罪レベルまで怠ることで、ビチョビチョとカラカラのサイクル（数日間連続で水やりを忘れた後、それを埋め合わせるために過度の水を与えるという罪深い行為）が繰り返されれば、間違いなくトマトの収穫が台無しになるということは経験上わかっている。

土が水分を保持できるということはつまり、サンマルツァーノ・トマトは灌漑が少なくて済むということでもある。水っぽくならないため、トマトがよりおいしくなるのだ。すべての水が山から流れてくるこの地域は、地下水面が高いという利点があるため、ヴィンチェンツォの農場とは異なって近くを流れるサルノの支流がないような農園でも、浅い井戸と同じくらい豊かな帯水層に簡単に到達できる。

ヴェスヴィオ山の土とサルノの水だけでは、ここで育つサンマルツァーノ・トマトの非凡さを説明するには不十分だと言わんばかりに、ナンシーはサルネーゼ＝ノチェリーノ地域固有の「テ、ロ、ワ、ー、ル」――フランスのワイン農家に端を発する言葉で、他所の土地では再現できないワインを作り出す、ある場所のユニークな、ときに不可解な側面のこと――を定義する三つ（ふーむ……あの聖なる数がここにも登場）の要因のうちの最後のものを指摘する。つまり、海だ。

地中海はここからほんの九～一〇キロメートルほどのところにある。実際、ヴェスヴィオ山がティレニア海との間に一・六キロメートルほどの陸地を形成したことで海岸地域の資産価値が低下する前、ポンペイには港があり、海洋性の空気に含まれる水分と塩分がサンマルツァーノの不思議な魅力の一部を成していたとも言われている。さらに、海が気候を温暖にするため、トマトにとっては暑すぎることも寒すぎることもない。

ついに……トマトに辿り着いた。待ちに待ったものがそこにある。驚くほど背の高い苗木が列をなし、木の枝をカットしたでこぼこの支柱に結び付けられているのを見ると、イタリア映画『木靴の樹』〔一九七八年〕のセットの中に紛れ込んだような気分になる。特にヴィンチェンツォがフレームの中に入り込んだときはなおさらだ。映画と言えば、これらすべてがどことなく寸劇のような気がしないでもない――燃えるように赤い火山、聖なる水、背中を丸めて鍬で耕す老人――が、かと言って、この魅力的な牧歌の中にエキストラとして加わりたいと思わない方が難しい。そんなわけで私は、自分の中の冷めた考えをしまい込みながら畑へと向かう。

収穫は、主に低賃金で長時間働くアフリカや東ヨーロッパの移民労働者がやることだとどこかで読んだことがある。私はこの収穫を見るために訪問のタイミングを計っていたのだが、目に入る人はひとりもいない。

「ナンシー、刈り入れをする人はどこにいるのですか?」

「ここよ!」と、まるで私が盲目であるかのように彼女は言い、七七歳になるヴィンチェンツォとその妻にサインを送る。「刈り入れ時にはほとんどの農夫が子どもたちに手伝わせるのですが、彼らの子どもたちは遠いローマに住んでいるのです」たまたま目にしなかったわけではなかったのだと私は心の中で思う。

ということは、このふたりの祖父母がすべてのトマトを収穫しているということか? 自分も協力すべきだと思うが、正午が近づくと、彼らはその日のトマト摘みをすでに終えている。缶詰工場に午前分の収穫をもっていった後、ヴィンチェンツォとポルツィアは午後を農園での他の雑用に費やす。それはつまり、台所をまるごと小川のそばにもってくるということだ。農繁期には夜明けから夕暮れまでここにいて、昼食をとりに家に戻ることすらない。農繁期が終わっても休む暇はない。サンマルツァーノがすべて摘み取られると、ヴィンチェンツォとポルツィアは時期遅れのマメやピーマンやカボチャを植えるために畑を耕し直す。

まさにこの家族経営事業は典型的だとナンシーは断言し、私も、これまで他の記事で読んだ限りでは、これが典型的ではないこともないと確信する。しかし、これらの農園の多くは実際、イタリアの加工トマトの大部分を生産しているプーリア州の工場式農園ほどひどくはないものの、移民労働者に頼っている。こうした農園の労働者について尋ねると、パオロは顔を曇らせ、ひと言こう呟く。「マフィアです」と。おそらく賢明に、あまり多くを語らないように選んだ言葉だ。その代わりに彼は完熟トマトを摘み取り、その特徴的な形を私に見せてくれる。従来のプラムトマトよりスリムなサンマルツァーノは、先の方が細くなっていて、先端に独特の小さな突起がある。そのひとつをスライスし、中身を調べてみる。そこには、サンマルツァーノを革命的なものにするもうひとつの要素がある。典型的なトマトを水平にスライスすると、ゼラチン質の部分と種がいっぱい詰まったトマト特有の部分——子室——が五つほどある。サンマルツァーノにはそれがふたつしかなく、ゼリー状の部分もなく、種も驚くほど少ない。食べられる果肉の部分が、捨てるゼリー状の部分よりも多いのだ。また小さな芯もあり、これはトマトをまるごと缶詰にするときに不可欠となる。

こうした品質が、スリムな形、簡単に剥ける皮、硬い果肉、調理すると濃い味になる（甘味と酸味の理想的なバランスと表現されることが多い）といった要素と合わさって、サンマルツァーノをそれまでのどんなトマトよりもはるかに優れたものにした。一九一〇年代に紹介されるや否や、それはカンパーニアの畑を埋め尽くし、この地は「レッドゴールド」〔red gold は「金銭」の意味〕と呼ばれるようになった。一九二〇年代後半には、六〇〇ほどの缶詰工場で働く六万人のイタリア人の雇用を生んだ。トマトの輸出はこの世紀の最初の数十年で一〇〇倍に膨れ上がり、チーリオはイタリア最大の輸出業者となった。そのラベルには、ナポリ湾の向こうにぼうっと浮かぶ、煙が立ちのぼるヴェスヴィオ山を背景に、真っ赤なサンマルツァーノの畑が描かれている（これを描いた画家はプリニウスの別荘付近から眺めていたと思われる）。こうした輸出品の約四分の一が、トマトに取り憑かれたイギリスに渡り、実質的に、イギリスの缶に中身が詰められて原点に帰ったわけだ。さらに相当数のトマトが大西洋をも渡った。それらは当時、北米と南米の都市に一〇〇万人単位で到着していたイタリア人移民から好まれていたからだ。

サンマルツァーノ・トマトと燻るヴェスヴィオ山が描かれたチーリオの広告。1930年頃（画像提供：Conserve Italia soc. Coop. agricola）。

第一次世界大戦による荒廃から立ち直ったこの若い農耕国には、主要産業がほとんどなかった。したがってトマトの加工と輸出の爆発的急増は、この貧しい農耕地帯と貧困に苦しむナポリ市のみならず、イタリア経済全体をも大いに押し上げた。

私たちは近代的なイタリアを、高級ファッションや一〇〇〇ドルもする靴やランボルギーニなどに関連づけようとする傾向があるため、二〇世紀全般にわたってイタリアがどれほど貧しかったかを想像するのに少し苦労する。あまりの貧しさに、一九二〇年には、驚くことに人口の四分の一が他国へ移住して貧困を逃れようとしたほどだったのだ。一九五八年には、製氷業者は事実上アメリカから姿を消したが、彼らは、冷蔵庫のある家が八軒中一軒だけというイタリアへ触手を伸ばした。**人類が月面着陸を達成する一〇年前、イタリア人の八七パーセントが冷蔵庫を所有していなかったのだ。**

園芸学のライター、エイミー・ゴールドマンは、サンマルツァーノ・トマトは、缶詰工場には「不屈で非の打ちどころのない実体」を与え、ブリーダーには「彼らが数十年にわたって秘かに盗み出そうとしていた遺伝子」（後に見るように、それに取って代わったトマトの遺伝子も含む）を与えたと言及し、これによりサンマルツァーノ・トマトは、彼女の言葉を借りれば「二〇世紀で最も重要な産業トマト」となった。それはこんにち、イタリアのトマト収穫高のほんのわずかを占めるに過ぎないが、この国を世界最大の缶詰トマト生産国に変える（そしてその地位を今も守りつづけている）のに一役買い、自らの仕事をやり遂げたと言えるだろう。世界的な競争が激化しても（トマトの生産量で世界をリードし、そのほとんどをペーストにする中国を含む）、イタリアの畑は地球上の至るところで消費されるすべての輸入トマトの五缶中四缶を生産しているのだ。

サンマルツァーノが経済に与えた影響は大きかったが、その文化的インパクトはさらに大きいものだった。缶詰トマトはよかれ悪しかれ、世界の他の国々から見ればイタリア料理を定義するものとなった一方で、地球上で最もポピュラーなふたつの食べ物——ピザとスパゲッティ——の基盤にもなった。特にサンマルツァーノ・トマトは、食物の世界ではめったに見られない高い地位を獲得してきた。『フード・ネットワーク』（食をテーマにしたアメリカの専門テレビ局）を一ヵ月視聴しても、アスパラガスや乾燥豆については種類まで特定してくるホストにはお目にかからないだろう。ところがトマト缶を開けるとなると、それはほぼ確実にサンマルツァーノ・トマトなのだ。だから、上質なワインを語るときのような敬意を込めて彼らがトマトのことを話すのを聞いても驚いてはいけない。

　これは、後からわかるように偶然ではないのだ。

　ヴィンチェンツォ・ジオは、午前中に収穫した完熟トマトを車で街まで運ぶ。彼の小型の三輪ピックアップトラックはゴルフカートに毛が生えたくらいの大きさで、それはまるで、トマト缶の荷台を積んだトレーラーが往来し、トラックが行ったり来たり、バックしたり、クラクションを鳴らしたり、引き上げたりしている荒海で、おもちゃのアヒルが波にもまれてピョコピョコ飛び跳ねているように見える——統制された騒々しいカオスとでも言うべきか。

　ヴィンチェンツォのトマトが生活協同組合《コオペラティヴ》に運ばれるからといって、それが他の農園でとれたトマトと「協力する《コオペレイティング》」ということではない。実際はその真逆だ。それぞれの農家のトマトは収穫されたその日に、別々のサイクルで加工される。缶にはそれぞれ、その農園を示すコードと、缶詰にした日付、賞味期限（缶詰にした日から三年間）が刻印される——これらはすべて（大きく息を吸って一気に言うと）〈アグロ・サロネーゼ＝ノチェリーノのサンマルツァーノ・トマトを保護するための共同事業体《コンソーシアム》〉の要件となっている。これは種からラベリングまで、サンマルツァーノ・トマトの生産に関わるあらゆる——つまりすべての——段階を規制し、監視する公的機関だ。

コンソーシアムは、サンマルツァーノの成功だけでなく、その失敗の教訓でもある。この団体は一九九六年、勃興と同じくらいのスピードで衰退したトマトを救うために設立された。この地域の技術的スキルの不足によって生じた偶発的な交配と、より丈夫な他の品種の意図的導入により、一九五〇年代になるとサンマルツァーノ「ブランド」の価値はすっかり弱まってしまった。その後一九六〇年代には、破壊的とも言えるトマトの病気（キュウリモザイクウイルス感染とされている）がサルノ一帯に広がり、畑という畑を壊滅させ、サンマルツァーノ品種の生存そのものを脅かすようになった。その間、この地域の小規模農家は、自分たちがプーリア州とパルマ州の巨大な企業農園と競合していることに気づいた。こうした企業農園はアメリカ産の、より量産型で病気に強いハイブリッドを育てていたのだ。ローマ・トマトはその名が示しているように、この国の首都近郊で発展した品種だが、その名の由来とは関係がない。メリーランド州ベルツヴィルは、ちょうどワシントンDCからトマトを投げたら届くほど目と鼻の先にあるベルトウェイと呼ばれる環状道路が通る町だ。一九五〇年代、このベルツヴィルにある米国農務省（USDA）植物産業研究所の植物ブリーダーらは、パンアメリカとレッドトップという品種をサンマルツァーノとかけ合わせた。その結果、より大きな果実を実らせ、病気にも強く、そして——最も魅力的なことに——ブッシュ型のトマトができあがったのだ。

トマトの苗木はブッシュ型とコルドン型というふたつの明確なタイプに分けられる。ブッシュ型の苗木はある程度で成長が止まり、九〇〜一二〇センチの高さになると新しい花をつけるが、サンマルツァーノなどのコルドン型の品種は、条件さえ許せば延々と成長しつづけ、三〜六メートル以上の高さになるものもあり、刈り込みや病気、霜など、それを阻止するような要因がない限り、花を咲かせ、果実を実らせつづける。ただし実用的な理由により、サンマルツァーノは一八〇センチから二一〇センチのところで先端を切り落としている。

ローマ・トマトは高さが九〇センチほどで、低木に茂る習性があり、茎が強いため、サンマルツァーノのように刈り込んだり、杭で支えたりする必要がない。これはかなりの労力の節約になる。そしてほんの短期間で花が咲くため、程度の差こそあれ、トマトの実も大体同じ時期に熟す。つまりトマトの摘み取り作業者を畑に送り込んで、一度にすべて収穫してしまえば、シーズン中、彼らは仕事をしなくて済むということだ。

ちゃっかり「ローマ」と名付けられたトマトは（「ベルトウェイ」という名だったらあまり売れなかっただろう）イタリアに輸出され、この地でイタリアの栽培者や缶詰業者に受け入れられ、まさしくイタリア最高のトマトとして、親種であるサンマルツァーノに取って代わり、数十年の間、イタリアの畑を占領し、缶詰となってアメリカへ帰っていった。

ここで少し、これまで歩いてきたトマトの旅路を振り返ってみよう。もともとアメリカ大陸で生まれたトマトは大西洋を渡ってヨーロッパへ達し、サンマルツァーノとしてアメリカに帰り、ローマ・トマトとしてイタリアへ戻り、その後、缶詰となってアメリカへ船で帰還し、豪華客船クイーンエリザベスII世号のバンドリーダーよりも頻繁に大西洋を横断した。これよりも正確にイタリアン・アメリカンフードと言えるものを思いつく人がいたとしても、私にはそれが何だか想像できない。


そうこうしているうちに、一九九〇年代には病気と遺伝的弱体化の犠牲になったサンマルツァーノは、それを栽培する農夫たちと同様、危機に瀕していた。そのわずか数年前に組織されたスローフード運動により、従来の農園と食物を保護しようという意識が高まっていたため、サルノの地元農民はチーリオの農学者の助けを借りて、この歴史的かつ重要なトマトの救済――および保護――に着手した。ところが、それまでありとあらゆる交配がおこなわれてきたため、誰もどれが本物なのかわからなくなってしまっていた。たとえ古い種が手に入っても役に立たなかった。なぜなら、ヤシの種なら、それがたとえばプリニウスが生きていた時代のものでも、見つかれば発芽に成功するのとは異なり、トマトの種はたった一〇年でその生存能力を失ってしまうからだ。

そこで、チーリオ研究センターの農学者らは、オリジナルのサンマルツァーノを求めて、サルノに残っている農園や畑に足を運んだ。可能性のある二七の栽培品種を特定した彼らは二年にわたり、試験農地でトマトを栽培し、ひとつではなくふたつの「正式な」サンマルツァーノ品種を選定し、それぞれにサンマルツァーノ2およびカイロスと名付けた。後者は改良された栽培品種で、病気へのすぐれた抵抗性をもち、一般的に好まれる新しいサンマルツァーノになった。

こうして、トマトと、もう一度トマトを育てたいという熱意をもつ農夫は揃ったが、それをどのように売り出せばよいかという問題が彼らの前に立ちはだかった。つまり、これら「真の」――ヴェスヴィオ山の土とサルノ川の水、ティレニア海の大気の中、手作業で育てられた――サンマルツァーノを、カンパーニア以外の土地で育ったサンマルツァーノの変種などイタリアで生産された他のすべての缶詰トマトと、どのように区別するかという問題だ。そしてもっと重要なのは、より生産的な品種を育て、自動化をどんどん利用している大規模農園が出現する中、サルノの農家はどうやって自分たちの「少量生産」のトマトからじゅうぶんな稼ぎを得て、伝統的な農法を守ることができるのだろうか？

それがパルメジャーノレジャーノを世界の半分が模倣しはじめたときに、パルマのチーズメーカーがこのチーズの評判と価格を保護したのと同じ方法、つまりＤＯＰ〔原産地呼称保護制度〕指定だ。ワインとチーズに適用されるフランスのＡＯＣ〔原産地統制呼称制度〕の概念と似たＤＯＰは、本物であるというステータス、たいていはプレミアムな製品としてのステータスを与えるもので、この呼称は偽造品を防ぐために役立つばかりか、しばしばより高値で売れることにもつながる。サンマルツァーノの農家と加工者――その中にミケーレ・ルッジェーロの孫のエドアルドがいた――が一堂に会してコンソーシアムを組織し、イタリア農林水産省との協力で、サルネーゼ＝ノチェリーノ地域でとれたサンマルツァーノ・トマトにＤＯＰを適用することを提案した。

その結果できた規制はちょうど七ページ分の文書にまとめられ、非常に詳細で、サンマルツァーノ・トマトの生産において想像できるあらゆる側面を網羅しており、あと一歩で缶の開け方まで説明しそうなほどだった。この規則書は、この地域をユニークなものにしている火山性土壌、湧水、海岸性気候について説明した（もうすでに聞いた話なら私を止めてほしい）前置きの後に、まずは土地そのものから始め、トマトを栽培できるアグロ・サルネーゼ＝ノチェリーノ地域内の三五ほどの自治体をリストアップし、苗木を植え替え、収穫する期間の日付を特定している。許可された添え木法（杭で固定すること）と収穫法（手で摘むこと）、苗木を植える際の最大密度、そしてトマトを農園から缶詰工場まで輸送するのに使用されるコンテナの積荷量（二五〇キロ以下）と素材（プラスチック）まで記載されている。

缶そのものも規制されていて、サンマルツァーノのシールの印刷に使用できるフォントの指定

（Gill Sans MT コンデンスドフォント）と、八色それぞれに対する四色分解（またはCMYK）の印刷指定（一例として、シアン＝24、マジェンダ＝99、イエロー＝97、ブラック＝0）があり、「はっきりとした主要カラーであるトマトの赤、葉の緑、そして国旗を思わせる白の帯で囲む」ことが要求され、さらには青のティレニア海とヴェスヴィオ山が背景になければならない。これらすべてが一・三センチ四方のグラフィックに描かれている。私はそれこそ拡大鏡を使って、手元にある〈グスタロッソ〉のトマト缶がすべての要件を満たしていることを確認しなければならなかった。

しかし、書類のほとんどの部分はトマトそのものを扱った内容となっていて、許容できる長さ（六〇〜八〇ミリ）、pH、糖分含有量、重量あたりの皮の割合、トマトの幅と長さの比、その他いくつかのあいまいな品質要件（「この品種に典型的な赤色」）を特定し、さらに、その重要性が見落とされがちな無邪気な響きをもつ一文を加えている。

「加工された製品の取れ高は七〇パーセントを超えてはならない」

これが何を意味しているのかというと、加工業者の手元に届くトマトのうち、缶詰にできるのは七〇パーセント以下ということだ。見るからに低い値だが——恣意的にすら見えるが——、実際はもっと低いのだ。最近のあるシーズンでは、コンソーシアムの缶詰業者に届いたサンマルツァーノ・トマトのうち、この水準に達していたのは六六パーセントしかなかった。その狙いは品質を保証することだが、明らかに欠陥があるという理由で摘み取らずに残したものの数を除いても、収穫されたすべてのトマトの三分の一を失うことは、ヴィンチェンツォの小さな農園をもっと小さく見せてしまうことになる。

不合格になったものの中でも最良のものを利用して、トマトを凝縮したジュースやピューレにするのだが、それでもその高い廃棄率には、読者の皆さんにとっても私にとっても、どこも問題がないように見えるかなりの数のトマトが含まれていることは間違いない。とはいえ、DOPステータスという主要なセールスポイントが品質の保証になることを考えれば、誰も文句は言わないだろう。

DOP規制を施行するかどうかはコンソーシアム次第で、コンソーシアムはその責任を重く受け止め、種の供給から土壌検査まであらゆることをおこなう。つまり、DOPステータスをもつサンマルツァーノ・トマトは、徹底的に規制されているということだ。そして皆さんがふと、もしかしたらこれは裁判沙汰になるような類いの規制ではないかと思ったならば、この先の話に乞うご期待。

「ちょっとわからないことがあるのですが」と、協同組合に戻ってからナンシーに尋ねる。「ヴィンチェンツォの農園と同じくらいのサイズの農園がここに一〇〇〇ほどあったとしても」（本当はそんなにないのだが）「サルノ一帯で栽培できる量よりも多くのサンマルツァーノ・トマトを、ニューヨークだけで買えることは間違いないと思うのですが。もしかして、私は何か間違っているのでしょうか？」

「アメリカには問題があります」

「まさか」

「いいえ、私が言いたいのはトマトのこと。あなたの国のサンマルツァーノのほとんどは偽物です」

「ほとんど」というのは、二〇一一年にエドアルド・ルッジェーロが、九五パーセントと計測した量だ。なぜそんなことが起きるのか、と私は尋ねる。

「このあたりの工場の多くが、いろいろなトマトをミックスしているのです。輸出用にはサンマルツァーノを一五パーセント、残りはプーリア産のローマ・トマトなのですが、ラベルは〈サンマルツァーノ〉にしてしまう。コンソーシアムは海外での規制ができないのです」

「だから私は〈DOP〉のマークがあるものしか買わないのですが」と私は言い、教養ある消費者として自分を際立たせようとする。

「それもほとんどが偽物です」

「何ですって?」私は度肝を抜かれると同時に、どこかの路上で五〇ドルで買ったロレックスが偽物だったことが判明したかのように憤りを感じる。「〈DOPサンマルツァーノ〉というマークが缶にあっても偽物だと言うのですか?」

「たまにそういうものがあるというレベルではなく、ほ、と、ん、ど、が偽物です。DOP指定はヨーロッパ連合(EU)でしか施行できません。だからヨーロッパで偽物を見つけることは難しい。ところがアメリカでは、偽物を止めることができないのです」イタリアの警察は最善を尽くしている――二〇一〇年、イタリア警察はアメリカへ出荷される一〇〇〇トンもの偽サンマルツァーノを押収した――が、高額なイタリア製のハンドバックや腕時計、食料品、衣服、香水、化粧品の偽ブランド品が、年間売上高に三〇〇億ドルもの損失を出し、どれほど経済に打撃を与えているかを考えれば、一〇〇〇トンの偽マルツァーノなどかわいいものだ。

「では、本物かどうか、どうすればわかるのですか?」

彼女は棚から缶詰を取り出し、私の前に置く。そのとき、私はどこでヴィンチェンツォを見たことがあったかを悟る。どの〈グスタロッソ〉のトマト缶にも彼はいるのだ。物思いに耽って土壌を見下ろし、両側を背の高いトマトの木に囲まれて小さく見えるその疲労した体は、ぼろぼろの鍬にすっかり身を任せている。

「ここにふたつの紋章があります」とナンシーはDOPの紋章を指差しながら説明し、それからコンソーシアムの紋章、規制に書かれたうんざりするほど細かいCMYKで表現された紋章を指す。彼女は缶をひっくり返す。「缶の底に認証番号があって、トマトが缶詰にされた日付と時刻、そして収穫された農園を示す独自のスタンプが押されています」

オーケー。シールがふたつとスタンプがひとつね。簡単だ。アメリカで売られているサルノ産サンマルツァーノの半分以上が、完全な詐欺でもなければ、コンソーシアムが認めたDOPトマトでもないということ以外は。これらは、トマトからツナまであらゆるものを輸出するセントというニュージャージーの会社が販売している缶詰だ。スーパーでよく見かけるその鮮やかな黄色い缶には、比較的大きな文字で「認定サンマルツァーノ・トマト」と書かれている。これらはどの部類に属するのか、とナンシーに聞いてみる。

「フェイクです。偽物のトマト」と彼女はきっぱりと言い、そこには少し怒りが混じっている。「認定ですって？」彼女はしかめっ面をし、昔からイタリア人がよくやるように肩をすくめる。「どういう意味かしら？　イタリアではそんな法律は存在しません。法律が認めている唯一の認定がDOPなのだから、DOPでない限り、サンマルツァーノとして認定されることはあり得ないのです」

これまで私たちは多岐にわたってさまざまなことを見てきたので、何が明らかにDOPの範疇なのかについての説明は、私の——そして読者の皆さんの——時間の無駄になるから省かせていただくとして、セントという会社が、看板のないブロンクスの倉庫で、ローマ・トマトに偽物のサンマルツァーノのラベルを貼り付けるような法に違反した組織ではないということだけは言っておこう。セントは他のすべての会社を合わせたよりも多くのサルノ渓谷産サンマルツァーノ・トマトをアメリカで販売している。セントは、スーパーの棚でよく見かける唯一のイタリア産サンマルツァーノ・トマトとされている。そして論争はまさに、サンマルツァーノ農家の存続に関わる核心に迫る。すなわち、本物のサンマルツァーノ・トマトとは一体何なのか？

サルノから戻って数日後、私はセントにメールをし、この会社がなぜコンソーシアムを離脱したのかについてインタビューしたいと申し出た。何かについて話をしてもらうために誰かと連絡を取るというのは——たとえ血縁者でも——通常は一週間か一ヵ月かかるプロセスの最初のステップとなる。ところが驚いたことに、その三〇分後に電話のベルが鳴り、電話の向こうにはセントの副社長がいるのだ。モーリス・クリスティーノ副社長は、セント側の逸話を喜んで語ろうとしてくれている。

「論争の的になっているのはトマトではなくラベリングです」と彼は言う。

「ラベリング？　おたくはラベルの件でDOPステータスを失ったのですか？」

たしかにそうだ。そしてもっと奇妙なことに、これは、ラベルに禁句が使用されていることを巡る論争だった。その禁句とは——絶対に言い当てられないだろうが——サンマルツァーノだ。

クリスティーノはこう説明する。二〇〇〇年代初頭、復活したサンマルツァーノ・トマトはアメリカで一大ブームを巻き起こしていた。このトマトは『フード・ネットワーク』で特集され、料理雑誌に取り上げられ、そこかしこのトップシェフから絶賛された。クリスティーノが言うには、セントは「ただで宣伝してもらって利益を得るために」、コンソーシアムが承認した（そして商標登録した）ラベル上に書かれた用語、S・マルツァーノをサンマルツァーノに置き換えたら、皆がそう呼ぶようになったということだ。

考える前に行動するというアメリカ的戦略は、コンソーシアムには納得できるものではなかった。コンソーシアムはセントに対し、すべてのラベルとマーケティング資料で、その文言を「S・マルツァーノ」に戻すことを要求していた。サンマルツァーノの名称にすでに数百万ドルを投資していた——短縮形の名称に戻すことは売上に関わると確信していた——セントはコンソーシアムに対し、「サン」という表記は、Sがイタリア語のSanの省略形であることを知らない可能性のあるアメリカの民衆に合わせた、より賢明な方法だということを納得させようとした。

「彼らは変えたくなかったのです」とクリスティーノは当時を振り返る。S・を使用したのは単なる偶然だったというのが事実だったとしても、だ。オリジナルのDOPの適用は実際、サンマルツァーノ・デラグロ・サルネーゼ・ノチェリーノに対してだったが、その途中のある時点で、カンパーニアからイタリア農業省、そしてEUへと辿り着くまでの間に書類がシャッフルされ、お役所仕事をする人の中には、私がこの章で同じく飽き飽きしているように、わざわざ「サンマルツァーノ」と書くことに疲れて、Sanの代わりに何の気なしにS・を使った人もいた。英語で"Saint"と書くべきところを"St."と省略するのと同じことだ。残念ながら、こうしてこの称号と商標が結果的にブリュッセルで記録されてしまったのだ。こうした違いは、陽気で年老いた「聖ニコラス（San Nick）」〔サンタクロースのこと〕に言及する場合ならばそれほど大きな問題にはならないかもしれないが、EUに商標を登録するとなれば大問題だ。

こうしてS・マルツァーノという表記が採用された。コンソーシアムがアメリカのラベルを見逃すことをよしとしないセントは、自力で闘うことを決め、（クリスティーノの話では）ＤＯＰガイドラインに固執しつづけ、第三者機関アグリ・チェルトを雇用し、セントの製品はセント独自のガイドラインに準拠していることを「認定」した。彼らは、栽培者にとってよりうま味のある作物価格を提供することにより、サルノ渓谷の農家の大半をも掌中に収めた（しかし中には、セントとコンソーシアム双方の缶詰業者用にトマトを栽培する農家もあった）。これはまさに、コンソーシアムに気を揉ませるがままにさせておくという見事な策略にほかならなかった。

コンソーシアムはその仕返しとしてセントに対し、表向きには「偽物の、誤解を招くような」ラベリングと広告にだまされてフェイクを買わされたアメリカの消費者を代表する形で、アメリカ連邦裁判所で二度にわたる集団訴訟を起こした。セントが「認定サンマルツァーノ」トマトを売っていたとは考えられない。というのも「サンマルツァーノ・トマトを認定し、承認できる唯一の法人はコンソーシアムだからだ」というのが原告の主張だった。さらにひどいことに、訴訟では、セントのすべてのトマトが公認のサルネーゼ・ノチェリーノ地域で栽培されるわけではなく、それがサンマルツァーノの品質基準を満たすとは限らないとも主張した（これについてはセントがきっぱりと否定している）。

「仲裁役を買うつもりはないのですが」と私はクリスティーノに言うが、どこをとっても仲裁に聞こえる。「この分裂は誰にとってもよくないように思えます。そもそもこれは小さなニッチ産業で、今やお互いが以前の半分の影響力しかもっていないのですから」

彼は反論せず、悲しそうにこう付け加えた。「こんなふうになるはずではなかったのですが」と。

それは、名称をめぐるセントの考え方に合わせてコンソーシアムが意見を変え、二〇一九年、商標を――なんと――サンマルツァーノに変えるという修正案をＥＵに提出したという事実に照らせば、特に真実であるように見える。言い換えれば、ハットフィールドとマカロニの、この長きにわたる確執（パオロの父エドアルドがダニコープの社長だった頃、あらゆる善良なイタリアの確執と同じく、これを真の世代間抗争にしたときまで遡る）は、もはや存在しない問題に関するものなのだ。

「では、〔S・ではなく〕サンが認められるようになったことで、あなたの会社がコンソーシアムとDOPに戻れるチャンスはあるのですか？」とクリスティーノに尋ねる。もし私がイタリア語を喋れたら、こじれた関係を自力で修復し、明らかに最高の相手同士であるこのふたりの子どもたちに仲直りすることを提案しただろう。

「たぶん……絶対にないとは言いたくないのです」しかし彼の口調から、その優先順位が明らかに低いということは言い切れる。そしてことによれば、セントがコンソーシアムから離脱したのには別の理由があるのかもしれないが、実はセントが現時点でそこに再び加わる動機はほとんどないのだ。セントの発表によれば、二〇二〇年、彼らは「認定サンマルツァーノ」商品を、記録的とも言える一五〇万ケース――一万四三〇〇トン――アメリカに出荷した。これはコンソーシアム全体の缶詰の量よりも多い。彼らにこんなことができるのは、平均的なアメリカの消費者はおそらく、サンマルツァーノ・トマトのことは聞いたことがあっても、DOPとSOBの違いがわからないということを知っているからだ。そしてもうひとつの理由は、サンマルツァーノは一般に高額だが、セントの缶詰は〈トレーダージョーズ〉や〈ウォルマート〉といったスーパーで、他の輸入プラムトマトと同じくらいの価格帯で売られているからだ。

守勢に立ったこの会社は、アメリカの消費者に対して自社製品を正当化するために尽力し、ウェブサイトのアプリを介して缶に印字されたコードを入力し、サンマルツァーノが栽培されている実際の農園をグーグルアースで見ることを消費者に勧めることまでした。

二回の連邦裁判のうち、最初の訴訟はコンソーシアムが起こしたもので、二〇二〇年にニューヨーク州ロングアイランドの判事によって裁判をすることなく却下された。ＥＵの伝統と規制に好意的でなかった判事は、実際、「誰が死んで、誰がコンソーシアムを王にしたのか？」と裁定を下した。コンソーシアムだけがサンマルツァーノを認定することができるという原告の主張を飲み込むことなく、判事は冷淡にも、裁判所は「コンソーシアムのトマトと〔セントの〕製品との間のほんのわずかな違いと思われるものに関する原告の主張に時間を割く必要はない」と記した。

二回目の訴訟はカリフォルニア州が起こしたもので、秘密裏の和解に終わった。これにはほぼ間違いなく、ラベルから「認定サンマルツァーノ」の文言を削除することは含まれていなかった。セントは法の力をかわすことはできたかもしれないが、コンソーシアムのメンバーの辛辣な批判をかわすことはできなかったのかもしれない。彼らは、ゲームの対戦相手――その家族の中には三、四世代も遡るものもある――が途中でルールを変えることに賛成しようとしなかったとき、ゲーム盤の半分をもって家の中を怒りながらドスドスと足を踏み鳴らして歩くようなアメリカのこのガキ大将に、まだ激怒しているのだ。

セントは、自分たちも同じく土地の守護者で、栽培者に最高級の種だけを供給し、コンソーシアムと同じだけの熱意でもって、このプロセスのすべての手順を保証していると主張する。おそらくこれは真実だろう。私は判事の立場ではない。しかしその責任を、メンバーが一世紀にわたって土地を耕してきたコンソーシアムの自主的監視から、ニュージャージーの缶詰食品輸入業者にシフトするのにはためらいがある。

コンソーシアムについて言えば、まったく非難すべきところがないというわけではない。メンバーがこの新世界の乱入者に対抗するためのバックアップを得ていれば、おそらく彼らは商標の変更に一一年も待つ代わりに、最初の訴訟で間違いを犯したことを認め、すべての論争を解決できたかもしれない。

この分裂が、サンマルツァーノの遺産を再び脅かすヴェスヴィオ山の次の噴火とならないことを祈るばかりだ。私はそこまで世間知らずではないので、見せかけだけの作りものの村が、私のために(そして、ほんの二週間前にイタリアンフードのテレビシリーズで、ヴィンチェンツォの農園に案内された俳優のスタンリー・トゥッチのために)サルノに建設されたのではないかとか、絵に描いたように完璧なS・マルツァーノ農園を、もっと絵に描いたように完璧なS・マルツァーノ農家と一緒に見させられたのではないかなどと疑ってしまう——あまりに完璧なその農夫の顔は一〇〇万枚のラベルに栄誉を与えている。しかも私は、サルノのすべての農園がヴィンチェンツォの農園のように映画みたいだとは限らないことも知っている。とは言っても、映画のような農園を無下にするのも難しいし、世界の料理マップにイタリアを最初に位置付けたトマトの遺産を存続させるために、数エーカーの小さな農園で鍬や湧水を利用して働いている農夫を無下にするのも辛い。

ところが、高級なイタリアンフード(サンマルツァーノ・トマトを含む)の輸入ビジネスをおこなうニューヨークの会社、グスティアーモの創立者で、イタリア生まれのベアトリーチェ・ウーギは、セントとのさまざまな論争にも関わらず、迫り来るもっと危険な脅威があると私に話してくれた。「サンマルツァーノの農家が減っているのは、農夫が消滅しつつあるからです」と彼女は言う。「あなたも農園に行って、彼らがどれほど年老いているかを見たでしょう。しかもその子どもたちは農家を継ぎたがらない。儲かりませんからね」

つまり、サンマルツァーノの畑から農夫を奪っているのは、セントではなく死神だ、ということだ。そしてその死神は、ラベルに何が書いてあろうと気にも留めない。

4　女王、作家とその妻、そして彼らのピザ

トマトが平たいパンとチーズに出会い、初のグローバルフードを世界にもたらす

E45号線でイタリアのナポリに向かう途中、午前一〇時

レンタカーのハンドルが突然切られ、その拍子に目を覚ます。交通量の多い高速道路を時速一二〇キロで突っ走っていた。何ごとだ？　アンが運転をしくじったのか？

それはあり得ない。最初からわかっている。運転しているのは私なのだ。

一時間前

次の一〇〇キロ区間はそれほど注意がいらないので、ナビゲーターの私は助手席で眠らないように、ダッシュボードのタッチスクリーンをいじりはじめる。すると、車線逸脱アシスト――ラインから外れそうなときに車線に戻そうと舵を取ってくれる機能――のスイッチがオフになっていることに気づく。スクリーンをタップして、スイッチをオンにする。用心するに越したことはない。私たちはふた

りとも、ニューヨークからの夜行便で一睡もしていないのだ。体内時計で言えば、今は朝の九時ではなく午前三時だ。

「次の休憩所でちょっと休まないか？」とアンに言う。「疲れているみたいだから、僕が運転するよ」

二時間前

「お客さまにぴったりのトヨタのカローラがあります」ローマの空港のレンタカー代理店で、若い小生意気な店員——ユーロパンクという言葉を彷彿とさせる——が、かすかに悪意のある笑みを浮かべて言う。

「メルセデスのAクラスを予約したのですが」

「または」——彼はエアクオート〔ある単語を強調したいときなどに、両手を顔の横でピースサインのようにし、人差し指と中指を数回折り曲げるジェスチャーのこと〕の仕草をして——「『類似車』ですよね」と言う。

実はメルセデスのAクラスというのがどんなものかもわからないし、何クラスであろうとメルセデスは運転したことがないが、それがトヨタのカローラではないことくらいはわかるので、これは絶対に——私もエアクオートをしながら——「類似車」ではないということを店員にわからせようとする。

「荷物は多いですか？　それならフィアット500があります」

このまま議論を続けたら、サイドカー付きのベスパになってしまいそうで怖くなったが、フィアットは真剣に言っているのではなく、次のプレイに私を準備させるための先制攻撃なのだということもわかっている。それは私がドアを開けてここへ入ってきたときから彼が予期してこと、つまり私たちは彼にとって、いいカモ——観光客——だということだ。私がかわいらしいフィアットを断ると、ユーロパンクは手の内を明かす。こうなることはわかっていた。なぜならイタリアのローマ（Rome）だろうと、ニューヨークのローム（Rome）だろうと、いつもそうなるからだ。法外なアップグレードの売り込みだ。そして案の定、間髪入れずにこう来た。「一日にあと六〇ユーロ払えば、ボルボS60が借りられますよ」と。

一日に六〇ユーロ！　ところが、私がわざとらしく他のレンタカーのカウンターの方へ首を伸ばすと——こんな朝っぱらから並んでいる客は、どのカウンターにもひとりもいない——、彼は一日に一五ユーロプラスすればボルボS60を貸すと言ってきたので、私たちはすかさずそのボルボに乗って走り去る。それでも私は、居眠り運転をしそうな、アメリカから来たおのぼりさんのように扱われ、アップセル〔客により高いものを買わせること〕を食らったことに不満を感じている。

もちろん、数時間後に私の態度は豹変するのだが。

一七〇年前

一八五〇年代のナポリは、ヨーロッパで一番不潔で、貧しくて、混雑した都市だった。一方が海に面し、他の三方が低い山々に囲まれている中は、狭くて暗い小道で辛うじて仕切られ、多くの場合共有の洗濯ひもで橋渡しされた、きわめて危険な五～六階建ての高さのごみごみしたアパートに、四〇万人の住民が文字どおり重なり合って生活していた。太陽の光など、ほとんど手の届かない贅沢品だった。

この街を訪れたある訪問者は、街の混沌を目の当たりにして次のように表現している。

どの道も急で、道幅が狭くて汚らしく、建物の階はどれもみな、張り出したバルコニーで仕切られている。小さな店や屋台がところ狭しと並び、男も女も、ものを売ったり買ったり、ゴシップに花を咲かせたり、身振りを交えておしゃべりしたり、小突き合ったりしている……舗装された曲がりくねった車線の迷宮が、オレンジの皮やメロンの皮、野菜の切れ端などのゴミが散らばった塵のなかに埋もれている……すべてがやかましく、食べ物と飲み物のにおいと悪臭が漂っている。ねずみ捕りにはまったねずみを彷彿とさせる。


火事になりそうな脅威が煙の立ち込める空気に絶え間なく漂い、それをさらに煙ったくするのは、街中に一〇〇ものピザ窯があって、薪が燃え、燻り、夜明けから日暮れまで赤く燃えつづけているせいだ。しかし、五月四日の朝、一九歳のルイージ・マトッツィのピザ専門店《ピッツェリア》の窯は冷たかった。この街のすべてのアパートの賃貸契約が切れる年に一度の日だからだ。そしてルイージ——彼の七人の兄弟はそれぞれ別々の七ヵ所で生まれたが、みな同じ港町のご近所同士だ——は再び、家族と一緒に路上での生活が始まる。彼らはすべての所持品をのせた手押し車を押しながら、どんどん生活に余裕がなくなるこの街で、同じような旅をする何千人ものナポリ市民が作る交通渋滞を縫うようにゆっくりと潜り抜けていく。

ピザは一七〇〇年代半ばからナポリの主要産物だったが、この一八世紀版のピザは、私たちが現在知っているような、トマトとモッツァレラチーズの組み合わせという形にはまだなってはいなかった。しかし、周囲を少し高く縁取りした丸い平たいパンに、チーズ、アンチョビ、野菜、トマトなど、さまざまな材料をのせるといった特徴が早くも現れていたことはわかるだろう。

　些細なことにこだわる学者たちは、焼いたりグリルしたりした平たいパンは、穀類や焼石と同じくらい古くからあると主張したがるが、私たちが現代のピザと考えているもの――イースト菌を使った平たいパンに、トマトやチーズ、またはその両方を一面にのせてオーブンで焼いたもの――は、間違いなくナポリが発祥地だ。活字になっている記事によると、一八八〇年代後半には、ホールだろうとスライスしたものだろうとつぶしたものだろうと、トマトが一般的なものになり、まだ必須とは言えないまでもピザに添えられるようになっていた。

ナポリの街並み、1897年頃（J. F. ジャーヴィス、編集発行人、Library of Congress LC-USZ62-73726.）。

　ピザはナポリの貧しい人びとにとって、まさになくてはならない食べ物だった。一日に何度か食べることもあるピザは、安価で、移動しながら食べることができ、野菜と小魚をトッピングすれば栄養的にも満足できる。とはいえ、誰もがピザのファンというわけではなかった。たとえば、ピノッキオはピザが嫌いだった。それよりもピノッキオを生んだイタリアの作家、カルロ・コッローディこそピザ嫌いで、一八八六年の小説の中でピザのことを、まったく食欲をそそらず、「それを売る人の見た目と完全に一致する脂ぎったゴミの寄せ集め」と描写していた。早くも一八三一年には、電信機の発明者であるアメリカ人のサミュエル・モールスは、ピザについてこんなふうに考えていた。「最も吐き気を催させる類いの丸い塊で……スライスしたトマトで表面を覆われ、小魚とブラックペッパーが散りばめられている。その他の材料は何だか知らないが、総じて、下水道から強烈な悪臭を放つ一片のパンのようだ」と。これがコレラ伝染の元になっていると疑う者さえいた。

最初のピザ職人《ピッツァイオーロ》は店頭やストリートカートから商売を始め、物乞い《ラザローニ》――ボロ布を身に纏った裸足のホームレスのストリートチルドレン――にピザをもたせて街を走らせた。つまりピザの始まりは、テイクアウトのデリバリーフードだったということだ。時が経つにつれ、さらに成功を収めた物売りが屋内に移動し、いくつかのテーブル席をしつらえ（さらに時が経過すると、Domino's〈ドミノ・ピザ〉が登場し、テイクアウトを始めることになる）、一八世紀の半ばには、今のようなピッツェリアの形となっていた。

ピザという言葉の語源を探り出すのはさらに難しく、イタリアの学者の言葉を借りれば、何年にもわたり「語源研究家を悩ませ、食物歴史家をひどく苦しめた」という。なぜなら、何らかの関係性を示す似たような言葉が、アラビア語、ギリシャ語、ラテン語にかなりあるにも関わらず、その中には不必要なこじつけに見えるようなものもあるからだ。私は歴史家ではない――辛うじて作家と呼べるだけだ――が、このすべてが自分で自分を苦しめているだけのように思える。というのも、ナポリから少しだけ車を走らせれば、パエストゥム〔イタリア南部カンパーニア州にある古代ギリシャ・ローマの遺跡〕に今も建っている巨大なギリシャの神殿に出くわすので、この地域にギリシャ人が定住していたことがわかるし、彼らは長い間、たまたま *pitta*（ピッタ）または *pita*（ピタ）と呼ばれる平たいパンを食べていた。この関連性は、学者以外の誰から見てもあまりに明らかで、無視できるものではない。特に

pizza（ピッツァ）は*grazie*（グラッツィエ）〔イタリア語で「ありがとう」の意味〕と同じく、間に小さな「ッ」が含まれているかのように発音される。

私にとってもっと興味深い疑問は、なぜピザは、他のどの地域でもなくナポリから始まったのか？ということだ。それには、この食べ物の材料そのものが手がかりを与えてくれる。というのも、ぼうっと聳え立つヴェスヴィオ山のちょうど反対側に、サンマルツァーノが植えられるよりも前から、世界で最もすばらしいトマト畑が広がっていたからだ。そこはバッファローの乳から取れたモッツァレラの発祥地で、それは今もこの地域の貴重な産物となっている。そしてローマ時代から、小麦は地元で製粉されてきた。ピザによくトッピングされているアンチョビはナポリ湾から毎日のように届くし、ナポリ湾の南端をかたどるソレント半島のオリーブの木からはオイルが採れる。つまりピザは、この言葉が存在する二〇〇〇年も前から、この土地原産の食べ物だったということだ。

マトッツィ家の新居も、なぜピザはナポリを選んだのかとも言える疑問に対して、もうひとつの手がかりを与えてくれる。当時としては典型的なマトッツィのアパートには、流しとキッチンがなかった。ナポリの低所得者層の中で、何らかの調理設備のある地区に住める人はきわめて少なく、彼らが住んでいるところはアパートというより大学の寮に似ていた。しかも私たちは、寮の部屋でピザがどれほど人気があるかを知っている。ルイージのアパートは個室内に浴室兼トイレもなかった可能性が高く、仮に建物内にトイレがあったとしても、他のすべての住民と共有の、タイル張りの床に穴が開いているだけのようなものだっただろう。残念ながら、この手のトイレについては特に詳しいわけではなく、通りいっぺんの知識しかない——それに私はこの言葉を漠然と使っているだけだ。私が最後にこの言葉を使わなければならなかったのは一九七〇年代のナポリだった。それはちょうどコレラが発生したばかりのことで（コレラは蒸気機関車がヨーロッパから連れ去ってくれたと思っていた）、七人のナポリ市民を死に追いやり、ひとりの若いアメリカ人観光客だった私に、古びた公衆便所を使うことをひどく警戒させた。

　コレラがきっかけとなり、一八八四年、イタリア国王ウンベルト一世はナポリに逃れた。両シチリア王国（「もうひとつの」シチリアとはナポリのこと――らしい）[*]と呼ばれた国の以前の首都だったナポリは、一八六一年以来、統一イタリアの一部となり、イタリア国王ヴィットーリオ・エマヌエーレ二世と、向こうみずな将官ジュゼッペ・ガリバルディが、何世紀もの間イタリア半島のさまざまな地域を支配してきたオーストリア、フランス、スペイン、そして地元の支配者を追い出した。

　北のピエモンテの王によって両シチリアがスペインのブルボン王朝から「解放」されたことは、アトランタがシャーマン将軍率いる南軍から解放されたのと同じくらい、地元市民に歓迎された。こうしてナポリを訪れた当時、それまで王としての経験が六年間だけであったにも関わらず、ウンベルトは身を粉にして働いた。結局のところ、征服することと支配することは似て非なるものだった。このことを、ある政治家は次のようにうまく言い表している。「われわれはイタリアを作った。今度はイタリア人を作らなければならない」と。そしてイタリア最大の都市でコレラが大発生していることを聞きつけると、ウンベルトは慎重さを忘れて自分自身で状況を観察しようとし、自分の姿を新しい臣民に見られることにもなった――ウンベルトは臣民のひとりによって、前回ナポリを訪れたときに暗殺されかかった。

ウンベルトはあまりに中世風の衛生状態に愕然としたが、「中世風」というのは誤称である。というのも、配管工事のほとんどは中世よりもはるか前から存在し、そのいくつかの部分は皇帝カリグラの統治時代まで遡るからだ。この街を視察中、悲惨な生活状況を見て、飲み水と廃水の区別がほとんどされていない街のシステムに不安を感じたウンベルトは、数えきれないほどの文脈（私自身のものも含む）で、数えきれないほど繰り返されてきた、あの有名なスローガンを呟いた。すなわち、「ナポリの腑《はらわた》を出してしまわなければならない！」と。街の再建に *Risanamento*（復興）（文字どおり訳せば「健康を取り戻す」という意味）という名の計画が敷かれ、この計画は第二次世界大戦の際、連合軍の爆撃機がこの街の内臓をどうすればきれいに取り除けるかについて自らの考えを表明するまで続いた。

ウンベルトはナポリ訪問中、病院に入院しているコレラ患者を訪ねた。この訪問が大成功を収めた。彼の勇気は新聞で褒めちぎられ、野次馬たちに称賛され、その五年後、彼は「復興」の正式な発足のためにこの街に戻ってきた。今回は妻であるサヴォイアの女王を連れて。一ヵ月間の訪問中、宮廷で出されるこってりとしたフランス料理に飽き飽きして、臣下の顔色を窺っていた女王は、地元の料理が食べたいとリクエストした。ピザをおいて他に、地元料理と言えるものはなかった。

人びとから称賛されたピッツァイオーロ、ラファエレ・エスポジトは、女王にピザを作るため、カ

＊　特に言う必要もないことだが、ナポリ地域とシチリア島はどちらも、その支配をめぐって争っていた支配者からシチリア王国と呼ばれることもあった。その後、えこひいきを好まなかったひとりの王によって両国が統合されると、王はこの新しい領土を「両シチリア王国」に指名した。

ポディモンテ宮殿に召喚された。エスポジトは三種類のピザを作った。ひとつ目はオリーブオイル、チーズ、バジル、ふたつ目はアンチョビ、そして三つ目はトマト、モッツァレラ、バジルのピザで、イタリア国旗の赤、白、緑を表現した。

女王がピザ――イタリアの最も貧しい都市の最も簡素な料理で、不衛生な状況の中、小作農の汚れた手で作られることが多い――を食べることまでしたということは、非常にシンボリックな（そして計算された）行為だった。イギリスの歴史家ジョン・ディッキーはこれを、その一〇〇年後にダイアナ妃がエイズ患者を抱擁したことに結びつけた。そして、赤、白、緑のイタリア国旗のピザが一番気に入ったと女王が宣言すると、この食事はさらに重要性を帯びていった。

エスポジトはその返礼として、国旗色のピザに女王の名をつけた。まさにこれが、マルゲリータピザ誕生の瞬間だった！

歴史的小話に格下げされた女王のピザに使われたトマトは、本書の最初の方で出会った小ぶりの卵型の品種で、すでに女王の夫、ウンベルト王の名が付けられていた。そして王室の真の流儀で、この卵はじきに別の王、つまりトマト王となるサンマルツァーノを生み出すことになる。

いい話だ。そしてこれは、ラファエレ・エスポジトが一八八九年六月にトマトとチーズとバジルのピザを発明したのか、それとも単純に、すでに存在していた組み合わせにラッキーな女王にちなんだ名前が付けられただけなのかという聞き飽きた議論に終わるのが常の、何度も繰り返されてきた逸話だ。しかし、このモッツァレラのボールを受け売りする前に、とてつもない数のピザを売り出して国を統一したと言われるこの男について、もう少し詳しく見てみよう。

ラファエレ・エスポジトはピザ一家に婿入りした。義理の父親はジョヴァンニ・ブランディという名の成功したピッツァイオーロで、この街のいい場所ですでに名を馳せていたピッツェリアを買収した。エスポジトはブランディ家の成功を引き継いでいるように見えるが、一〇〇人ものピッツァイオーロがいる街で、なぜラファエレ・エスポジトが女王のピザを作るために召し出されることになったのか。なぜ、たとえばルイージ・マトッツィや、自身もピッツァイオーロとなって現在まで続く家業を起こした六人の兄弟の誰かではなかったのだろうか？

　これが、イタリアの歴史家アントーニオ・マトッツィ（ピッツァイオーロ王朝の末裔）が知りたかったことだった。市の資料館をくまなく調べていたとき、彼は、エスポジトが新しく購入したレストラン、〈イタリア女王のピッツェリア〉を改名したいという興味深い要請をしていたことを発見した――**一八八三年、女王がその名の由来となったピザが作られた六年前のことだ！**　だから、エスポジトが千里眼のある人だったにせよ、女王の訪問よりもはるか前から頭角を現すために陰謀を企んでいたにせよ、それは、巧みに取り入って宮殿に出入りするために彼が何か他にもしていたのではないか、という憶測を誘うのだ。私たちにはただ知る由もないが、そこに幸運以上のものが働いていたことは間違いないだろう。

　私たちが確実に知っていることは、この進取の気性に富んだ若いピッツァイオーロがモッツァレラピザとして知られているものを最初に作ったと言われているより以前に、このピザへの言及が複数存在するということだ。たとえば、一八五三年のエマヌエーレ・ロッコのエッセイには、エスポジトがその三六年後に「発明した」とされる三つの最も基本となる材料、「バジリコ、モッツァレラ、ポモドーロ（トマト）」を使ったピザが明確に記されている。しかしこの事実は、このトッピングを女王のピザに選ぶという、ましてやそれに彼女の名前を付けるという、エスポジトの政治的抜け目なさを損なうことにはならない。

もし、これらのことが実際に起こっていたとしたら？　だんだんエスポジトがならず者に見えてきた私は、本当に彼が女王にピザを作ったのか、それとも私が胸を突かれたように感じたのはピノッキオの鼻だったのか？　といぶかしく思ってしまう。そろそろ、ちょっとした調査報道とランチの時間だ。そして幸運にも、エスポジトの昔の赤いソースとモッツァレラを組み合わせたピッツェリア〈ブランディ〉は、一三〇年経った今も同じ場所で窯に火をつけている。今やアンとボルボと私は、なんとか生きてここまで辿り着いたが、調査をしたいのか、食べたいのか、はたまた昼寝をしたいのか、私には決心がつかない。

メニュー、壁、大理石の飾り板——トイレ（ありがたいことにこれは現代的だ）を除くほとんどすべて——が、いまだ臆面もなく宮廷の財源から金を搾り取っているため、私は最初のふたつの仕事が同時にできる。つまり、アンのためにピザを注文しながらこの逸話を調査できるというわけだ。それにこのレストランには実際、国王の印璽《いんじ》付きの印象的な手紙がある。英語にするとこんな感じだ。

女王陛下の宮殿

カポディモンテ
一八八九年六月一一日

最も尊敬すべきラファエレ・エスポジト・ブランディ氏
あなたが女王陛下のために準備された三種類のピザは、大変美味であったことをここにお知らせします。

あなたの最も忠実な臣下
ガリ・カミーロ
王室テーブルサービス長

このピザに関するちょっとした詳細と、女王陛下がイタリア国旗のトリコロールのピザを好んだということはすばらしいことだし、この覚書のおざなりな感じからすると、エスポジトのリクエストでこれが強制的に走り書きされた可能性もあるが、どんなに少なく見積もっても、この逸話の核となる部分は真実だということだけで私は満足している。その上、私にはもうひとつ、ここで達成しなければならないミッションがあるのだ。

「ピザが届く前に戻るよ」と私はアンに言う。

「どこに行くの？」と彼女は心配そうに尋ねる。

「ピザを作りに行ってくる」

私はここに、ただ食べるだけのために来たのではなかった。ピザは私の情熱のひとつで、それは自宅の中庭に、ヴェスヴィオ山の表面と同じくらい熱い炎を出す大きなピザ窯があることからもわかるだろう。ところがいくら情熱があっても、それが常に品質につながるとは限らないので、こうしたピッツァイオーロたちがどうやってピザを作っているかをこの目で見たいのだ。私はうまいことを言って——というかグーグルに翻訳させ——キッチンに入り込み、まさにこのマルゲリータピザの発祥地でマルゲリータピザの作り方のクイックレッスンを受けることを期待していた。なぜこれが「クイック」レッスンになるのかというと、*“Sono uno scrittore Americano”*（「私はアメリカの作家です」）という文章が訳されるよりも早く、ピザができてしまったからだ。

完成したピザはあまりに早く形になるので、この目で見たことを吸収するために、録画しておいた動画を繰り返し見なければならないのだが、作業のペースはまったく急いでいるようには見えないため、このピッツァイオーロ（と窯の見張りをする見習い）が生地の入ったボウルから、マルゲリータピザと、いくつかのトッピングのあるピザ（これは準備に多少時間がかかる）の二枚を、きっかり二分と一五秒でディナープレートの上にのせたのを見た私は驚きを隠せない。彼が機関銃のように話しつづける間、私は興奮した首振り人形のようにノンストップで相槌を打つ。外国語に直面したときはこんなふうになる。

第一段階の、トレイから取り出したボウル一杯分の生地を正確に均一な薄い皮にする作業は、このピッツァイオーロなら一五秒で終わり、最終的な形がマジシャン並みの手先の早業で形成されると、彼は平らにした生地を手と手の間で往復させ——左、右、左、右というふうに——、これを三回繰り返す。このプロセスは*schiaffo*（「平手打ち」）と呼ばれ、中央が透明になるまで生地を伸ばしつつ、縁にはいくらかの厚みを残し、九〇〇度に熱した窯に入れられれば、まるでタイムラプス動画で撮ったつぼみが開くように縁が膨らんで、五センチほどの高さになる——ナポリのピザ特有の*cornicione*（文字どおり、英語で「蛇腹」の意味）のような仕上がりだ。マルゲリータピザは、窯で焼き、豹の斑点のようにところどころに焦げ目がついて取り出すまで、たったの六二秒だ。

彼らは空中に生地を投げたり回転させたりはしない。見物人を呼び込むための派手なパフォーマンスに過ぎないとして、まじめなナポリのピッツァイオーロはこれを批判する。ナポリでピザを食べるよう地元民に説得するのに、そんな演出は必要ない。ナポリを歩けば必ずピッツェリアに当たるのだから。ピザは地球上のどこよりも、ナポリで最も人気がある。この街のピッツェリアが、二〇二〇年の新型コロナウイルス蔓延によるロックダウン後、テイクアウト専門として再オープンが許可された初日、どんなことになったか想像してみてほしい。なんと一日で六万枚ものピザの注文が入ったのだ。

それでも、アメリカの観光客はしばしば、その食体験に少し戸惑いを感じながら、このピザの聖地を後にする。フードライター兼Serious Eats〔食品愛好家向けのウェブサイトとブログ〕の創立者エド・レヴィンは、著書『ピザ――一スライスの天国』を執筆するため、ナポリで一番のピザを求めて、この街のピッツェリアの上位一五店を訪れ、ピザを食べつづけた。彼は一五店すべてを同点にした。というのも、どこもみな「不気味なほど似通っていた」からだ。ピューレにした缶詰トマトは水分も抜けていないし、煮詰めてもおらず、「ぐちゃぐちゃに近いほど湿ったピザ」になっていると評した。

レヴィンは、まもなく本書で出会うことになるニューヨークのピザを食べて育ち、それでナポリのピザを批評した。なじみのある自然な好みで批評するという精彩を欠いたアメリカのレビューなど、却下したい誘惑に駆られる。彼の好みももちろん、ひとつの要因だ。だがナポリのピザの本当の問題は、時が止まっているということなのだ。しかも意図的に。

レヴィンがコンテストですべての競技参加者を等しく一等賞に（そして最下位に）したのは、ナポリのピザの遺産を守るために一九八四年に創立されたナポリピッツァ協会（AVPN）が規定するルールに従って、ナポリの名高いピッツェリアがこぞって、みな同じ正統なナ、ポ、リ、・、ピ、ザ、を作っていたからだ。

それぞれのピッツァイオーロが他店に勝るものを目指して作っているこの伝統的なピザは（そのピッツェリアがAVPNからの認定を求めていようといまいと）、DOPサンマルツァーノ・トマトの基準が信じられないほど甘く見えてしまうような、ある一定の基準に準拠していなければならない。小麦粉の化学的特性（タンパク質と灰分の含有量、水分吸収率など）、イースト菌の種類（醸造用）、トマト（サンマルツァーノかローマか）、チーズ（バッファローの乳から取れたモッツァレラか牛乳から取れたモッツァレラか）、窯の温度（約四三〇〜四八〇度、薪燃料のみ）、ソースがスプーンでどのようにのせられているか（中央からせんを描くように広げていく）、完成品はどのように食べるべきか（現地で、口の中の上顎の皮が剥がれるくらい熱々の状態で）ということまで、すべてが滑稽なほど詳細に提示されている。

控えめに言っても、これではクリエイティビティは望めない。

では、ナポリのピザとは、この街のピザの父たちが一生懸命守ろうとしているこの聖なる遺物とは、実際のところ何なのだろうか？ それは、ディナープレートほどの大きさで、高さのある、空気を含んだ縁が次第に薄くなり（二・五ミリを超えない）、真ん中が湿っている、ひとつひとつが「職人ピザ」と呼ぶことのできるものだ。ソースには潰したりピューレにしただけのトマトが使用され、そこにモッツァレラの塊が慎ましやかに散りばめられ、バジルの葉が三、四枚、そしてオリーブオイルが回しかけられている。この完成品はいわば、白いチーズの島が点在する赤い海の周りに、緑のバジルの葉のボートが浮かんでいるような感じだ。

ＡＶＰＮのミニマリストピザの背後にある考え方は、サンマルツァーノ・トマトを保護するためのコンソーシアムと同様、貴重な遺産を保護する（そしてブランドを守る）ことだ。一九九七年にＤＯＰステータスを獲得したことでは飽きたらなかったこの団体は、国連に対し、伝統的なピザ作りの芸術であるピッツァイオーロの認定を求め、これを勝ち取り、アゼルバイジャンの絨毯織りの技術とアルメニアの叙事詩『サスーンのダビデ』の上演と共に、ＵＮＥＳＣＯの「人類の無形文化遺産リスト」

の仲間入りを果たした。（リストの「ア」から先は見ていないが、それが何か？）。

自国の文化や料理の遺産を維持することは重要ではないなどと主張する人はいないと思うが、その裏に隠れたもうひとつの側面は、ナポリが、過去の何らかのバージョンを保持しようとして、結局AVPNから二種類のピザしか認定されなかったという点で、自らをピザの生きた化石にしてしまったということなのだ。その二種類とは、一七三四年にデビューを果たした、チーズを使用しない、トマトソースとオレガノだけのマリナーラと、少なくとも一八五三年頃からあるマルゲリータだ。これは特に奇妙なこととして私に衝撃を与える。というのも、オリジナルのナポリピザには、その日のおすすめから前日の少し熟し過ぎた収穫物に至るまで、すべてがトッピングされていたからだ。マルゲリータ女王でさえ、選択肢が他に二種類あった。

女王と一八八九年に話を戻すと、王室がピザを受け入れたことは、君主制をアピールするためのPR作戦だったかもしれないが、ピザにとっては驚くほどPR効果はなかった。ピザは、その三世紀前のトマトそのもののように、その後の数十年間、イタリアの地に埋もれることとなった。第二次世界大戦の頃になってもなお、ピザは実質的に、カンパーニア以外の地域では知られていなかったのだ。

こんにちピザが世界中のどこにでもあるという事実は、ピザの成功があらかじめ定められていたことを仄めかしているが、実際は、そこには何の必然性もない。一九世紀の初頭に五〇軒程度だったナポリのピッツェリアの数は、同世紀の終わりには、人口が劇的に増加したにも関わらず一〇〇軒しかなかった。街の記録には、新しくできたピッツェリアがどれほど頻繁に潰れているかが記されており、ピッツァイオーロになることは大変な努力を要する危険な仕事なのに、この火を伴う芸術を実践する人びとに、辛うじて生きていかれるだけの糧しか与えない。ピザを「輸出する」という、よく知られた一九世紀の試み――ローマまで丸々二一〇キロある――も、無惨に失敗した。
実際、ピザの世界制覇への道のりが切り開かれたのは、イタリアではなく、大西洋の反対側だった。

彼らは単身で、時には一族全員でやってきて、わずかな貯金をもつ者もいたが、極貧の者もいた。一八八〇年から一九二〇年にかけて、一三〇〇万人のイタリア人が母国を脱出した。世界史上最大の自発的移住だ。

ほとんどがこの国で最も貧しい南イタリア出身だった四〇〇万人の人びとがアメリカに到着した。その大多数は、一九〇〇年から一九一四年の間にこの国にやってきて、主にフィラデルフィアから東ニュージャージーとニューヨークシティに続く現在のI－95〔州間高速道路95号線〕沿線に定住した後、北へ向かい、ニューヘヴンを経由してボストンに辿り着いた。もちろん、すべての移民と同様、彼らは本国の慣習や食事を見捨てることはなかった。そしてナポリやその周辺のカンパーニア地方出身のイタリア人にとっては、その中に皆から愛されるピザが含まれていた。ナポリの人がどこへ定住しようと、ピザは一緒についてくる。それは、最初はパン屋で売られ、次第にピザ専門のピッツェリアで売られるようになった。

ピザの歴史家は長い間、アメリカで最初のピッツェリアを作ったのは、早熟な一九歳の青年、ジェンナーロ・ロンバルディだとしてきた。ジェンナーロは一九〇五年、ニューヨークのリトルイタリーの53 1／2スプリングストリートに、〈ロンバルディの店〉をオープンした。〈ロンバルディの店〉はニューヨークの顔となり（一九八〇年代の一〇年間を除く。その後、数店舗離れた32スプリングストリートで再オープンした）、二一世紀に入るまで営業を続けた。この記録的な存続年数は、ナポリの標準からすればそれほどすごくは見えないかもしれないが、レストランの平均寿命が蝶の寿命くらいしかないニューヨークにしてみればとんでもない長寿だ。

ジェンナーロ・ロンバルディが新世界にピザを紹介したという事実は、何十年もの間、事実として受け入れられ、ピザに関する数えきれないほどの本や記事に繰り返し掲載された。ところが、それまでに書かれたピザの歴史のほとんどは、二〇一九年には無効となった。この年、ピーター・リガスという名のシカゴ出身の職業会計士兼アマチュアのピザ探偵が、ニューヨークピザの歴史について調査している間に、これまでの歴史に不都合なある詳細を発見したのだ。一九〇五年、53 1／2スプリングストリートにあったピッツェリアは、ロンバルディではなく、フィリッポ・ミローネという、ピザ歴史家にはなじみのない人物の名で登録されていた。しかもその住所は、ミローネがこの街にオープンした最初のピッツェリアのものではなかった。ナポリのちょうど南にあるソレント出身のこの移民は、それ以前の一八九八年にブルックリンでピザを作っていた。それすらもアメリカで初めてのピッツェリアではなく、納税記録とレストランの許可証によれば、それに遡る一八九五年には早くも、他の店がニューヨークにオープンしていたことが証明されている。

つまり、〈ロンバルディの店〉がニューヨーク初のピッツェリアではなかっただけでなく、ジェンナーロ・ロンバルディが〈ロンバルディの店〉の最初のオーナーですらなかったということだ。さらにリガスは、それまで知られていなかったミローネについても、後にニューヨークで二番目に有名なピッツェリアとなる〈ジョンの店〉をブリーカーストリートに設立したということも突き止めた。ミローネは一九二九年、この店をロンバルディの同窓生（そしてミローネの未来の義理の親戚になる）ジョン・サッソに売却した。

『ニューヨーク・タイムズ』のレストラン評論家ピート・ウェルズは、リガスの発見についてこう語っている。「それはまるで、誰か他の輩が『ザ・フェデラリスト・ペーパーズ』〔ジェームズ・マディソン、アレキサンダー・ハミルトン、ジョン・ジェイにより、一七八七年のアメリカ合衆国憲法の批准を支持して書かれた八五編の連作論文〕と『独立宣言』を書き、それをマディソン〔アメリカの政治家、第四代アメリカ大統領〕とジェファーソン〔第三代アメリカ大統領。『アメリカ独立宣言』の起草者のひとり〕に渡し、そのことをわれわれがまったく知らなかったということが判明したかのようだった。どちらにしてもそれは、〔ジェファーソンと同じ〕トニーという男だったのだろう」と。

もしくは、マルゲリータ女王がマルゲリータピザとは何の関係もないことが発覚したようなものかもしれない。

アメリカにピザを紹介したのがロンバルディではなかったとしても、彼がその後ニューヨークスタイルのピザとして知られるようになるものを洗練させ有名にして、自分自身のピッツェリアをオープンするために四方八方に拡散していたピッツァイオーロ世代をすべてロンバルディスタイルで焼くようにトレーニングしたことも称賛に値する。ナポリピザの直系の子孫である真《ヴェラーツェ》のニューヨークバージョンは、いくつかの重要な側面でその父親《バッボ》とは異なる。最も顕著な特徴は、薪窯ではなく石炭を燃料にした窯で焼くことだ。これはおそらく、石炭がニューヨークでは難なく手に入り（家庭用暖炉のために配給されていた）、価格も安く、燃え方も遅い一方で、保管にそれほどのスペースを要さないことが理由だろう。硬材《ハードウッド》と同様、石炭は約八一五度で燃え、心地よい焦げた香りを放つ。この焦げ付くほどの熱さは、やわらかく風味のよいピザ皮を作るのには欠かせない。

最初のピッツェリアは閉鎖的なイタリア人の周囲でオープンしたため、アメリカのほとんどの地域は第二次世界大戦までピザになじみがなかった。それは、一九三九年の『ニューヨーク・ヘラルド・トリビューン』の記事が次のように警告していることからも明らかだ。「もし芝居を観た後に『ピザパイ』を勧められたら、くし形に切ったりんごのようなものが出てくると思ってはいけない。それは人生最大の驚きになるだろう」そしておせっかいにも、こう付け加えている。これは「ピーッツァ」と発音する、と。

その一〇年後の一九四八年になってもまだ、『ニューヨーク・タイムズ』はアメリカ人に――ニューヨーカーにさえも――ピザの説明をし、こう書いている。「丸い生地にトマト、アンチョビ、チーズをのせて焼き、くさび形にカットし、ワインを飲む合間に手で食べる」そして、先見の明をもってこう予測している。「アメリカ人がこれについてもっと知れば、ピザはハンバーガーと同じくらいポピュラーな軽食になりうるだろう」と。

第二次世界大戦後、南イタリアから帰還したＧＩ（退役軍人）が、ピザをアメリカに広めたと言うピザ歴史家もいる（ＧＩが派遣されたイタリアの地域ならどこでも同様に、同じような別バージョンの説がある）。この理論には核となった事実があるのかもしれないが、南イタリアを巡回してそうした影響を与えたＧＩがじゅうぶんにいたと想像するのは難しい。イタリア国内の事情に関しては、半島でのピザの拡散は、腹を空かせたＧＩによるものではなく、「アメリカの大移動」のイタリアバージョンとも言うべき、南イタリアから繁栄する北部への移住が戦後起こったことによるものだった。

アメリカに話を戻すと、イタリアの戦場から帰還した兵士がピザを普及する上でどんな役割を担おうと、それは戦争のその他ふたつの結果によって矮小化されてしまった。そのふたつとは、復員軍人援護法と戦後の住宅建築ブームだ。これらが組み合わさったおかげで、戦争から帰還した多くのイタリア系アメリカ人は、イタリアの少数民族居住地を離れて、ピザと共に郊外のより小さな都市へ移ることができたのだ。そしてそれすらも厳密に言えば、アメリカによるふたつの発明、すなわちホバートの商用ミキサーとガス着火式ピザ窯がなかったとしたら、ピザの拡散に火をつけることはなかっただろう。

こうした新たな技術革新以前――ガス窯、電気ミキサー、冷蔵庫が現れる前――、ピッツェリアのオーナーの暮らしは、一九世紀のナポリのピッツァイオーロのそれとさほど変わりはなかった。ピザ歴史家のイーヴリン・スローモンは、この状況を次のように述べている。

毎日のピザ作りは、おとなしい人や身体の弱い人には向かず、肉体的な強靭さが求められる仕事だった。一日は早朝から始まり、生地を手で混ぜ、筋肉が付きすぎて曲げるのがやっとの腕をした男が四、五人で、巨大なテーブルの上で生地をこねる。発酵後、生地を成形し、木製の箱の中に保管すれば、ピザになる準備は整った。窯はきれいに掃除し、庫内に一山の石炭をシャベルで入れて燃料をくべる。モッツァレラチーズが地元で手に入らない場合、ピッツァイオーロは一八〇度の湯に生の凝乳《カード》を浸ける作業を頻繁におこなわなければならなくなる……生地を混ぜるミキサーもなければ、細切りモッツァレラの注文に応じる流通業者もいない。窯の温度を上げるスイッチもなければ、材料を保存する冷蔵庫もないのだ。

ホバートミキサーは、ベーカリーやピッツェリアの裏口から中を覗き込んだことがある人なら見たことがあるかもしれないが、生地を引っ掛けるフックがついた、大型の床置きタイプのもので、一九四〇年代に普及し、硬くて粘着性のある生地をこねる作業から職人を解放した。

当時使われていた煉瓦製の石炭燃焼型ピザ窯は、巨大で、不潔で、六メートル四方ものスペースが必要で、熱を保持するために設計された頑丈な土台がついている。温まるまでにものすごく時間がかかり、掃除やメンテナンスも頻繁にやらなければならず、常に石炭をくべていなければならない。数トンもある煉瓦窯の導入はリスクが高かった。大家が賃料を上げても路面の別の場所に引っ越すことは難しく、当然のことながら、大家にとってはそれが賃料引き上げの大きな動機となった。しかし、安価で大気汚染の少ないガス窯——現在のほとんどのピッツェリアで見かけるステンレス製のデッキオーブン——は、ピザビジネスを始める上でかなりハードルを低くしてくれる。

アメリカ初のピッツェリアと同様、ガス燃焼型のピザ窯にも、矛盾する起源をもつ逸話がいくつかある。ほとんどの情報源は、ニューヨークの煉瓦窯建設者で第二次世界大戦の退役軍人でもあったアイラ・ネヴィンのもので、彼はイタリアで兵役につき（戦前は第三世代の窯職人として、ピザにはもちろん精通していた）、地元のピッツェリアの要請で一九四五年、初のガス窯を建設した。自分の発明の特許を申請しわすれていたネヴィンは、模造品が現れて職を失いそうになったが、なんとか堪え、ベイカーズプライド社を立ち上げ、現在では世界をリードするデッキオーブンメーカーへと成長している。

ところが二〇一六年、業界ニューズレター『ＰＭＱピザマガジン』が、フランク・マストロという名の忘れられたイタリア人移民こそ、ネヴィンのほぼ一〇年前にガス燃焼型のピザ窯を発明した人物だとし、彼は一九三八年から一九五三年の間に、この窯を三〇〇〇台売ったと主張した。マストロは商売に必要なもの一式をまとめて引き渡すピッツェリアというコンセプトの提唱者でもあり、ピザ窯の資金から缶詰トマト、さらには冷凍生地に至るまで、意欲あふれるピッツァイオーロがビジネスを始めるために必要なすべてのものを提供した。

マストロ家の遺産は、フランクががんのために六〇歳で逝去し、ビジネスを引き継いだ息子のヴィニーも、その七年後に後を追うように亡くなったのをきっかけに、突然、そして悲劇的に終わった。ヴィニーの死因は心不全で、一九六五年の北東部の大停電のさなか、若干三三歳の若さで彼はこの世を去った。同日の夜、三〇〇〇万人の市民に影響を及ぼした停電と大混乱の下、バワリー地区にあった会社事務所に泥棒が押し入り（企業スパイか強力に武装したマフィアのいずれか）、契約書、顧客リスト、その他の最重要書類に加えて相当額の現金を盗んでいった。犯人が誰であろうと、その動機が何であろうと、一家は再生することができず、フランク・マストロは世間から忘れ去られていった。

マフィアは軽々しく物語に入り込まない。一般に南イタリアをルーツとするマフィアとピザは、トマトとモッツァレラと同じくらい自然な組み合わせだった。一九七五年から一九八四年にかけて、マフィアの一団が一六億ドルに相当するヘロインをニューヨークのピッツェリアにばらまき（風味となるトッピングにヘロインのコードネームがあったのだろうかと思ってしまう）、騒動は一九八五年のセンセーショナルなピザコネクション裁判で最高潮に達した。一七ヵ月という記録的な期間続いたこの裁判は、二二人のシチリア生まれの被告人と、目撃者となった被告人の殺害、第二の目撃者の殺人未遂、サッカーチームが作れるほどの連邦証人保護プログラムへの新たな入会者、そして最後に、みんな大好きなおとり捜査官のジョニー・デップ——いやむしろ、主人公の名がタイトルとなった一九九七年のパニック映画〔『フェイク』（原題 *Donnie Brasco*）〕でデップが扮した忘れがたい主人公、ドニー・ブラスコと言うべきか——の証言を呼び物にしている。

現代のピザ窯を発明したのが誰であろうと、「ガスで調理ができるようになりました！」というスローガンは、ピザほどの重要性を示すことはなかった。というのも、ガス窯の普及により、アメリカのどの街角にも、どの都市にも、そして郊外のどのショッピングセンターにも、ピッツェリア（ときに古式ゆかしく「ピザパーラー」と呼ばれた）を急増させることができたからだ。『ニューズデイ』は一九五八年、新しいピッツェリアが一週間に一〇〇軒の割合で、アメリカ全土にオープンしていると報じた。

これらのまばゆいばかりのスチール窯は、アメリカンピザとナポリの仲間たちとに最後のつながりを提供した。木や石炭を燃料とする窯の焼け付くような熱さに到達できないスチール窯のピザは、スキルの低いピッツァイオーロによって低温で調理され、私たちが「ニューヨークピザ」だと思い込んでいるものは、ロンバルディスタイルの黒焦げのバージョンから、次第にこんにちのような形に変身していった。薄く、変形しやすい皮が特徴のフィアットのタイヤほどの大きさの生地に、ピューレにした缶詰トマトで作ったソースを広げ、厚切りにしたモッツァレラを端から端までぎっしり敷き詰め、惜しみなく振りかけたオイル（たぶんオリーブオイルではない）が、食べるたびに前腕にたれてくる。本物《ヴェラーツェ》のナポリ生地ほど薄くもなく、べちょべちょでもないニューヨークピザのスライスは、原形をとどめるほどの厚みがありながら、伝統的なニューヨークスタイル——半分に折って、三角形の底辺の二点を縁と一緒にもって食べる——でいただくのにじゅうぶんな薄さでもある。よい材料を使ってうまく作ればなかなかすばらしいピザなのだが、煉瓦窯のオリジナルの基準にはどうしても及ばない。

これが、初期の二〇世紀のピッツァイオーロが予測もつかない展開の中、薪燃料による煉瓦窯が灰から甦って再び流行し、職人やナポリスタイルピザの典型となった理由だ。おそらくこんにちのアメリカには、最初のガス窯が導入されたときよりも多くの薪窯がある――そのうちのいくつかは中庭にある――だろう。

ガス燃料の窯は「流行は巡る」という現象のもうひとつの例にもつながった。つまり、スライスにしたピザだ。ピザはもともと、ナポリではスライス単位で購入されていたが、初期のニューヨークピザはホールでしか売られておらず、ニューヨークで現在も生き残っている石炭燃料のピッツェリアは、いまだにホール売り専門だ。ところがデッキオーブンになると、ピザを事前に調理し、ショーケースに並べておいて、注文が入ったらデッキからスライスを一枚取り出して、すばやくあたため直すことができるようになった。

最後に挙げるのが、お手頃価格のポータブルなガス窯で、これにより都市部から郊外へピッツェリアが拡大しただけでなく、また別の現象を引き起こした。つまり、テイクアウトピザだ。これが後に宅配の形をとるようになる。もちろん、ピザをもち帰るにはピザを入れるものが必要になる。しかし、正当な評価を受けなかったガス窯のパイオニア、フランク・マストロの後裔たちは、マストロはピザボックスの発明でも名声を奪われたと主張している。ピザボックスは自動車と同じくらい、テイクアウトピザの発展にとって重要なものであることはすでに実証されている。段ボール箱が登場する前は、テイクアウトピザはロール状にして白いクラフトペーパーで包み、紐で結んで提供された。魚屋で鮭を買うのと何ら変わらなかったのだ。

それを最初に考えたのが誰であろうと、ズボンも車のシートも汚さずにピザを家までもち帰れる方法が発明されたのだ。デッキオーブン、ホバートミキサー、ピザボックス、自動車、そして戦後経済の急成長。一九五〇年代後半には、ピザを前人未到の高みへと引き上げるためのほぼすべての材料が揃った。だが、もうひとつのイノベーションが必要だった。それはイタリアでもニューヨークでも世界の他のどこでもない、カンザス州から起こった。

ピザはナポリ発祥である。その理由のひとつは、ナポリにトマトがあったからだ。チェーン店のピザはカンザス州から始まった。その理由のひとつは、学生がそこにいたからだ。一九五八年、フランクとダンのカーニー兄弟はいずれもウィチタ州立大学の学生で、母親から六〇〇ドルを借りて、カンザス州ウィチタのキャンパス近くに〈ピザハット〉と彼らが名付けた店をオープンした。ピザのことは経営のことほど詳しくなかったとはいえ、この安価な軽食は学生仲間の間で大当たりしたため、半年も経たないうちに別の場所で二号店をオープンすることになった。一年間で六店舗まで拡大したため彼らはフランチャイズを始め、その後二〇年間で四〇〇〇を超える店舗に拡大し、そのチェーンを三億ドル以上でペプシコに売却した。母親から借りた六枚の一〇〇ドル札からすればかなりの利益だ。

その間、一九六〇年に中西部に住む別の兄弟、トム・モナハンとジェームズ・モナガンが、東ミシガン大学の本拠地として知られるミシガン州イプシランティの街角に〈ドミニックス〉というローカルチェーンを購入した。八ヵ月後、車が必要になったジェームズは、苦戦していたビジネスの半分をトムに引き渡し、代わりにふたりが配達のために使っていたフォルクスワーゲンのビートルを手に入れた。経営がもち直すと、トムは〈ドミノ・ピザ〉の名で自分だけのフランチャイズを始めた。

〈ピザハット〉を設立したのは大学生だったが、大学や若者市場をより積極的にターゲットとし、デリバリー、しかも超特急のデリバリーに焦点を絞ったのは〈ドミノ・ピザ〉の方だった。モナハン兄弟は、回転する小さな観覧車のようなものにピザをのせて焼く窯を導入したことにより、より多くのピザ生地をオーブンに入れられ処理速度が上がった上、波形のひだのついたピザボックスまで発明した。すぐにべちゃっとしたり汁が漏れたりしてしまう当初の厚紙の箱を改良したものだ。一九八四年から、〈ドミノ・ピザ〉は「三〇分以内に届かなければ無料」という広告キャンペーンを開始したが、〈ドミノ・ピザ〉の車が信号を無視して突っ切ったり、自転車に乗った子どもたちが逃げ惑う住宅街を滑走しているという報告により、悪い評判に拍車がかかり、警戒した消費者団体からボイコット運動が起こったほどだった。

実際、それよりも大きなリスクはドライバー自身にあった。国立安全職場研究所の一九八九年の研究によると、〈ドミノ・ピザ〉の従業員の死亡率は一〇万人あたり五〇人で、炭鉱で働く人と同等、または屋根職人の二倍の危険性があることがわかった。ファストデリバリーを売りにする戦略は、一九九三年についに廃止となったが、それは〈ドミノ・ピザ〉の配達ドライバーによって負傷したり死亡したりした一連の訴訟の原告に対して、数千万ドルが支払われた後のことだった。

広告に関する〈ドミノ・ピザ〉の失敗は、「三〇分以内に届かなければ無料」キャンペーンだけではなかった。一九八六年、この会社は「ノイドくん」と呼ばれるいたずら好きな赤いスーツを着た、出っ歯でうさぎの耳をしたキャラクターを売りにするキャンペーンをおこなった。これが、ケニス・ラマー・ノイドという名のジョージア出身の妄想型統合失調症のもうひとりのノイドをムッとさせた。このマスコットは自分をモデルにしたに違いないと思い込んだ彼は、ジョージア州チャンブリーの

〈ドミノ・ピザ〉に357マグナムをもって押し入り、〈ドミノ・ピザ〉のふたりの従業員を人質にした。幸いにもこのふたりの従業員は、K・L・ノイドが銃を突きつけて彼らに作らせたピザを食べている間に逃げることができた。〈ドミノ・ピザ〉は結果的に、その広告キャンペーンも廃止したが、それは、収容所から解放されてもなお〈ドミノ・ピザ〉から迫害されていると感じていたとされるK・L・ノイドが、一九九五年に自殺を図った後の話だ。

一九九八年、トムは今や八〇〇〇拠点に店をもつこの会社を、投資会社のベイン・キャピタルに、掛け値なしの一〇億ドルで売却した。弟のジェームズは少なくとも、たとえば〔中古のフォルクスワーゲン・ビートルではなく〕ボルボが手に入るまで粘るべきだっただろう。

一〇億ドルあれば大量のピザが買える。そしてアメリカ人が実際に大量のピザ――〔並べれば〕一日分が一〇〇エーカーになる――を食べていることは明らかだった。それはわれわれのウエストラインを見ればわかる。表面的には、ピザは健康によい軽食と言えるが、実際ナポリで売られているバージョン――パン生地にトマト、オリーブオイル、モッツァレラを散りばめただけのもの――は地中海式ダイエット〔伝統的なバランスのよい自然の恵みを最大限に生かした食事を摂ることで、健康的に楽しく過ごすことを目的としたシンプルで彩り豊かな食生活のこと〕の要素がある。ところがアメリカンピザはまったく別のものに姿を変えてしまった。一日分、もしくは一週間分の飽和脂肪酸と塩分に相当するものが一スライス四〇〇キロカロリーの中に含まれているピザだ。そしてチェーン店は、生地の内側にもさらにチーズを詰め、四種類の脂肪を層にし、塩気の多い肉をトッピングした、より不健康とも言えるピザの新しい作り方を模索しつづけている。

ピザのチェーン店はソースを工夫することがあまりできないと思うかもしれないが、もちろんそれは間違っている。伝統的にはピューレや細切《こま》れの缶詰トマトだけだったピザソースは、以下のようなものの混ぜ合わせへと進化している（〈ドミノ・ピザ〉のウェブサイトから引用）：「トマト、トマトピューレ（水、トマトペースト）、タマネギ、砂糖、ロマーノチーズおよびパルメザンチーズ（発酵乳、塩、酵素）、キャロットピューレ、塩、セロリピューレ、ニンニク、スパイス、バター、オリーブオイル、クエン酸、ヒマワリ油、ナチュラルフレーバー、キサンタンガム」

　料理という観点からは違いを見分けることが難しい〈ドミノ・ピザ〉と〈ピザハット〉は（とはいえ、それぞれのブランドにはそれぞれの熱狂的なファンがいるのだが）、デリバリーの速さ、セールスプロモーション（地元のピッツェリアを廃業させかねないような価格で三枚のピザを提供するなど）、または完全な仕掛けピザ（ピザの耳《コルニチオーネ》にカクテルソーセージを埋め込んだ〈ピザハット〉のホットドッグバイトピザ――あえてここでその言葉を使うならば――〔日本の〈ピザハット〉では「パリッと！　ソーセージクラスト」として販売されている〕が頭に浮かぶ）を競うことで、メディアに取り上げられ、鉄のように丈夫な胃袋をもつ顧客層を獲得してきた。

　チェーン店から買おうと、地元のピッツェリアから買おうと、その一世紀前のナポリの小作農さながらに忙しい親たちは、ピザが簡単に満腹感を得ることのできる、家計にやさしい夕食になることを知った。二〇一四年のある研究によると、アメリカ人のカロリーと飽和脂肪酸とナトリウムの量の、実に四分の一から三分の一がピザから摂取されていることがわかった。この状況は特に、この国の子どもたちに関して憂慮すべきである。というのも、ピザは学校で友達を作るきっかけになるからだ。多くの学校のカフェテリアでは年間通して、登校日には毎日、ランチのオプションとしてピザが提供されている。『小児科学』という医療雑誌に発表された二〇一五年の研究は、ピザだけから摂取した余分なカロリーは、健康的な青年と肥満の青年の違いに大きく影響する可能性があると結論づけた。

学校の昼食の改良は当然おこなうべきものだったが、ミシェル・オバマが、とりわけ学校で毎日提供される冷凍のピザとフレンチフライをメニューから外そうという健康的なスクールランチのイニシアチブに着手したとき、共和党が多数を占める連邦議会が出した回答は、ピザを野菜として分類する法律を通過させるというものだった。これが悲劇ではないとしたら笑い話だ。

アメリカンピザに対する健康上の懸念だけでは足りないと言わんばかりに、配達の際にピザを入れる箱そのものも厳しい調査の対象になってきた。二〇一六年、FDA〔米食品医薬品局〕は一般的に撥油剤と撥水剤としてピザボックスに使われていた三つの物質を禁止した。この化合物はすべて、パーフルオロアルキル化合物およびポリフルオロアルキル化合物（PFAS）と呼ばれる化学物質群に含まれる。電子レンジで作るポップコーンの袋や数えきれないほどの化粧品、消火剤の泡などにも含まれているPFASは、がんや体重増加、そして最も恐ろしいことに子どもの発育問題など、健康上の多くのリスクを突きつけている。しかも、ピザの箱を食べなくても、この化学物質は摂取されてしまうのだ。研究者は、テイクアウトピザを頻繁に食べる大人と子どもは、血流中のPFASレベルの上昇が見られることを発見した。どうやらテイクアウトピザは、何らかの方法でそれを食べるあなたを、何としてでもどこかへ誘い出《テイクアウト》そうとしているらしい。

それはアメリカ人に限ったことではない。ピザという巨人が、われわれ市民の食事と財布に与えた大きな打撃は、主戦の舞台稽古に過ぎなかった。それはちょうど、本当の目標である世界制覇へ向かう前にポーランドで電撃作戦を試したドイツ軍と似ている。

これは、子どもと一緒に安全にできる飲み比べ競争だ。思いつく世界のどこかの街や都市の名前を「ピザ」という言葉の後につけてググってみて（「ピザカンパラ」といった具合に）、ヒットしなかったら酒を一気飲みするというやつだ。信じて欲しい、あなたはきっと、ずっとしらふのままでいられる。ピザはこの惑星で最もポピュラーな食べ物で、シベリアからホーン岬まで地球上のどこに行っても出会うことができ、世界中で毎年生産される四〇〇〇万トンの加工トマトの少なくない割合を占めている。事実、世界初のグローバルフードであるピザは、どの言語でも同じ言葉で呼ばれている数少ない食べ物のひとつなのだ。

イタリアがアメリカにピザを提供し、アメリカが世界にピザを提供したとよく言われている。どうしてそうなったかを理解するのにMBAを取得する必要はない。つまり、ひとつのチェーンが一度に出せる店舗の数が鍵となる。〈ドミノ・ピザ〉はインドだけで一二〇〇店舗をもつ。世界的に見れば、このチェーンは八四ヵ国一万五〇〇〇ヵ所にのぼり、〈ピザハット〉に次いで第二位である。〈ピザハット〉は一万八〇〇〇軒以上のレストランをもち、その多くが巨大な赤い帽子を掲げた屋根をしていて、見れば簡単に見分けがつく。ポーランドの〈ピザハット〉の広告は、ピザの多国籍なステータスを見事に捉えている。このポスターは、アメリカのチェーン店が所有するイタリアンフードを売るインド人女性とポーランド語のテキストが特徴だ。

二三〇〇万ドルのグローバル市場であり、見方によっては世界のエンターテインメント市場の二倍以上にもなるピザの消費量は、都市部の人口増大、若年層の増加、そして冷凍ピザによって拍車がかかり、年間一〇パーセント以上の割合で急上昇し、店内販売の売上げを凌駕している。ピザのこの異例の人気をどのように説明すればよいだろうか？　これまで、明らかなもの（おいしい、安い）から説得力のないもの（丸い形が万人ウケする）まで、心理的説明と生化学的説明の両方が提示されてきた。

ピザの強みのひとつは、文化に適応すること（ロシアではスモークサーモンを、日本ではイカをトッピングするなど）を容易に受け入れる何も描かれていないキャンバスのような生地に代表される、その汎用性であることはたしかだが、一方で、世界で最も人気のあるピザの種類は、トマトとチーズというベースから始まった古典的なマルゲリータとさほど変わらない。ソースの甘味（砂糖やコーンシロップで高められることが多い）、チーズの塩辛さと脂っこさ、そして食欲をそそる生地の魅力——噛みごたえがあるものからさくさくしたものまで、一度噛んだだけでわかる、そのテクスチャの魅力的なコントラストは言うまでもない——が合体して、他の稀有な食品と同様、私たちの脳の快楽中枢のすべてを同時にパッと明るくするような食べ物へとピザは変わるのだ。

ピザの人気の主な理由はトマトだが、両者の関係性はシンボリックだ。トマトがなければ、ピザは地元ナポリのニッチな名物料理のままだっただろう。ところが、ピザがなければ、トマトはこんなにも簡単に世界制覇を達成することはなかっただろう。これまでの人生でトマトに触れたのは、ピザにのっているトマトだけだ、という人が世の中にはある程度いるに違いない。

チェーン店がいまだ制覇していない場所のひとつがイタリアだ。しかしすでにルビコン川は越えられつつある。二〇二〇年初頭、〈ドミノ・ピザ〉は現在のたった二八ヵ所から九〇〇を超える地点（主にローマとミラノの主要部）に、イタリア支店を拡大する計画を発表した。こうなると、アメリカの五分の一にも満たない人口しかいない国に、アメリカとほぼ同じ数、つまりは六万軒のピッツェリアがある状態となり、新しくオープンしたピッツェリアの半分が五年以内に潰れることになる。

本物のナポリピザ《ヴェラーツェ・ピッツァ・ナポリターナ》に対する感情は別としても、世界一のピザは今もイタリアで見られ、中でもローマやトスカーナでは、しばしばピザのメートル《ピッツァ・アル・メトロ》売りがおこなわれている。このピザは細長い長方形の形で窯から出てくる。どれくらい欲しいかを客から聞き、店員はその分を長方形からカットして秤の上にのせる。皮はナポリピザよりクリスピーで、トッピングの種類も多い。薄くスライスしたポテトにシーソルトとローズマリーとオリーブオイルをかけたホワイトピザもある。

〈ドミノ・ピザ〉がイタリアンピザと競争しようとしているとすれば、品質で競うのではなく、デリバリーサービスや、若いアメリカ人を真似したい（身震いがする）というイタリアの若者の欲求で競わなければならないだろう。これは軽視できない。しかしこの国は、ローマのスペイン階段のふもとに〈マクドナルド〉がオープンしたことへの対応として、スローフード運動を始めた国なのだ。イタリア人は自分たちが大切にしている伝統を汚されるのを好まないため、〈ドミノ・ピザのノイドくん〉――二〇二一年に復帰を果たした――も同じように冷たい扱いを受けるだろう。時が経てばわかる。イタリアンピザはもっと酷い目（コレラ、戦争、ピノッキオからの悪評）に遭ってきたのだから、〈ドミノ・ピザ〉が到来しても生き残ると信じたい。


私はいまだに、マルゲリータピザがその歴史的誕生の地で作られるのをこの目で見たという光栄にどっぷりと浸かっている（たしかに私は、歴史的な土地に立つだけでゾクゾクするほど感動し、「ここがピケットの突撃が始まった場所だ！」とか、「ここが、メディチ家が最初にトマトを見た場所なのか！」などと叫んでしまうだまされやすい人間だ）が、そのほんの二日後、ナポリでのミッションを終えた私はある学術論文に偶然遭遇し、言葉を失う。ピッツェリア〈ブランディ〉で見た、女王の侍従から届いた手紙をよく精査したとき――言い直そう、ざっと目を通したとき――、それはかなり合法的なものに見えたのではなかったか？　しかし、ハーバードの歴史家ザッカリー・ノワクが、これについてさらに詳しく調べていたのだ。彼は手紙だけでなく、マルゲリータの逸話のすべてをくまなく調べ、その発見を二〇一四年三月号の『食、文化、社会』という学術雑誌に発表していた。

マルゲリータの初期の神話はあまりに敬愛され、あまりに人びとに受け入れられているため、「ナポリの友人から、これを出版するのはやめた方がいいと言われました」と、〈ブランディ〉に訪問したことをいまだ噛み締めている私に、ノワクは電話越しに言った。「彼は、みんなが私の足をへし折ろうとする〔"break one's leg"は「不運を祈る」の意味〕だろうと言うのです」と。彼は、ナポリの悪名高い暴徒カモッラ〔イタリアマフィアに属する、ナポリを拠点とする犯罪組織〕のことではなく、無数の学者や作家のことを言っているのだ。彼らは何十年もの間、いっさいがっさいの伝説とモッツァレラを鵜呑みにし、女王の思惑について論争を繰り広げ、これまで見てきたように、女王とダイアナ妃を比較してまでこの出来事の重要性を解釈してきたのだ。

こうした学者のすべてがこの逸話のあらゆる詳細に夢中になっていたわけではないが、最も懐疑的な学者でさえ、サヴォイア家はこの逸話をでっち上げるか粉飾するかして、民衆寄りのイメージを作り上げようとしていたのかもしれないということしか主張してこなかった。なるほど、今となっては、トマトとピザの世界には、薬剤師からロンバルディの伝説、偽物のサンマルツァーノ・トマトに至るまで、正当に評価できる以上の伝説や嘘つき、ペテン師が登場してきたことに皆さんもお気づきかもしれない。ほぼ一世紀の間、皆――作家、学者、〈ブランディ〉の客――が揃いもそろって、二〇世紀の大胆な市場戦略のでっちあげという、最大の詐欺の犠牲になってきたということが判明したらどうなるのか？

これこそまさにノワクが主張していることだ。

「何が疑惑のきっかけになったのですか？」と私は尋ねる。「とてもいい話なのに」

「本当にそのとおりです。よすぎるし、整いすぎている。赤と白と緑の小さなリボンまでついている。つまりそれは、女王がどのように民間人と出会い、国旗の色である赤と白と緑で彩られたピザでイタリアを再統一したかという、本当にすばらしい逸話なのです。完璧すぎる」

しかもこれはオリジナルですらない、と彼は付け足す。ピザが食べたい一心で、庶民になりすまして気づかれないようにナポリの街を歩いていたブルボン朝の王たちの物語をリメイクしたものだ、と。実際、マルゲリータ女王を主人公にしたバージョンは、その九年前、新聞にも掲載された――ただし、ピッツァイオーロの役を演じているのは義理の父のブランディだ！

さて、ここで疑問がひとつある。証拠はどこにあるのか？　私は尋ねる。王室の侍従からの感謝状はどうなったのか、マルゲリータピザを包んでいたトリノの聖骸布〔キリストの遺体を包んだとされる布とされるが偽物の可能性が指摘されている〕は？　私はそれをこの目で見たのだ。

「それは偽物ですよ」とノワクはぶっきらぼうに言う。「一〇〇パーセント自信があります。九九パーセントではなく一〇〇パーセント」

ノワクはこの手紙にいくつかの問題点を発見している。第一に、王室の公式往復書簡のログにこの記録が残っていないこと。このようなことは滅多にない。次に、公印が押されているが、慣習どおり、便箋に事前プリントされたものではないこと。しかしおそらく最も明白なのは、覚書の飾り立てられた手書きの文体が、他に知られている侍従のサンプルと似ても似つかないという事実だ。

ピザの神殿をめぐる私の巡礼の旅が、ナポリのピザ生地の中央部と同じくらい不安定にぐらつきはじめ、私はノワクに、こうした疑問の多くをもっともらしく説明することができるのではないかと尋ねてみる。旅する王室の一行は公式の便箋をもっていなかった。忙しい侍従は下級職員に、代わりにこの覚書を書かせた。そして彼は単に、そもそも書きたくなかった（または書く許可を得ていなかった）手紙について、ログに記録するのを怠っただけだった、とは考えられないか、と。

ノワクは、カントリーフェアでおもちゃのアヒルを射撃で打ち倒すように、私の議論を打ち負かす。便箋がなかったって？　女王がナポリへ訪問中（実際一八八九年六月に訪問した）に王室から送られたその他の文書はすべて、事前に公印が押された便箋に印字されている。公印に使われているスタンプは、知られているどの公印ともマッチせず、侍従が下級職員に代わりに覚書を書かせたという私の理論に関しては、カミッロ・ガルリ以外の誰かによって書かれたガルリのどの往復書簡のアーカイブにも実例がないとノワクは言う。なぜなら、ガルリ自身が秘書だったからだ、と。覚書を書くことも彼の仕事のひとつで、ノワクからすれば「秘書が秘書を雇う」など信じられないことだ（ノワクは明らかに企業国家アメリカで働いているのではない）。

決断を迫られた歴史家ノワクは、複雑に曲がりくねった「ルーブゴールドバーグマシン」（普通にやれば簡単にできることを、敢えて複雑なからくりを用い、それが次々と連鎖していくことで実行する機械のこと）のようなものを思いつけば、あらゆる矛盾を回避することができるかもしれないが、その手紙は偽物だとする方がはるかに簡単な説明だと認めた。それにしても、誰がそれを？
マルゲリータ女王の訪問の六年前、自分のピッツェリアに「イタリアの女王」と名づけたエスポジトを覚えているだろうか。最も疑わしいのは彼だと思われる。ただし、ある一点の詳細を除いて。つまり、ガルリの手紙はおかしなことに「ラファエル・エスポジト・ブランディ」宛になっていて、ノワクが控えめに言及したように、「一九世紀のイタリアの男性は今と同様、妻の姓を名乗ることはなかった」ということだ。この明らかな不注意によるミスが偽物のさらなる証拠になるばかりか、まさか自分自身の名前を書き損じることはないであろうエスポジトから疑惑を取り除きもした。それなら誰が残るのか？　このピッツァイオーロの姓を「ブランディ」に変えることで得をするのは誰か？
それはブランディという名前の誰かだ。一九二七年、このピッツェリアはエスポジトの妻マリア・ブランディのふたりの甥に引き継がれた。このことがノワクの論文の次のような推測につながる。

大恐慌のさなか、自分たちのピッツェリアの知名度を高めたくてたまらなかったブランディ兄弟は、「家族の神話」を自分たちの利益になるように仕向ける決意をする。彼らはなんとかカミッロ・ガルリの名を見つけ出し、まことしやかな日付を決め、信用できる（しかしそれほど正確ではない）ゴム製の印璽《いんじ》の複製を準備する。古い紙とペン（ここで万年筆を使わなかったというのもミスだ）で、大袈裟なほどエレガントな筆跡で偽物が作られる。

ノワクが正しいとすれば、これはあらゆる時代で最も成功した、永続的で有益な偽物のひとつに違いない。ミケランジェロの偽物のキューピッドでさえ、誰かの心臓を射る前に偽物だと嗅ぎつけられたというのに、この小さな感謝状は、二一世紀まで生き残った一九世紀のナポリのたった三軒のピッツェリアのひとつである〈ブランディ〉の名を、ナポリのすべてのガイドブックと、過去一〇〇年間のピザのあらゆる歴史書に載せ、それによって、自分が食べているのは歴史の一片だと考える何百万人もの信じやすい観光客を引き付けただけでなく、サヴォイアの女王の、あの六月の夜の真意について議論することで膨大なる学術的時間を無駄にしただまされやすい歴史家をも引き付けていたことは言うまでもない。

もちろんその両方、つまり、エスポジトが実際に女王のためにピザを作ったということと、その五〇年後に甥たちが家族の伝説をてこ入れしてビジネスを生み出すために偽の手紙を書いたということが、どちらも真である可能性もある。しかし、ノワクにこれを納得させることはまずできないだろう。

ザッカリー・ノワクにとっては幸いなことに、結局誰も彼の足をへし折ろうとはしていなかったことがわかった。彼の論文は拍子抜けするほど注目を浴びなかったからだ。彼は私にこう話す。「おかしなことに、あなたが最初の学者ですよ」――私は自分の実績がほとんど笑ってしまうくらいに嵩増しされているのを聞き流す――「そもそも、このことに最初に気づいたのはあなたです」と。思うに、相当数の人が実際にそのことに気づいていたのだが、それを無視することにしていたのだろう。イタリアにはこんな諺がある。「話がうますぎて本当だとは思えないかもしれないが、たとえ真実ではないとしても、いい話であることには変わりはない！」

5 期待

ピッツバーグからやって来た一文なしのピクルス行商人がケチャップを精製する

誰もが通った道——あなたはレストランにいる。おそらくデート中だ。ウェイターがハンバーガーとポテト用に、ケチャップのボトルをテーブルに置いていく。ところが、これがなかなかボトルから出てこない。叩いたり、振ったり、細いボトルの口からナイフを突っ込んだりして、周りは散らかり放題。それでもケチャップは出てこない。そしてわかる。なんとなくそんな気がする。うまくいくわけがないということが。自分も、そしてこのデートも。注文した料理は冷め、フラストレーションが募り、あなたはふと疑問に思うかもしれない。なんでこんな目に遭わなければならないんだろう、と。蓋を開けてみれば、そこには理由があるのだ。そしてその人の名は、おそらくボトルに書いてある。

トマス・ウルフの『汝再び故郷に帰れず』に出てくる、「ハンバーガーにこれでもかというほど大量のトマトケチャップをかける」大恐慌時代のトラック運転手のように、なんでもかんでもケチャップをたっぷり塗りたくる悪趣味なカウボーイとして、アメリカ人は長い間、海外ではあまりよい印象をもたれていなかった。とはいえ、そんなアメリカ人でさえ、最高裁判所判事のブレット・カヴァノーの足元にも及ばない（性的暴行疑惑を申し立てられたとき、おそらく真のアメリカ人としてのイメージに磨きをかけるために）。彼は誰よりも大量のケチャップをスパゲッティにかけるということが、指名承認公聴会で明らかにされたのだ。

ところがケチャップは、アップルパイや最高裁判所と同じくらいアメリカ的である一方で、ウスターソースやピューリタンと同じく、初期のイギリスから輸入されたものなのだ。その際イギリス人は、魚から作った東南アジアのソース、魚醤からその調味料と名前の両方を転用し、これが一七世紀のイギリスとオランダの商船に乗ってイングランドにやって来た。中国南海岸の福建語では、これらの元祖ケチャップは、*kê-tsiap*、*kôechiap*、*ke-tchup* など、さまざまに翻訳されている。

イギリスで最初のケチャップ（ketchup）（“catsup”と綴られることもあり、この二種類のスペリングは三世紀前から使用されている）は、イギリス人がトマトを食べはじめるはるか前から、マッシュルームやクルミや魚から作られていた。マッシュルームや魚のケチャップはそれほど理解に苦しむことはない。所詮、ケチャップのいくらか遠い親戚であるウスターソースの刺激は、アンチョビから来ているのだ。しかし、クルミからケチャップを作ると言われても、すぐにはピンと来ない。というのも、現在のトマトケチャップは、こうした初期のバージョン、つまり基本的にマッシュルームと魚とナッツを数ヵ月間塩漬けにした後に残る、濃い塩水のようなものよりもはるかに濃厚だからだ。クルミは最大一年間、酢の中に浸されたという。

一六〇〇年代にはまだ鑑賞用の植物と考えられていたトマトは、ケチャップがアメリカに上陸し、

『ニューヨーカー』のライター、マルコム・グラッドウェルが、それを「イギリスの伝統である果実と野菜のソースと、アメリカ人の高まるトマトへの情熱の結合」と呼ぶまで、ケチャップになることはなかった。トマトケチャップの最初のレシピは、一八〇〇年代初頭になってようやく現れ（ロバート・ギボン・ジョンソン大佐が「愛のリンゴのケチャップ」のレシピを所有していたことを思い出すかもしれない）、市販のケチャップは南北戦争後に初めて一般的なものになった。これは缶詰トマトが新たに人気を獲得したことによる直接的な結果である。ホールトマトの缶詰を作る際、業者は通常、病気をもっていたり虫食っていたり熟していなかったり腐っている果実を取り除いて床に投げ捨て、最後はほうきで掃いてホースで排水溝へ流し、廃棄していた。ところがトマトケチャップは、缶詰業者が切り屑とか廃棄物とか残り滓などと称するものを床から一掃する便利な――そして生産的な――方法を提供したのだ。だが発酵させ、煮立てた上で上澄みを掬い、香辛料で味付けをしてできる調理品は、茶色くていかにも食欲をそそらない色合いだったため、悪名高いコールタール染料（もともとは織物業界向けに開発されたもの）などの人工着色料を使って鮮やかな赤色を加えられ、ケチャップになった。

一九世紀後半に缶詰トマトの人気が急上昇するにつれて、その副産物（つまり廃棄物）であるケチャップの人気も高まった。前述のように、アメリカには一八〇〇軒ほどの缶詰工場があり、そのどれもが副業として、わずかながらのケチャップを製造していたような感じだったに違いない。もし皆さんがスーパーマーケットで、ハインツか、ハンツか、デルモンテか、その店のプライベートブランドか、どれかを選ばなければならず、頭が真っ白になったことがあるならば、実に九四種類ものケチャップのブランドから選ばなければならなかった一八九七年当時のコネチカットの買い物客を気の毒に思ってほしい。一九一五年より前にアメリカで売られていた独自のケチャップブランドは八〇〇ほどあったが、実際の数はその数倍だった可能性がある。そうした激しい競争に直面したメーカーの中には、キャッチーな名称で自社製品を目立たせようとするものもあった。たとえば、〈ベストイエット〉、〈ホームコンフォート〉、〈マザーズカインド〉、〈マザーズシャープ〉、〈タイムオーデイ〉、そして〈クライマックス〉と名付けられた四つのそれぞれ異なるケチャップブランドなどがあった。

ケチャップはそれほど多くの需要があったため、中には缶詰工場の廃棄物では足りず、それを補うために新鮮なトマトを買わなければならないメーカーもあり、また多くのケチャップにはリンゴやカボチャやカブなど、量《かさ》を増やすための混ぜ物も含まれていた。一八九六年、『ニューヨーク・ヘラルド・トリビューン』は、ケチャップは「この国のどの食卓にも」あると報じ、これを国民的調味料に指定した——そして、アメリカの食卓で最も頻繁に見られるケチャップは、ハインツと呼ばれるブランドだった。

ヘンリー・J・ハインツは一八四四年、ドイツ人移民としてピッツバーグのサウスサイドに生まれ、アレゲニー川から八キロほど上流にあるシャープスヴィル近郊で育った。父方の祖母シャーロット・ルイーザ・トランプは、第四五代アメリカ大統領の祖父フリードリヒ・トランプのはとこだった。ハインツの血筋を忠実に受け継ぐトランプ大統領は、ステーキはウェルダン、そしてそれをすっかり覆ってしまうほどたっぷりケチャップをかけて食べるという独特な好みがあったと報告されている。

はとこの孫とは対照的に、ヘンリー・ハインツは八歳のとき、母親の野菜畑でとれた余分な作物を近所の人に売り歩くというビジネスを始め、自力で成功を収めた。需要が家庭菜園の供給を上回ると、両親は彼に一エーカーの四分の三を彼自身の畑として与えた。この土地は、ヘンリーが一二歳になる頃には約四エーカーにまで拡大していた。この早熟な少年は、自分が出した利益で一頭の馬と軽装馬車を購入し、自分が作った作物を食料雑貨店やホテルに荷下ろしする卸売業者になる方が、ニッケルを個別訪問販売するよりもはるかにたやすいことに気づいた。また、ホースラディッシュやザワークラウトといった保存食を製品ラインに加えることで、夏が終わっても商売を続けることができることもわかった。

ホースラディッシュは、ペンシルベニア州西部に多数の定住者がいるドイツ人とイギリス人の間で特に売れ行きがよかった。少し熟成しすぎた肉やシーフードの生臭さを消すのに役立つホースラディッシュは、家で作るには時間がかかって不便だ。節くれだった根をゴシゴシ洗い、皮を剥き、すりおろさなければならないからだ。結局、指の関節をすりむいたり、目に染みたり、鼻がツンとしたりするのがオチだ。ヘンリーは歩けるようになる頃から、母親のホースラディッシュ作りを手伝い、ティーンエイジャーになってからは、辛味のある根の下ごしらえと、それを塩や酢と一緒に瓶詰めにする仕事をふたりの妹に手伝わせるようになった。

イギリスの輸入調味料は一九世紀には手に入るようになっていたが（よく知られたブランド、クロス・アンド・ブラックウェルは一七〇六年に創立された）、アメリカのほとんどの調味料は小規模な地方の会社が生産しており、しばしば水準が低く、供給量も少なかった。一九世紀の調味料は、よくてもせいぜい小石や雑草や茎が混入しており、最悪の場合おがくずやすりおろしたカブを混ぜ物として充填したり、潜在的危険性のある保存料を用いて腐敗を防いでいて、何らかのやり方で品質が落とされたものと推測できた。主婦はプレミアム商品には惜しまず金を出すと確信したヘンリーは、さまざまな欠点を覆い隠してしまう当時標準的だった不透明な茶色や緑色のボトルではなく、品質の純正さを保証する高価な透明のボトルにホースラディッシュを入れて売りに出した。この戦略は見事に功を奏し、若干一七歳のハインツは、年間五万六〇〇〇ドル（現在の価値。以降、この章のすべての数値は現在の価値に換算）ものホースラディッシュを売上げ、その一方でビジネスの夜間講座を受講したり、簿記係として父親の煉瓦工場の仕事を手伝ったりしていた。

一八六九年、二五歳になった新婚のハインツは、友人のL・クラレンス・ノーブルと手を組み、ハインツ&ノーブル（一八七二年にノーブルの弟がこの会社に加わった後はハインツ・ノーブル&カンパニーと改名）を設立した。わずか一エーカーの四分の三ほどの土地と、小さなキッチンでホースラディッシュを瓶詰めにするふたりの従業員から始まった彼らの出世は桁外れのものだった。数年のうちに、ピッツバーグで最も急成長した会社のひとつとなったこの会社は、一六〇エーカーの土地を耕し、一五〇人の季節労働者を雇い、セロリソース（頭脳食と信じられている一般的な調味料）、ザワークラウト、酢、ケチャップ（ヘンリーの母親のレシピをもとにしたもの）、そしてこの会社を育て、その後倒産させることになる彼らの定番製品、ピクルスを加えた。

キュウリのピクルスは一八〇〇年代にはきわめてポピュラーだった。この時代、生野菜のサラダはまだ珍しく、ほぼすべてがイギリスからの輸入だった。こうしてハインツとノーブルは自分たちの製品がよく売れる市場を発見し、カラフルな広告で飾った念入りに毛並みを整えた黒光りする馬が描かれた、染みひとつないド派手なワゴンでこれを売った。それを見れば、バドワイザーのCMに出てくるクライズデール〔スコットランド原産の馬の品種のひとつで、羽毛のある脚をもつ荷馬〕も老いぼれ馬に見えてしまうかもしれない。このピクルスの評判があまりによかったため、一八七五年、不安定な経済状況の中、ノーブルは無謀にもイリノイ州の大手企業と契約し、この会社のキュウリの全収穫を一ブッシェル六〇セントの保証価格で買い取った。

ハインツとノーブルは予想以上のものを手に入れた。その年は豊作中の豊作だったのだ。キュウリが津波のようにピッツバーグへなだれ込んだ。その数は、この会社が一年でどれくらいピクルスを作ることができるか、その技量を試すものとなるはずだったが、その二年前にニューヨークで始まり、株式市場を一週間閉鎖した一八七三年恐慌がキュウリとほぼ同時期にピッツバーグに襲来し、この街に不可欠だった鉄の鍛冶場、製鋼所、工場などを閉鎖した。失業率は四〇パーセントまで跳ね上がり、ピクルス市場の基盤は崩れ、一日二〇〇〇ブッシェルという衝撃的な規模でやって来るノーブルのキュウリは行き場を失った。

ハインツのデリバリーワゴン、この 1900 年製のモデルは凝りに凝った広告も兼ねている（H. J. ハインツ・カンパニー・フォトグラフ、デトレ・ライブラリー＆アーカイブ、ジョン・ハインツ上院議員歴史センター、ペンシルベニア州ピッツバーグ）。

この会社はすでに、野心的な全国展開に限度を超えて手を広げており、歴史的な財政危機――世界大恐慌が起こるまではこの国で最悪の危機だった――が起こる前から浪費を繰り返していたため、ハインツとノーブルはキュウリの支払いができないばかりか、廃棄のために支払う余裕さえなかった。キュウりと負債は膨れ上がった。債権者は貸した金を回収しはじめ、会社は給与を支払うことができなくなり、一八七五年一二月一七日、ハインツ・ノーブル&カンパニーはたった一週間のうちにアルゲニー郡で倒産を申請した一三社の仲間に加わることとなった。

ハインツに批判的な人びとや競合者は、この成金の転落をいい気味とばかりに喜び、『ピッツバーグ・リーダー』は誇らしげに「ピクルスの中のトリオ」〔困難な状況にいる三人組の意〕と報じた。ハインツは金欠、いや無一文となり、妻にクリスマスプレゼントを買う余裕すらなかった。この会社に投資した近隣の人びとは怒りをあらわにし、彼の家の玄関先まで押しかけた。義理の両親でさえ彼に敵意を示した。それは元パートナーで親友だったクラレンス・ノーブルも同じで、彼はこの会社の転落を彼自身のキュウリの問題ではなくハインツのせいだとして公然と非難した。敬虔なルター派の信者で日曜学校の先生でもあったヘンリーにとって最悪の打撃となったのは、倒産時に債権者に対して負った恥と罪悪感だった。そのすべての人に対して、彼は返済することを決意した。債権者の中には、ハインツに現金以外の形で弁償してもらった人もいた。ジョセフ・キャンベルのパートナーだったエイブラハム・アンダーソンは、ハインツの白い種馬を支払いの代わりとして受け取ることに合意し、このハインツの馬に乗って意気揚々とカムデン地区をパレードした。

サンマルツァーノ・トマトの農夫、マイケル・ルッジェーロがすべてを失ったときのように、ハインツも自らの不幸によってふさぎ込み、病に臥してしまった。しかしマイケルと異なり、ヘンリーは新年を迎えると、この状況からなんとか這い出たのだ。スタートアップ資金をかき集めるためなら何でも売って金にした家族のサポートもあり、新しい会社も設立された。ハインツはシャープスヴィルの自作農園の台所、言うなれば自身のルーツへ立ち返り、もう一度ホースラディッシュをすりおろしはじめた。

謙虚ではあるが負けずぎらいだったヘンリーは、何日もの間、午前中は畑を歩き、午後には営業訪問をした。かつてピッツバーグのプライドとされた揃いの種馬からなる輝かしいチームを所有していた彼は、どうしても馬が必要になり、日記にこう記した。ついに「われわれを助けてくれる一六ドルの安い馬を買うことができた」と。そして簡単にこう付け加えている。「目が見えない馬だが」

ピッツバーグは経済不況から回復している途上だったかもしれないが、人びとはやはりホースラディッシュを必要としていた。ハインツはかつての顧客と再び連絡を取った。中には、ハインツがまだ短パンを履いた少年だった頃から彼のホースラディッシュを買っていた人もいて、売上げは最初の夏の間に回復した。しかし、銀行家や債権者になってくれそうな人からは冷たくあしらわれた。儲かるピクルスのビジネスを再開するのに必要な資金を、彼に貸すのを渋ったのだ。この商売には酢の生成器とボイラーが必要となる。倒産に続き、新規の融資を得るチャンスまでなくしたハインツは、初期費用をあまりかけることなく、すぐに製造、販売できる、きわめて生産的な製品に目をつけた。トマトケチャップだ。

ケチャップビジネスを始めるには、トマトの残り滓を撤去したいと思っている缶詰工場と大きな樽がいくつかあるだけでじゅうぶんだ。ホースラディッシュと異なり、何も育てる必要がない。ケチャップはハインツ・ノーブル&カンパニーが倒産する前、会社の製品ラインに追加された最後の製品だったが、ヘンリーは今、それに全霊で取り組み、三種類の品物で市場に参入した。それは、よいもの、よりよいもの、最もよいものだった。彼のプレミアムケチャップはほとんどトマトをまるごと使うもので、一ボトルあたり六〜七ドルで売られ、競合他社のケチャップの（自社の低価格帯商品と比べても）倍の値段だった。だがハインツは経験上、家の台所でホースラディッシュを作るのが面倒だとしたらケチャップを作るのはもっと面倒だということを知っていた。トマトを剥いて、カットして、種を取って、ドロドロになるまで潰して、何時間もグツグツ煮込まなければならないのだから。それにピッツバーグは明らかに、主婦たちが保存食作り《コンセルヴァ》を一週間も続くブロックパーティ〔同じ地区の住民が大切な行事をおこなうために集まる大きな地域のお祝い〕に変えてしまうような南イタリアの街とは違う。一九〇一年、ハインツのある従業員は会社の社報で、若い社員にこんなメッセージを送っている。「あなたたちは一世代も後に生まれたことで、ケチャップが焦げ付かないようにとにかくかき回しつづけている間に、ゼリーが沸騰したり、顔や手が熱さに耐えられなくなったりといった悲惨な目に遭わなくて済んで」どれほどラッキーだろう、と。

鍋をかき回したりやけどを負うことは、三二歳になったハインツの記憶にも未だ鮮明に残っていた。便利さと品質を売って、ホースラディッシュで再び成功することを願っていた彼は、自分のケチャップを「母親と、家事をするすべての女性たちのためのありがたい救済」として宣伝した。ホースラディッシュと同じように、ハインツはケチャップを透明のガラスのボトルに入れて売った。品質と透明性が成功への鍵という彼の直感が再び報われた。この会社は初年度だけで一〇〇万ドルを超える価値に相当するケチャップを売上げ、これによってハインツは、破産宣告をしてその義務から免れてはいたものの、ハインツ・ノーブル＆カンパニーの債権者に最後の一ペニーまで返済することができた。

次の四半世紀の間、ハインツは最初の会社の成功を正確に再現するどころか、大幅にそれを凌駕し、ソースその他の調味料からスープやマメ、そしてもちろんピクルスに至るまで、六〇品目以上の製品を売った。二〇世紀が始まる頃、ピッツバーグで最大の成長を遂げた会社はUSスチールでもウェスティングハウスでもカーネギー・カンパニーでもなかった。それはH・J・ハインツだったのだ。ピクルスとケチャップを背景に、この会社は着実に歩を進め、アメリカで最も人目につくことは言うまでもなく、この国最大の国際企業となった。キャンベルのアーサー・ドランスと同じく、ハインツも大々的な消費者広告を信じ、まさに競争で勝利を収め、ニューヨークシティで初の、六階建てのビルの高さまである大型電飾看板を建てた。一二〇〇個の電球が光り、「ハインツトマトケチャップ」の文字が、ピクルスなどの製品と交互に光り、五番街と二三番通り（現在フラットアイアンビルが建っている交通量の多い交差点）を照らし出した。ドイツのライン川では、二〇メートルを超える「ハインツ57」の看板が川岸を覆っていた。

一八九六年に採用された「ハインツ57品種」のスローガンは（すでにその数を超えていたが、彼は「57」という響きを好んでいた）あまりに有名になり、ニューヨークからサンフランシスコまで続くアメリカの旅客鉄道線路や丘の中腹は、単に「57」とだけ書かれた巨大な看板で彩られた。誰も「何が、57なのか？」と尋ねることはなかった。ハインツはPRの達人だったのだ。彼はアトランティックシティの海岸に桟橋まで作り、波の上を爽快に歩けばハインツ57のパビリオンに辿り着けるようにした。この桟橋では料理の実演や無料試食会がおこなわれ、ピクルスを刺すピンの土産品やリトルビッグホーンの戦い（モンタナ州リトルビッグホーン川の近くで、カスター将軍率いる米国騎兵隊とアメリカ先住民のグループ間で起こった戦いのこと）の巨大な絵画などがあり、この海岸沿いの遊歩道は最も人気のある観光スポットとなった。

ハインツは作業場でもイノベーションを巻き起こした。どこかシリコンバレーの原型を思わせる彼の工場は、従業員（その多くがここへ来たばかりの移民たち）にスイミングプール、ジム、シャワー室、昼食、その時代の著名な講演者を呼び物にした講演、施設内で受けられる無料のヘルスケア、ラウンジ、屋上庭園、そして従業員だけのために作られた一五〇〇席もある劇場を提供した。会社専属の音楽監督まで雇った。

ヘンリー・ハインツは「よいことをすればうまくいく」という格言を信じており、金箔時代〔マーク・トウェインとチャールズ・ウォーナーの共著“The Gilded Age”に由来し、南北戦争後の米国の好況時代を指す〕が終わりに近づく頃には頗る好調で、とてつもなく金を稼ぎ、カーネギーやロックフェラーにも負けず劣らず有名になった。とはいえ、彼の帝国の存続をおびやかす脅威となったのは、富や力のある同業者たちではなく、実験用の白衣を着たひとりの古典言語の元教授だった。

ハーヴェイ・ワシントン・ウィリーは一八四四年、農夫と巡回説教者の息子として、インディアナ州の丸太小屋で生まれた。地下鉄道〔一九世紀アメリカの黒人奴隷らが南部諸州から北部へ逃れるのを手助けした、奴隷制廃止論者や北部の市民たちによる組織〕の運転士を経て、南北戦争で戦った後、インディアナ医科大学で医学博士号を取得したものの医療の道には進まず、化学、ギリシャ語、ラテン語を教える方を選び、その後ハーバード大学へ進学し、たった一学期間で理学士号を取得した。一八七八年、ヘンリー・ハインツが新たに立ち上げた会社がケチャップの生産を始めた頃、ウィリーはドイツで世界トップクラスの化学者と共に研究をおこなっていた。互いに見知らぬ者同士だったとはいえ、彼らが進む道筋は出会うべくして出会う針路上にあり、それはこの国で最もポピュラーな調味料の本質を根本から変えるよう定められていた。

ウィリーが一八八二年に米国農務省の化学局長に任命されたとき、食品の安全性、ラベリング、添加物を規定する連邦法は何ひとつ存在していなかったが、これは一八三〇年代から一八五〇年代にかけて起こった市民健康運動の直接的な結果だった。「市民の健康」を保証するどころか、このジャクソン流の反エリート主義運動（トマトの錠剤の流行に火をつけるのに一役買ったものと同じ運動）は、科学より個人的判断を支持し、実質的にヘルスケアに関する政府のあらゆる規制を妨げることに成功した。

アトランティックシティにあるハインツの遊歩桟橋とパビリオンは、潮風、リトルビッグホーンの戦いの壁画、無料グッズなどで観光客を魅了した（H. J. ハインツ・カンパニー・フォトグラフ、デトレ・ライブラリー＆アーカイブ、ジョン・ハインツ上院議員歴史センター、ペンシルベニア州ピッツバーグ）。

結果として、その後半世紀が過ぎても、ベビーフードの瓶やマメの缶詰には何が入っているかわからず——たとえ何かが含まれていたとしても、たいていは消費者が知る由もなかった。ミルクを白く濃くするために漆喰が使われ、保存のためにホルムアルデヒドが使われた。ヒ素でチョコレートにツヤを出し、固いキャンディーには子どもたちが好むように鉛で色をつけた。特許医薬品は、トマトエキスと塩化水銀について比較的無知だった時代から、コカイン、ヘロイン、モルヒネ、アルコール、大麻などを含む、ときに危険が伴う調理品へと進化した。その最も有名なものが、コカインの「コカ」はコカ・

コーラの「コカ」というものだ。当時、ケチャップなどの食品には化学保存料が含まれていた。

トマトケチャップは人工保存料を世に知らしめた最も初期の食品のひとつだった。つぶしたトマトはすぐさま発酵が始まるため、ケチャップはほんの数日間しかもたなかったからだ。調味料としてのケチャップは、ある一定期間内に少量ずつ使うことが意図されていたため（皆さんのケチャップのボトルはどれくらい前から冷蔵庫に入っているか考えてみてほしい――いや、考えない方がよいかもしれない）、クルミやマッシュルームやアンチョビから作られたケチャップを使っていた消費者は、トマトのケチャップにも同じくらいの保存期間を期待した。

こうしたトマト以前のケチャップ（ハインツやその他の会社によって二〇世紀に入ってからも売られていた）の保存期間が長いのは、塩や酢を使っていたおかげで天然の保存特性を有していたことと、多くがとろみを増すために煮沸され、その過程で腐敗の原因となるバクテリアを殺すことができたという事実による。アンチョビとマッシュルームのケチャップは通常、最長一年くらいの保存期間があり、クルミのケチャップとなればもっと長かった。

当然のことながら、トマト缶詰工場の廃棄物から作られたケチャップにはそれほど長い保存期間は望めなかった。新鮮なトマトを使ったケチャップは健闘はしたが、ボトルが空になるずっと前に発酵が始まってしまう。そしてこの「ボトル」が鍵だ。缶詰のトマトは密閉してから数時間、沸騰した熱湯に沈めておけばバクテリアを殺すことができるが、ケチャップは他の調味料と同様、昔からガラスのボトルで売られていた。つまり極端に高い温度に晒すと割れてしまうのだ。したがって、ケチャップの中のバクテリアを殺すには、ボトルに詰める前に熱を加えなければならず、そうすると、空気によって運ばれる混入物質が充填プロセスの途中で（または充填プロセス後にコルクの蓋の周辺から）ボトルに入り込んでしまう。化学保存料がないと、ボトルは食料品店の棚の上で腐ってしまい、消費者が開けたが最後、どれほど入念に作られたケチャップでも一週間ともたなかった。そこでメーカーは、ホウ酸やサリチル酸、安息香酸塩といった保存料を加えて腐敗を遅らせたのだ。

　ハインツ・ノーブル&カンパニーまで遡るハインツケチャップは、いついかなるときも保存料に頼ってきた。その最初のものが柳の樹皮で、これにはドイツの科学者らが一八七四年に合成方法を見出した天然保存物（およびアスピリン同族物）のサリチル酸が含まれている。その後ハインツは大量のホウ砂（よく知られた家庭用クレンザー、〈20ミュール・ティーム・ボラックス〉にも使用されている）の堆積物がカリフォルニアで発見された後はホウ酸に切り替え、最終的にドイツの化学者らがコールタールから抽出する方法を発見してからは、安息香酸ナトリウム（安息香酸塩類）へと切り替えた。つまりハインツのケチャップには、石炭からとった、ひとつではなくふたつの成分——保存料と染料——が入っていたということだ。

　ケチャップなどの加工食品に保存料を自由に、規制なく使用していることが、この国の主任化学者ハーヴェイ・ウィリーの目に留まった。これらの添加物は安全なのか？　どれくらいの量が含まれているのか？　それを知る人がひとりもいなかったのは、誰もテストしたことがなかったからだ。こうした疑問に答えるため、ウィリーは一九〇二年、報道機関が「毒摂取隊」と呼ぶグループを結成した。一二人の（元）健康な男性を被験者として、食品添加物の安全性の限界をテストするというものだ。「勇者だけが思い切ってこの料理を食べる」というモットーを嬉々として受け入れた男たちは、寮を兼ねた実験室に隔離され、ここでウィリーが一日三回のじゅうぶんな食事を与える。この食事に安息香酸塩、ホウ砂、ホルムアルデヒドといった一般的な食品添加物を、徐々に量を増やしながらこっそりと加え、男たちがベッドから起き上がれないほどの病に冒されるまで続けた。

ボランティアのうち三人だけが一〇日間の安息香酸塩実験の終了までなんとかもちこたえたが、喉と食道に炎症を起こし、胃痛、めまい、体重減少などが見られた。徐々に増やした安息香酸ナトリウムの量は、ケチャップに使われているものよりもはるかに多かったとはいえ、ウィリーは、ケチャップの保存料に最も一般的に使用されている安息香酸塩は（未来の消費者保護のパイオニアの言葉を借りれば）どんな速度で与えたとしても危険だと結論づけた。伝記作家から「礼拝中に熱く興奮する化学者」と形容されたこの研究者は、議会がこの国初の食品法である純正食品薬品法を公式化したのと同時に、安息香酸塩の全面的禁止を求めるキャンペーンを精力的に始めた。こうして、ハーヴェイ・ウィリー対ヘンリー・ハインツという大規模な安息香酸塩を巡るバトルが始まった。

ケチャップはアメリカの主要な調味料だった。ハインツはアメリカを代表するケチャップメーカーだった。そしてケチャップはハインツのベストセラー商品だった。これらがヘンリー・ハインツを億万長者にし、彼をアンドリュー・カーネギー、ヘンリー・クレイ・フリック、ジョージ・ウェスティングハウス、アンドリュー・メロンと並ぶイーディス・ウォートンの「ピッツバーグの大物たち」のひとりにするのに一役買った。ハインツは安息香酸塩戦争の行く末をいくつか考えたが、どの可能性もよい結果にはならなかった。ひとつは、政府が保存料を禁止する、つまりケチャップを事実上禁止するというもの。もうひとつは、他の会社がなんとかして保存料の入っていないケチャップを作る方法を先に見つけ出し、一夜にして彼を滅ぼすかもしれないというものだった。

今や年間四〇〇万本のケチャップを大量生産しているハインツにとって、利害関係は膨大なものだった。しかし、そのチャンスもまた、とてつもなく大きいということを彼は認識していた。

市民健康運動が勝手気ままにおこなわれていた数年を経て、健康に対する国の考え方に変化が見られるようになった。一八七〇年代に始まった医学会、女性クラブ、禁酒運動組織の草の根連合と、まとめてピュアフードムーブメント（純正食品運動）として知られる市民組織は、連邦食品安全規制に関するキャンペーンを始めていた。数十年にわたる活動にそれほどの成果が見られなかったこの運動のリーダーたちは、改革提案者と加工食品会社の上級職員、そしてハーヴェイ・ウィリーをセント・ルイスに集め、数日間にわたって話し合いと討論をおこなった。これが、彼らが一九〇四年の純正食品会議と呼んだものである。

ウィリーをはじめとする人びとが保存料の危険性を警告するのを耳にしたハインツの調査マネージャー、G・F・メイソンは、壇上に上がり、彼が雇う食品化学者らがこの数年間、いかに保存料の入っていないケチャップ作りに挑み、失敗を重ねてきたかを説明した。「天然物質だけで食品を保存するあらゆる手段を用いたが、満足する結果は得られなかった」とメイソンは会議で述べ、ケチャップはほとんど必ず六〇時間以内に発酵して腐ってしまうと報告した。つまり、保存料なしのケチャップを作ることは実質上不可能というのが彼の主張だ。

ハーヴェイ・ウィリーからの回答は、おそらくケチャップは「われわれがなしで済ませるべき製品なのだろう」というものだった。この言葉がアメリカ中のケチャップボトルの喉元まで出かかっていたにもかかわらず、ノースダコタとサウスダコタの両州はすでに安息香酸を一パーセントの一〇分の一にまで制限していた。これは保存料の効果が感じられないほど低いレベル――実質的には市販のケチャップを禁止するほどのレベル――で、他の州もそれに負けてはいなかった。アメリカの他のどの食品会社よりもハインツが事業を拡大していたヨーロッパの国々は、安全性の懸念から、アメリカの加工食品の輸入に厳しい規制を課していた。ワシントンでは、何らかの形で食品安全規制を制定するよう議会に圧力をかけようとし、ウィリーはベストを尽くして、世論をかき立てたり、女性クラブに姿を見せたり、インタビューを受けたり、テディ・ルーズベルト大統領に直接訴えたりするなどした。

　とはいえ、ハインツはウィリーと公的に意見を交わし、安息香酸塩は安全であるばかりか、「本来クランベリーや他の果物にも……含まれている」と主張する一方で、保存料が入っていなくてもキッチンの戸棚で丸一ヵ月もつようなケチャップを密かに考案しようとしていた。これが、彼が禁止を受け入れて生き残ろうとしていたということなのか、彼の倫理的信念の表れなのか、それともケチャップ市場を独占するチャンスだと思っていたからなのかについては何とも言いがたいが、おそらくそのどれもが少しずつ当てはまるのだろう。この人こそ、純正を保証して調味料ビジネスに参入した人物だということは覚えておく価値がある。しかしながらいまだに彼はその約束を果たせずにおり、その一方で、添加物の入っていないケチャップを求める国民感情が形成されようとしていた。ヘンリー・ハインツには時間がなかった。

　なぜ、保存料を入れずに家庭で作ったケチャップは、テストキッチンで製造できるどんなものよりも保存期間が大幅に長いのか、とハインツと研究者らは不思議に思った。ヘンリー・ハインツはなぜ、ハインツ夫人のようにケチャップを作ることができなかったのか？　メイソンと彼のチームは、（今では珍しい）自家製ケチャップのレシピをくまなく調べたところ、それには砂糖と酢と香辛料が市販のものより多く含まれる傾向があることを発見した。また、庭からもぎたての完熟トマトで作られていることも。

天然の保存料である酢の量を増やせば保存期間は長くなるが、当然ケチャップの味も酸っぱくなってしまうので、それを補うためにメイソンは砂糖の量を増やした。しかし砂糖を多くすると腐敗しやすくなるので、酢をさらに増やさなければならなくなる。するともっと砂糖が必要になる。平衡状態に達する頃には、ハインツのケチャップは市販されている他のあらゆるブランドのたっぷり二倍の量の砂糖と酢が含まれるようになった。また、香味料も多く含まれていた。というのもメイソンは、ボトルに詰める前に濾過するよりも、挽いたスパイスを完成品の中に残しておく方が、保存期間が延びることを発見したからだ。

ハインツはレシピを微調整するだけでなく製造過程も修正し、自らのケチャップ工場を、床に落ちたものまで食べられるほど無菌で清潔な状態にした。トマトの果肉を保存するために使用していた従来の木製の樽は、密閉したラッカー張りの金属のタブと交換し、発酵の原因となる空気の侵入を防いだ。同じ理由でボトルの口も狭くした。

こうした改革により、ハインツの研究者たちは無添加ケチャップへと徐々に近づいていったが、ゴールはいまだ遠かった。それでも彼らは気も狂わんばかりに、考えられる限りすべてのことを試した。テスト用に準備した分を数日以内でだめにし、大晦日さながらにボトルの栓を次々と開けた。彼らは実に、ほとんどすべてのことを試した。ただひとつ、重要な要素を見過ごしていた。

それは、トマトだ。

缶詰には向かない熟し過ぎたトマトや熟しきっていないトマト、虫食いトマトなどがケチャップの原材料となるのだが、こうしたトマトは、ペクチンの含有量が完熟トマトより少なかった。多くの果物や数種類の野菜に含まれるゼラチン質の複合炭水化物であるペクチンは、強い効力をもつ濃化剤で、一般にゼリーやジャムを固めるのに使われる。ところがハインツの研究者たちは、ペクチンにはもうひとつの重要な特性があることを発見した。つまり、それ自体が天然保存料の役目を果たすということだ。しかし、トマトから適切な量のペクチンを得るのはなかなか難しかった。ちょうどよい熟し加減でなければならないだけでなく、ペクチンは熱を加えるとペクチン酸に分解してしまうため、煮すぎてもいけない。とはいえ、煮かたが足りなければバクテリアが発生する。どんな場合でも重要なのは、新鮮で熟したトマトから始めるということだった。

そこでヘンリー・ハインツは、現在のサンマルツァーノの缶詰業者と同様、購入するトマトを厳選し、それに最高額を支払い、不完全なトマトを組立ラインに載せないようにすることに行き着いた。そして、一番新鮮なトマトを手に入れるため、ケチャップビジネスを分離し、トマトがある場所に工場を設置した。ハインツの工場のひとつは、ニュージャージー州セイラム（かつてジョンソン大佐が住んでいたところ）の畑の中に出現した。また別の工場は、カナダ市場向けのケチャップを生産するため、カナダのオンタリオ州リーミントンに建てられた。ここはデトロイトの東側にある主要なトマト栽培地区で、トマトの物語（そして本書の物語）が完結する前に、重大な場所として登場することになるだろう。

ハインツはその後もう一歩先に進むことになる。自らが主要なトマトブリーダーとなり、ケチャップ専用の品種を開発し、ペクチンが豊富に含まれた、ゼリー状の部分の少ない自社製トマトの種と苗木を契約栽培農家に供給するアメリカ初の加工食品メーカーとなるのである（現在、家庭菜園家は、こうしたハインツの品種の種をカタログから購入することができる）。

話を戻すと、当時トマトに組み込まれたこの天然保存料の暗号を解いたメイソンの研究室の科学者らは、テストバッチの実行を続け、腐敗の兆候を張り詰めた様子で見守っていた。そしてついに一九〇四年の終わり頃、開封後一ヵ月間――現在購入できるケチャップを冷蔵庫に入れない状態で保存できるのと同じ期間――保存できることを保証した、保存料無添加のケチャップ製造法を思いついた。二年のうちに、市販されているハインツケチャップのすべてのボトルから保存料が取り除かれた。ヘンリー・ハインツは安息香酸塩戦争に勝ったのだ。

アレゲニー川を経由して、ピッツバーグのハインツ工場に到着したいくつものバスケットに入ったトマト。ハインツは新鮮なホールトマトをケチャップに使用するパイオニアだった（H. J. ハインツ・カンパニー・フォトグラフ、デトレ・ライブラリー＆アーカイブ、ジョン・ハインツ上院議員歴史センター、ペンシルベニア州ピッツバーグ）。

ハインツの成功によりケチャップ業界に衝撃が走ったが、競合者の警戒心を真の意味で煽ったのは、彼が次にしたことだった。ハインツは突然、安息香酸塩戦争で寝返り、旧敵のハーヴェイ・ウィリーと手を組んで、保存料無添加のケチャップを追求していたときと同じくらいの熱意で、安息香酸塩の全面禁止を推し進めることになったのだ。

この会社は、食品における安息香酸塩の使用に反対する全国的な広告キャンペーンを開始し、その他のケチャップブランドの広告費をすべて合わせたよりも多くの金額を広告に費やした。『コリアーズ』〔一八八八年に発売されたアメリカの一般大衆雑誌〕に二ページにわたって掲載された広告は、安息香酸塩を「危険なドラッグ」と呼んだ。その他の広告は大げさにも、やさしいおばあちゃんなら絶対に使わない化学物質で作られたケチャップをなぜ使おうとするのか、と消費者に訴えかけている。ケチャップにせよ、ピクルスにせよ、彼の広告はどれひとつとっても、ハインツの「57品種」のすべてが安息香酸塩やその他の保存料を使っていないことを消費者に気づかせるものだった。実際、どのケチャップの細いボトルネックにもそのように表示されている。

ハインツは一九〇二年に、ギリシャ建築のドーリア式の柱を彷彿とさせる、すぐに見分けのつく八角形のボトルを導入していた。今度は、より腐敗を抑えることができるように、コルクを気密性の高い白いスクリューキャップに替えた。こうして、おそらく現在、世界で最も認識されている食品容器とも言えるハインツケチャップの象徴的なボトルが完成した。それは、一九八三年にプラスチックのスクイーズボトル〔中身を絞り出せるプラスチック容器〕が導入されるまで、基本的に変わらないままだった。

ところが、革命はボトルの内部にあった。ケチャップに保存料を使わないようにするために、ハインツはそれまでペクチン、砂糖、塩、酢を劇的に増やす必要があり、その過程でケチャップは甘塩っぱいものから甘いものに、薄いものから濃いものへと変化した。**ハインツは実に、ケチャップの性質**

そのものを変えたのだ。この濃いケチャップの出現は、フライドポテトとハンバーガーの人気の高まりとほぼ同時だった。それは一九〇四年の万国博覧会で、ハンバーガーが世に紹介されたばかりの頃だった。

誰もが皆、興奮していたわけではなかった。消費者の中には、砂糖や酢の味に邪魔されてトマトの味がしないと文句を言う人もおり、実際、ハインツケチャップは、一オンスあたりの砂糖の量がコカ・コーラよりも多かった。多くの人が、たとえ保存料が入っていても、より風味のよい方を好んだ。競合するメーカーは一〇〇パーセント天然のケチャップが一ヵ月もつとは思っていなかったため、検出することのできない何か秘密の保存料を使っているとして、ハインツを公然と非難した。こうしたメーカーが彼について内々に語ることは、間違いなく活字にすることができないような内容だった。

20世紀初頭の広告、ケチャップに安息香酸塩を使用することを酷評している。おなじみのボトルデザインは実質的に現在まで変わらず続いている（N. W. アイヤー・アドバタイジング・エージェンシー・レコード、アーカイブセンター、国立アメリカ歴史博物館、スミソニアン協会）。

ハインツとウィリーは批評家をものともせず、保存料撤廃にせっせと取り組みつづけ、大衆は、かつて敵同士だったふたりの、この変わり種の撲滅運動に引きつけられた——つまり彼らはハインツケチャップの味方になったということだ。売上げは急上昇し、一九〇八年には年間七九〇〇万ドルという驚異的な数値まで跳ね上がった。ところが保存料無添加の製法にはひとつだけ問題があった。ペクチンが含まれているにも関わらず、ケチャップ――ボトル一本につき二四個のトマトが凝縮されていると言われている――は、じれったさで身悶えするほど中身がなかなか出てこなかったのだ。この状況は、ボトルの口を細くしたことによってさらに悪化した。ハインツはそれにもめげず、如才なく負債を資産に変え、わが社のケチャップは「他社よりトマトの量が多く、水分が少ない」と宣伝し、だからこそ「ボトルから出てくるのがとても遅い」ので注意するよう消費者に呼びかけた。これはその七〇年後の一九七八年にこの会社がおこなった、「期待」と名付けられたテレビコマーシャルを予感させるものだった――このコマーシャルでは、消費者が（カーリー・サイモンのヒット曲をサントラに）ケチャップがボトルから出てくるのを待ち焦がれている様子が描かれている。

ときには辛抱強く待てることもある。しかし、ケチャップをボトルから出すのは、それほど難しいことではないこともわかった。というのも、出にくいのは単に濃度が高いから、またはボトルの口ではない方に液体が流れるからだ。ケチャップを作り直す過程で、ハインツは偶然、いわゆる「非ニュートン流体」を作ってしまった。そう呼ばれるのは、こうした液体はニュートンの粘性法則に当てはまらないからだ。ニュートンの粘性法則によれば、液体の粘度（または濃度）に影響を及ぼすのはかき回したり振ったりすることではなく、温度だけだという。ほとんどの日常的な液体は、実際にニュートンの法則に従っている。たとえば、オレンジジュースのボトルを振っても、それが注がれる速さには影響しない。

ところが、ケチャップなどの非ニュートン流体は、何もしない安定した状態のときは固体とほぼ同じような振る舞いをする。だからわれわれは、ケチャップがボトルからポタポタ落ちる前にボトルをひっくり返すことができる。ところが、じゅうぶんに振れば（またはプラスチックボトルの場合、じゅうぶん握り締めれば）、粘性が一時的に弱まり、ケチャップが液体のようになるのだ。このためにケチャップは、フラストレーションがたまるほど濃いものから危険なほど薄いものへと急速に変化し、最後の一振りで、手にもったハンバーガーや、おそらくはその他のものまで真っ赤に染めてしまうことがあるのだ。

ケチャップが安全にボトルから出てくるようにするため、ハインツカンパニーは、よく皆がやっているようにボトルの底を叩くのではなく、ボトルの口のすぐ下の「57」と書いてある部分を――強めに――叩くことを提案した。底の部分だと、ボトルの口のすぐ近くにあるケチャップから遠すぎてうまくいかないからだ。

だがちょっと待ってくれ――いったい全体、レストランの私のテーブルの上にあるケチャップのボトルは、そもそも何をしているのか？　マヨネーズをリクエストして〈ヘルマン〉〔アメリカの定番マヨネーズブランド〕のボトルがテーブルにポンと置かれたら、びっくりして思わず二度見してしまうだろうが、ケチャップはボトルで出てきても何の不思議もなく、むしろボトルで出てくることが期待されていると言ってもいい。結局それは、単なるケチャップではなく、白い帽子をかぶったスレンダーな八角形のボトル、誰もが知っていて皆から愛される品質のシンボルであるハインツのケチャップということなのだ。おそらく、レストランのテーブルで――市販用にパッケージされた――ヘンリー・

ハインツのケチャップを目にすることほど、彼の目覚ましい成功を物語るものはないだろう。

ところが家庭では、プラスチックのスクイーズボトルがガラスのボトルに代わって圧倒的多数を占めるようになり、フラストレーションがたまる要素は減ってきている。ケチャップは現在、アメリカの九七パーセントの家庭にある。この国の民族的文化的多様性を考えれば、これはかなりの偉業だ。中身をまともに出すことすらできないような調味料がなぜ、これほど多くの他の食べものをおいしくするためになくてはならないものになったのだろうか？　なぜ私たちは、これほどケチャップが大好きなのだろうか？

それに答えるため、私は有名なフードサイエンス作家ハロルド・マギーに目を向けた。彼が書いた八九六ページにわたる参考図書『食物と料理について』は、見たところ、チョコレートの焼き戻しの化学からパイ生地の体系的研究に至るまで、およそ想像できるすべての食物関連のトピックを網羅している。私はマギーに尋ねる。トマトのすばらしい風味はどこから来るのか？　と。

「それは、トマトが作り出そうとするバランスに行き着くと思います」と彼は言う。「ほとんどの食物は特定の軸に沿って私たちに満足感を与えてくれます。トマトはその軸のすべてを含んでいるように見えます。そのためにとてもバランスがよいのです。トマトは甘いけれど甘すぎない。酸っぱいけれど酸っぱすぎない。塩味があって香りがよい。でも単純な芳しさではない。単にフルーティーというのとも違う。緑色野菜のようにただ青いだけでもない。マッシュルームほどキノコの風味はないけれど、どこか、そうしたすべてのものを兼ね備えていて、何か私たちの感覚をじらし、もっと欲しいという気持ちにさせつづけるのです」

マギーが言うには、トマトはグルタミン酸も豊富だ。これは私たちが旨味と呼んでいる、風味を引き出す物質だ。旨味は前世紀に、人間の味覚を構成する五つの基本的な味のひとつとして認識されたばかりで、他の四つの味覚――甘味、塩味、酸味、苦味――よりも定義したり検知したりするのが難しい。旨味は日本語で「好ましい風味」という意味だが、これでは明快さに欠ける。思うにそれは、満足のいく、鍋いっぱいの手作りチキンスープのような風味なのではないだろうか。肉、ウスターソース、ハードチーズ、マッシュルーム、これらはどれもみなグルタミン酸が豊富だ。トマトは果実にしては例外的にグルタミン酸が豊富で、おそらくこの理由から、トマトは野菜として食べられているのだろう。甘く感じられるときでさえ、どこか塩味の効いた特徴を保っているからだ。

グルタミン酸は「旨味調味料」として長い間使用されてきたMSG（グルタミン酸ナトリウム）の〝G〟だが、私がこの言葉を使用するとマギーが正してくれる。「それは、MSGが実際に、私たちの舌の上にある非常に特定的な受容体を刺激するということを私たちが知らなかったために、それが実際の味だとみなされていた時代の遺物です」と。「［旨味調味料は］その味を表現するのが難しいということを伝えるためのひとつの言い方なのです。ところがこれは、もはや便利な言葉ではなくなっています。つまり、塩が味覚増強剤とされるのは、それがものの味をよりよいものにするからです。そしてグルタミン酸も同じカテゴリーの一種だと言えるでしょう。それが実際の、個別の、識別可能な味なのです。そしてグルタミン酸が存在することで、今自分が口にしている料理全体の味に対する満足感が増大するのです」

これは特にケチャップに当てはまる。ヘンリー・ハインツが固体の部分の多い完熟トマトを使い始めたとき、彼はグルタミン酸の量を大幅に増やし、旨味を取り入れた。酢と砂糖の量を倍にすると、この調味料は酸っぱくなると同時に甘くもなる。また、塩も増やせば、ケチャップに必ず少しだけほろ苦い味が加わる。甘味、酸味、塩味、苦味、旨味。ハインツはこの五つすべての味を稼働させる調味料を思いついたのだ。フォーカスグループでも、これよりよいものは思いつかなかっただろう。感嘆したマルコム・グラッドウェルは次のように書いている。

ハインツケチャップの味は、最初に舌先の感覚器官で甘味と塩味を感じるところから始まり、側面に移動して酸味を最も強く感じ、それから舌奥で旨味と苦味を長い時間をかけて次第に強く刺激する。こんなにも幅広い感覚の領域を行き来するものが、スーパーマーケットにいくつあるだろうか？

そしてこの領域の広さが与えるものこそ、マギーが言うには、それが肉だろうとジャガイモだろうと、「あなたがケチャップをかけたいと感じる食べ物には通常含まれていない、非常に濃縮された風味の源」なのだ。「肉もジャガイモも、それだけでおいしいことはおいしいのですが、ケチャップがもつ要素のすべてに欠けています。ケチャップはそれを補ってくれるのです」

まさにそれは、成功した調味料の定義とも言えるものだ。

それにしてもなぜ私たちは、自分が食べているこれを食べるのかという理由は、グルタミン酸や味覚受容体をはるかに超えている。たとえばボウルいっぱいのスープや、ケチャップをつけたフライドポテトのような、いわゆるコンフォートフード〔食べる者に郷愁や幸福感を与える食物〕を口にすると、なぜそれほど安心できるのだろうか？

一九八八年、『美食学誌』に掲載された「ケチャップと集合的無意識」と題された記事で、食物歴史家であり理論家の故エリザベス・ロジンは、「食べることは重要で感情が絡む行為である」と述べ、さらに、ケチャップに対する私たちの親近感は、単にこの調味料の他に勝る風味のせいだけではなく、ホラー映画の監督がモーションピクチャーの時代から知っていたこと、つまり、ケチャップと……血の不気味な類似のせいでもある、と述べている。

ところでこれはよいことなのだろうか？　無意識的にはよいことだ、とロジンは主張する。なぜなら、血は昔から畏敬の念をもって、トーテム信仰のパワーを授けられているとみなされてきたからだ。ロジンはこう続ける。「多くの文化において、血はまさに生命の源であるため……それは神のために確保されたものであり、一般の人間が消費してはならないことになっている。しかし、それほどパワフルで生命に不可欠なものだからこそ、魅力があり、皆が手に入れたいと思うのだ。人間の心はどのように、この両義性に対処するのだろうか？」

代替品を発明することによって、だ。地球上のほぼすべての文化は、植物由来のソース――アジアの醤油や魚醤、メキシコのチリソース、ヨーロッパやアメリカのトマトソースなど――を開発してきた。その色は濃いオレンジ色から深紅、そして実際、血にそっくりな色までさまざまだ。「たしかに、そうした文化間の類似には、基本的な人間の行動が作用していることが暗示されている」と彼女は結論づける。

もちろん、「トマトソーススパゲッティを食べているナポリの人や、レッドチリソースのトルティーヤを食べているメキシコ人や――あえて言わせてもらえば――フライドポテトとケチャップの袋を抱えたアメリカのティーンエイジャーが、血の象徴的喚起または再現として、自ら進んで自分の食事を分析しようとするとは考えにくい」とロジンは付け足す。お金のないティーンエイジャーはただ、バランスの取れた学食（アメリカの一般的な小学校の算数によれば、フライドポテトとケチャップを足せば野菜がふたつになる）をミシェル・オバマから奪い取られる前に楽しもうとしているだけなのだ。にも関わらず、とロジンは続ける。「原初のモチベーションは私たちの意識から永遠に失われてしまったかもしれないけれど、その慣習は残り、私たちの食の伝統にしっかりと根付いているのです」と。

エリザベス・ロジンの仮説は人によっては挑戦的に聞こえるかもしれないが、それは、ハロルド・マギーやマルコム・グラッドウェルの、よりじゅうぶんな根拠に基づいた理由付けと互いに矛盾するものではない。ロジンはただ、これをもう一段階先まで押し進め、ケチャップに対する私たちの親近感の影にある、別の、無意識の力を徹底的に調べようとしているだけだ。それを受け入れるか受け入れないかはあなた次第だ。しかし残念なことに、ロジンはブレット・カヴァノーの公聴会を見る前にこの世を去ってしまった。

体液から急いで――失礼――話を先に進めるが、ケチャップがこれほどの人気を博しているのに、昨今、その選択肢があまりに少ないことに驚かされる。ときどき「グルメな」ケチャップが登場するが、人気は出ない。安息香酸塩戦争後、ケチャップ競争での首位の座を譲り渡すことなく、今やアメリカ市場の六割を占有し、ヨーロッパではケチャップ一〇本のうち八本を売っているハインツが、皆どうやら大好きと見える。ハインツとウィリーが安息香酸塩を禁止する闘いに負けたという事実にも関わらず、だ。

一九〇六年一月になっても、食品安全法案の通過は危ぶまれていた。純正食品薬品法は実際、上院を通過したが、この法案は二七年の間、議会で凍結状態だったため、今回の開会期間中にもまた立ち消えてしまうように思われた。米西戦争中、ラフライダーズ〔ルーズベルトが派遣した第一次義勇騎兵隊の通称〕の司令官として、銃弾に倒れる兵士よりも、アメリカの缶詰肉を食べて死ぬ兵士を多く見てきたセオドア・ルーズベルト大統領のサポートがあったというのに。

その後、ホワイトハウスで討論が始まった直後、スキャンダルを追いかける二七歳の記者アプトン・シンクレアが『ジャングル』を出版した。食肉加工業界のぞっとするほど不潔な実態を描いたショッキングな本だ。これは全米にセンセーションを巻き起こし、この国の食物に潜む危険性に対し、人びとと政界の注意を喚起することになった。このことに誰よりも驚いたのは、こうした工場で働く移民の苦境に注意を向けさせるためにこの小説を書いた責任感の強い社会学者であるシンクレア自身だった。ところが、大衆の想像力（と感情的発作に近いもの）を捉えたのは、食肉処理された豚と牛の深刻な状況――腐った肉に化学物質やネズミの糞やおがくずを混ぜたりしていた――を描いた数ページで、これが食品の安全性改革に有利に展開した。一九〇六年六月三〇日、食品の安全性を規制するアメリカ初の法案、純正食品薬品法が承認されたのだ。

しかし、安息香酸塩についての言及はなかった。

この法律は、食品成分の管理よりも、その表示に焦点を当てたものだった。特許医薬品に使用される麻薬性物質でさえ、それが含まれていることがラベルに表示されている限り許容された。一方で、安息香酸塩の使用に関する議論は一九〇九年に入っても続いており、この頃、安息香酸塩の安全性を突き止めるため、連邦審査委員会が、ウィリーの毒摂取隊ほどまずいやり方ではないアプローチによる最新の研究を頼りに、安息香酸塩は少量であれば安全であると決定した。

連邦政府は最終的にケチャップを規制するところまで手が回るようになるのだが（なんとレーガン政権下で）、そのやり方は大幅に異なっていた。連邦規則基準第21号155・194項：ケチャップ（なぜかcatsupという古体のスペリングを選んでいる）は一九八三年以来、"catsup"と表示することができるものとできないものを規定してきた。規則の取り扱いの中でも飛び抜けて長いセクションには、その流量について次のように書かれている。

最終食品の一貫性とは、以下の方法で、ボストウィックコンシストメーターでテストした場合、その流量が摂氏二〇度で三〇秒間に一四センチメートルを超えないということである……

その後に、ボストウィックコンシストメーターの適切な使い方を示したまるまる一ページの説明が続くが、このテストで最も重要な、非ニュートン流体に関する部分（ケ、チャ、ッ、プ、を振っ、て、は、い、け、な、い！）が抜けている。しかも、ケチャップの高い粘性はまったく想定されていなかった――これは意図しない、完全に歓迎することのできない結果だった。一九〇五年に全米でベストセラーになった、人工保存料を使用したハインツのオリジナルケチャップは、ほぼ確実にボストウィックテストをパスしなかっただろうし、したがってこんにち"catsup"と呼ばれることもなかっただろう。または"ketchup"とさえも。

現代のケチャップメーカーがどのように、政府を満足させるにじゅうぶんなほどケチャップを濃くしているかを考えてみたい。そう、食品添加物、通常はキサンタンガムを使うのだ。おたくのケチャップは今でも一〇〇パーセント天然ですか？（実際そうなのだが）と私が尋ねたとき、ハインツのある代表はもう少しで苛立ちを露わにするところだった。しかし、アイスクリームやサラダドレッシングにも入っているこのありふれた増粘剤が、安価なケチャップに必要だったと思われるのは、「トマトやその小片が含まれているかいないかに関わらず、その皮や芯から成る缶詰用トマトの残余物から得られる液体」が、今でも規制で認められているからなのだ。つまり床に落ちた残り滓が認められている、ということだ。

それにしても21CFR155・194ケチャップは、保存料、特に安息香酸塩について何を表示しなければならないのだろうか？

何もない。実際、安息香酸ナトリウムはこんにち、ハーヴェイ・ウィリーが想像していたよりも一般的な食品保存料となり、ソフトドリンクやフルーツジュース、サラダドレッシング、醤油、その他の調味料にも添加されていて、歯磨き粉やあかちゃんのおしり拭きにまで入っている。ある意味で耐久性記録となるに違いない中で、この添加物がいまだに物議を醸している主な理由は、それがビタミンC（安息香酸ナトリウムが保存料となっている多くのドリンクでたまたま見つかった）と結合して、発がん性物質であるベンゼンを形成する可能性があるからだ。コカ・コーラは二〇〇八年、その看板商品であるコーラから安息香酸ナトリウムを除去して論争を避けたが、他の、そこまで神聖視されていないソフトドリンクからは取り除かれていない。

ヘンリー・ハインツは安息香酸塩の規制闘争では敗北を喫したかもしれないが、一般大衆の心をつかむ闘いでは決定的勝利を収めた。そのほとんどが彼のビジョンのおかげで、トマトケチャップ（多くの場合、彼の名前がボトルに記されている）は世界中に広まり、今も世界で最も有名な調味料の座を保持している。そしてハインツケチャップの一本一本のボトルには、それぞれ二ダースのトマトが入っていることも忘れてはいけない。いやむしろ、今やこの会社が独占的に使用しているペースト状の同価物が、〈H・J・ハインツ〉を、年間二〇〇万トン以上を生産する世界最大の加工トマトバイヤーにしたのだ。ペーストを採用したことで、この会社はトマト畑の近くにケチャップ工場を設置する必要がなくなり、その結果、ケチャップ工場は次々に閉鎖されている。こんにち、アメリカで販売されているハインツケチャップのボトルはすべて、オハイオ州フレモントにあるたったひとつの工場で生産されたものだ（まさに潜在的障害《ボトルネック》だ）。

ヘンリー・ハインツは一九一九年、七四歳でこの世を去り、会社は家族のメンバーが引き継ぎ、一九五〇年代まで続いた。〈H・J・ハインツ〉は二〇一三年、バークシャー・ハザウェイと、ブラジルのある投資会社に二三〇億ドルで買収され、その二年後、食品大手のクラフトと合併して〈クラフト・ハインツ・カンパニー〉となり、世界で五番目に大きい食品会社となった。

しかし、ヘンリー・ハインツは墓の中で落ち着かずにそわそわしているかもしれない。かなりの数のクラフト・ハインツ製品に安息香酸ナトリウムが含まれているのだから。

6　スパゲッティの王者
ついにトマトとパスタが出会い、新しい料理が誕生する

「楽園の天使はトマトソースのヴェルミチェッリ〔イタリア料理に使われる細いパスタ、バーミセリとも言う〕しか食べない！」ナポリ市長はイタリア人たちがナポリの街に押し寄せ、最新のファシストの提案に対して最後まで闘い抜くことを誓ったとき、断固としてこう宣言した。その提案とは、パスタの禁止だ。

イタリア人はムッソリーニの暴力的な黒シャツ党や、労働組合の乱暴な抑圧、反体制派の殺人などを黙認してきた。しかし今回ばかりはファシストも度を越えていた。ファシスト党の創立メンバーで、その八年前にムッソリーニを後援して彼に権力を握らせたフィリッポ・トンマーゾ・マリエッティは、パスタはイタリア人に体重増加、体型悪化、そして（論点を外れずに）戦争への準備不足をもたらしたと主張し、「愚かなイタリアの食通たちが宗教のように崇めるパスタの廃止」を求める声明書を一九三〇年代後半に発表した。

ナポリの人びとは激しい怒りをあらわにし、愛国心よりもパスタを選んだため、ムッソリーニは、これは自分の首を絞めることになるような政策なのではないかと訝ったかもしれない。しかしイタリア人――特に南イタリア人――が、愛してやまないトマトソースのヴェルミチェッリと同じくらい情

熱を注いでいたパスタ・アル・ポモドーロは、意外にも最近登場した新参者で、ほんの過去半世紀の間に人気が出るようになったパスタだった。パスタとイタリア人の恋愛関係は、それよりもはるか昔の中世盛期に遡る。この頃、ヴェネツィアやピサといった都市国家は主要な経済力と軍事力を保持し、中でも最も賞賛された探検家が、ヴェネツィアの商人でフビライ・ハンに仕えた特使でもあり、磁器、石炭、火薬、紙幣といったアジアの驚異の数々をヨーロッパに紹介した人物だった。そしてもうひとつ、かつて広く信じられていたことがあった。

マルコ!
ポーロ!
マルコ!
ポーロ!

その探検家の名前を現在最もよく耳にするのは、子どもたちがスイミングプールに集まったときだが(「マルコポーロゲーム」とはプールでおこなう「目隠し鬼」と呼ばれる鬼ごっこのこと)、私が若かった頃、マルコ・ポーロはパスタをイタリアに紹介した人物として知られていた。この伝説の起源はポーロの回想録にある。この中で彼は、中国でパスタを発見したと報告しており、それは木から採れると付け加えている。つまり彼は、何かの花(おそらくはサゴ椰子のでんぷん質の実)を小麦粉の起源と勘違いしたのか、または中国にいる間に阿片を発見したのか、どちらかだろう。いずれにせよ大切なマルゲリータ女王とジョンソン大佐の伝説の忠実な信奉者なら、伝説を正当化するじゅうぶんな量の信頼できる証拠のかけらを探し出せるかもしれないが、イタリア人にとってのパスタが、マルコ・ポーロを通じて中国人から伝えられたという話は、明らかに嘘である。なぜなら一二九五年にイタリアへ戻ったポーロが中国で食べた麺を譬えたのが……ラザーニャだからである。

それでもどういうわけか、私も含めるすべての世代のアメリカ人は、中国人はイタリアにパスタを紹介しただけでなく、最も一般的なパスタの種類にその名称をも与えたと信じて育った。これは一九三八年のハリウッドの伝記映画によるところが大きい。この映画では、マルコ・ポーロ役を演じた（playing Marco Polo）ゲイリー・クーパー（「マルコ！ ポーロ！」の遊びをする〔playing “Marco! Polo!”〕ゲイリー・クーパーではない）に紹介されたのが「スパ・ゲット」で、そう発音したポーロを招いた中国人ホストがまるで、トニー・ソプラノ〔トニー・ソプラノはイタリア系アメリカ人マフィアを描いたテレビ番組のアンチヒーロー〕の経営するバダビンクラブから出てきたばかりのようだったのだ。次に彼の口から出るのは、たぶん「ユー・グンバ！（お前は仲間だ！）」だろう。

イタリア版のパスタは、ピザやトマトと同じようにナポリ周辺から生まれた。その理由のひとつには、テラコッタの屋根の上でトマトを乾かした温かい風と光あふれる空がパスタを乾燥させるのにも理想的——パスタを乾燥させるのには、早すぎても時間がかかりすぎてもいけないという、驚くほど複雑な作業が要求され、うまく行かないと崩れやすかったり、かび臭かったりする商品になってしまう——だったからである。こんな諺もある。*“I maccheroni si fanno col siroco e si asciugano con la tramontana”*、つまり「パスタはシロッコ〔初夏にアフリカから地中海を越えてイタリアに吹く暑い南風〕で作り、トラモンターナ〔北から吹く風〕で乾燥させるべきだ」という意味だ。そしてナポリ、サレルノ、アマルフィ海岸を取り囲む南イタリアのカンパーニア地方は、穏やかな海風とヴェスヴィオ山からの乾いた微風の両方が惜しみなく交互に吹く。一四〇〇年には、ローマ時代から一部地域で育てられていた高タンパクの小麦であるデュラム小麦から作られたパスタが商用に生産されており、それから二〇〇年の間に、ナポリ湾とアマルフィ海岸沿岸のすべての街がパスタ産業に専念し、一六三三年には年間三万ポンドを輸出するに至った。

　しかし奇妙な巡り合わせで、ナポリをパスタ製造機械に変えるのを間接的に手伝ったのは、イタリアの宿敵フランス人だった。十字軍は一二世紀から一三世紀にかけて、絹生産をイタリアにもたらし、国際市場と労働力（織物の乾燥係として雇われたユダヤ人を含む）と港を所有していた新興都市ナポリは、ヨーロッパの主要な絹生産国のひとつとなった。

　イタリアはヨーロッパの絹の生産を事実上独占していたが、一四〇〇年代後期になると、ルイ一六世がカラブリア州の絹織工をリヨンに受け入れ、フランスで絹産業が始まった。この競争が起こったことは、病気の発生で蚕の備蓄が大量死していたナポリの多くの絹織工には命取りとなった。それでグラニャーノやその他の絹の強豪都市に近いナポリは、パスタの生産に方向転換したのだ。

　ナポリの人びとは、後にピザに対して示すものと同じ情熱でパスタを受け入れたが、最貧層の小作農はこれを食べる機会がほんの少ししかなく、樽の底にある細切れの小片で我慢していた。北の隣人（統一後には北部の同胞）からそれほど敬意を受けることのなかったナポリ人は、*mangiamaccheroni*、つまりマカロニ食い《マンジャマッケローニ》として嘲笑われた（北部の人びとは他国へ移住後、同じ悪口が移住先の言語で自分たちに跳ね返ってきたと感じ、困惑した）。しかし、そのあだ名は品位を落とすものではあったものの、あながち間違ってはいなかった。というのもこの街を訪れる人びとは、パスタを木のポールの上で乾燥させたり、戸口に並べたり、開いた窓のところにひっかけたりしているのを見て、パスタが急激に拡散していることを驚きと共に報告していたからだ。一八四五年には、人口一〇〇万人にも満たないナポリに二八〇のマッケローニ〔筒状のパスタ〕店があった。ピザレストランの実に四倍の数だ。

マッケローニはもともと、今とはだいぶ異なる調理がなされていた。野菜スープか湯で、多くの場合一、二時間、完全にやわらかくなるまで茹で、少量のオイル、豚の脂、酢、ブドウ果汁、または（ポケットに少しだけ余分な金があれば）すりおろしたチーズをトッピングする。ピザと同様、ナポリのマッケローニは屋台の食べ物で、素手で提供され、素手で食べる。これは街中では規制されていなかった慣習だ。一七〇〇年代後半、フェルディナント四世の夕食のゲストとして招かれたあるアイルランド人は、ナポリの王がそのでっぷりとした手をパスタの深皿に突っ込み、「パスタを指に巻きつけたり引っ張ったりしながら、がつがつと口の中に詰め込み、ナイフやフォークやスプーンを使うのを鷹揚に拒絶しているのを見た瞬間、食欲をなくした」と報告している。それは、サン・カルロ劇場のボックス席で、彼が決まって臣下の前で見せる癖だった。

パスタを少しだけ固く茹でて――アルデンテ――食べるという慣習が一般的になったのは一九世紀に入ってからだったが、この言葉自体は第一次世界大戦後まで広まることはなかった。固いパスタが好まれるようになったのと街中のマッケローニの隆盛とが同時代だと指摘した

ナポリの街角でパスタを乾燥する。1897年頃（J. F. ジャーヴィス出版社、米国議会図書館、LC-DIG-stereo-1s28228.）。

歴史家のデヴィッド・ジェンティルコアは、このふたつにはつながりがあると推測した。たしかに、上にもちあげて口にもっていくまでの間に、長い麺がバラバラにならないのであれば、ヴェルミチェッリやスパゲッティを手で食べる方が簡単だ。

　マッケローニ――もともとはデュラム小麦で作られたあらゆる乾燥パスタを指す言葉――を作るのは難儀な作業だった。乾燥して固くなった生地をまんべんなくこねなければならず、機械（人力で動かすものだったが、少なくとも足のつま先の力よりは強い）が発明されるまでは、大の男たちが丸一日、裸足になって生地の上で足踏みしなければならなかった。その後分厚い生地は、長いレバーの付いた大きなねじを数人の男か馬一頭の力で回し、銅の型（いくつかの穴や溝がある頑丈なプレート）から押し出して成形し、さまざまなサイズのヴェルミチェッリや穴の空いた筒状のパスタを作り出すようになった。

　無限に思えるほどさまざまな種類があるパスタの形状とサイズに与えられた名称（現在までのところ三〇〇種類ほどある）は、しばしば愉快になるほど説明的で、見たまんまだ。スパゲッティは「小さなひも」の意味、リボン型のファルファッレは単純に「蝶」を意味するイタリア語だ。また、スーパーでパスタの箱を吟味しているローマ市民の買い物客にとっては、私たちがヴェルミチェッリと思っているものが、彼女にはまさに文字どおり「小さな芋虫」なのだ。イタリア人がヴェルミチェッリをわざわざ翻訳して輸出することがめったにないのも頷ける。

　一八〇〇年代初頭、トマトとパスタはいずれもイタリア半島全体で幅広く食べられていた。しかし、このふたつをパスタ・アル・ポモドーロ〔トマトパスタの意味〕として一括りにするという考えは、人びとの中にまだ芽生えていなかったようだ。トマトをタマネギ、ニンニク、調味料と一緒にコトコト煮て作られるソースは、一七〇〇年代後半から普及したが、もっぱら肉や魚と一緒に提供されていた（「パスタにトマトだって？　頭がおかしくなったのかい、旦那《セニョール》？　それはしちゃいけないよ！」）。一八八〇年代――まだそれから一五〇年も経っていない――になって初めて、トマトソースがパスタの標準的なトッピングとなった。このことは、なぜその時代にそうなったのか、パスタにトマトという組み合わせが、どのように「頭がおかしくなったのかい、旦那？」からパスタ・アル・ポモドーロへと変化したのか、という興味をそそる疑問につながる。

　豚だ。

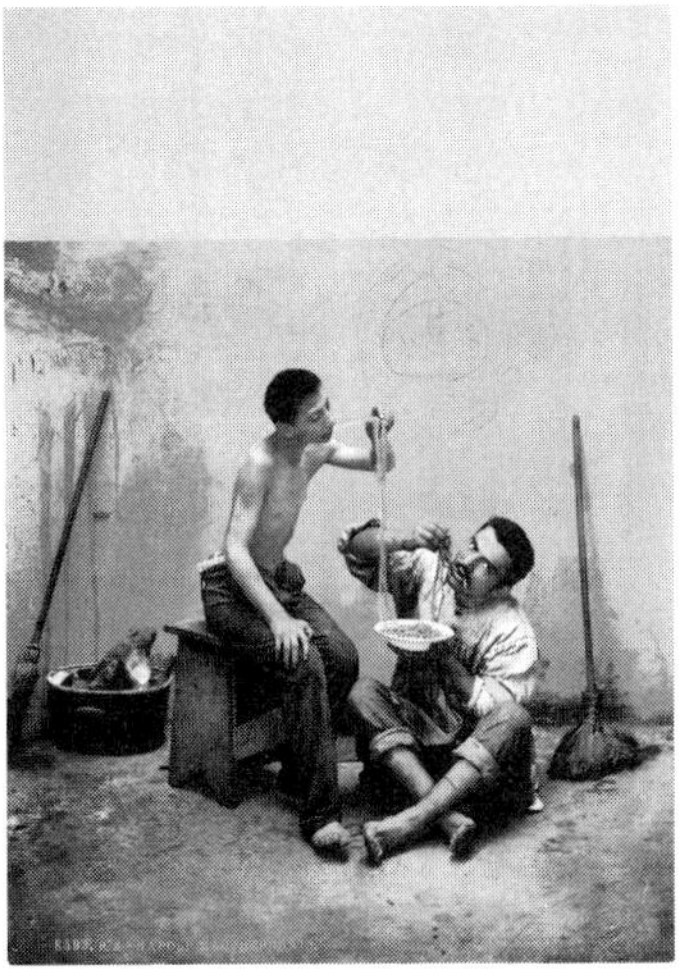

パスタを食べるナポリの人びと、1865年頃（米国議会図書館、LC-DIG-pp, sc-06572）。

　少なくともそれが、パルマ近郊のポモドーロ博物館の最上階に、都合のよい配置（論理的に言えば逆で、パスタの上にポモドーロソースをかけるのだが）で位置するパスタ博物館で、ジュリア・マリネッリが私に話してくれたことだ。

　もしかして自分は誤解しているのではないかと心配になり、ジュリアに尋ねる。「豚がトマトと何の関係があるのですか？」

「一九世紀になるまで、一般の人びとはパ

スタをラード（豚の脂）で和えていました。こうするとてもおいしくなるからです。でも一九世紀の半ばになると、豚の品種が変わったのです。ラージホワイトやランドレース、デュロックといった品種が黒豚に取って代わりました。これらの品種から作ったプロシュートはあっさりとした味わいになり、しかもこれらの豚は黒豚よりも早く成長します。とはいえ、そのラードの質はあまり良いものではありません」

豚の種の入れ替わりはパルマハム《プロシュート・ディ・パルマ》で有名なパルマで始まったが、まもなくイタリア全域に広がり、そのお粗末なラードに不満を募らせたマカロニ食い《マンジャマッケローニ》から抗議の声が上がったため、イタリア人はパスタにかける別のソースを探さなければならなくなったのかもしれない。同時にジュリアによれば、イタリアの北部と南部両地方のトマト育種計画によってより味わい深い品種のトマトが作られはじめ、食の革命のための舞台が整えられようとしていた。それにしても、口火を切るのは誰になるのだろうか？　イタリアを代表する料理となるパスタ・アル・ポモドーロという重大な発明者として、どのイタリア人シェフが歴史に名を残すことになったのだろうか？

アレクサンドル・バルタザール・ローラン・グリモ・ドゥ・ラ・レニエールという名はイタリア人のようには聞こえない——ひとりの人間の名前にすら聞こえない——が、このフランス人の一八〇七年の著書『美食家年鑑』では、パスタにトマトソースをかけるということが初めて公に言及されている。この栄誉がひとりのフランス人に帰するという事実は、想像するに、一六世紀にフランス王アン

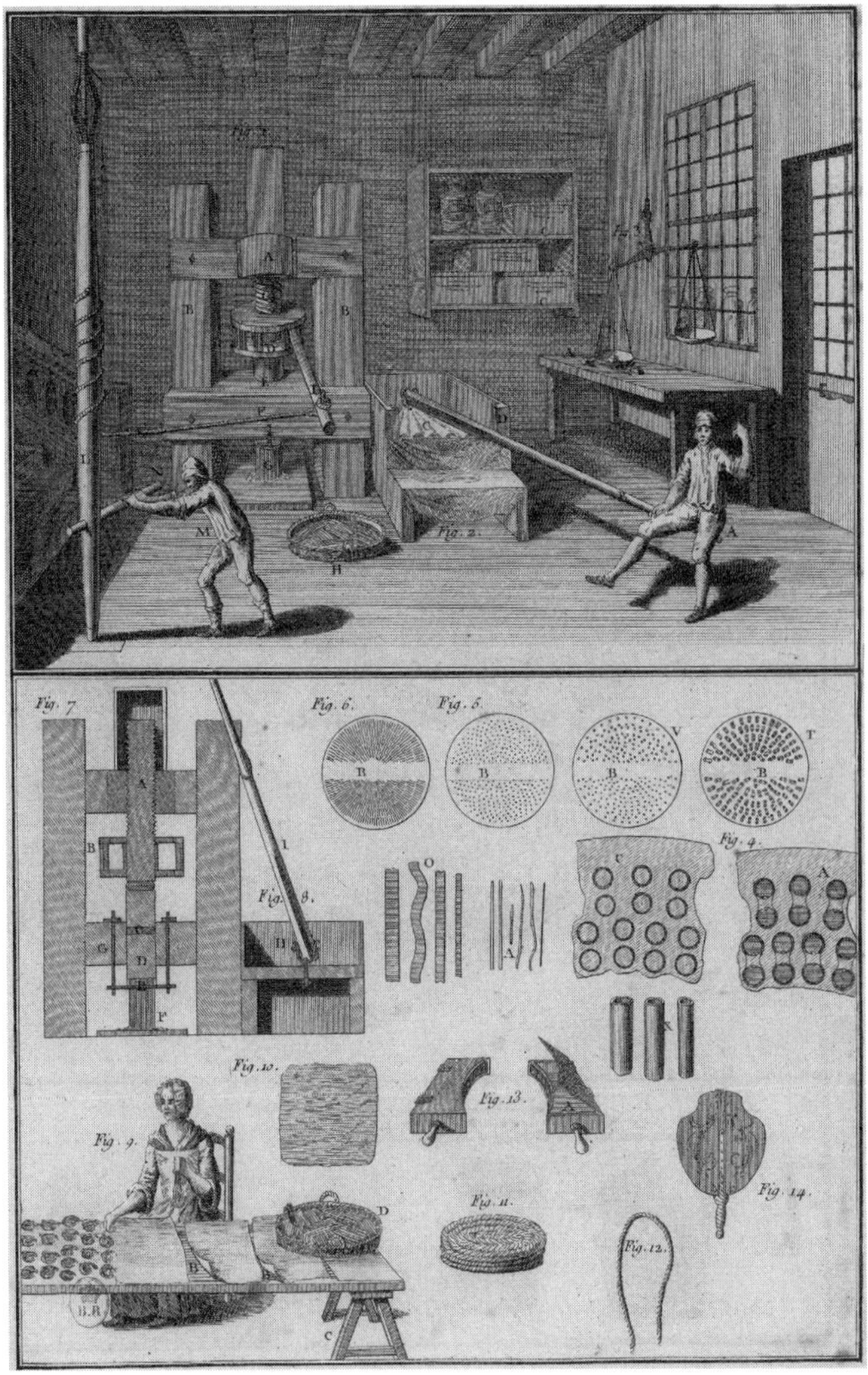

18世紀のマカロニ圧縮機、ポール＝ジャック・マロウィン「製粉、ヴェルミチェッリ製造、製パンの技術の説明と詳細、1767年」より（フランス国立図書館）。

リ二世と結婚した一四歳のキャサリン・デ・メディチ（コジモより二ヵ月年上のいわばもうひとりのいとこ）がそのイタリアの味覚と地中海式の策略を利用してフランス料理を生み出した、という伝説に苛立っていたフランスの愛国者に大きな満足をもたらすに違いない。

グリモはフランスではよく知られた人物だった。彼はフランス初のレストラン評論家で、主要な「インフルエンサー」（当時この言葉があったとしたら）で、しばしば現代フランス料理の父と称される――この父の座は、他の人物、特にジョルジュ・オーギュスト・エスコフィエの方が、もっとふさわしかったという説もある。いつものチーズの代わりに、サイコロ状にカットした生のトマトをヴェルミチェッリに加えたらどうかというグリモの提案が、彼自身の考えだったにせよ、イタリア半島から輸入したものだったにせよ、パスタとポモドーロを合わせることは当時のフランスではおこなわれておらず、イタリアだけ――限定的に言えば、どちらの材料も豊富にあったイタリアのどこかの地域――でおこなわれていたことはほぼ確実だ。

そのどこかとは、おそらく――皆さんもおわかりのように――ナポリだろう。この街の住民がやることは食べることだけだと皆が思っているのだから。実際、ナポリ市民の食事は、アメリカの生理学者アンセル・キース（米軍のKレーション〔第二次世界大戦中に米軍が製造・配給した戦闘糧食〕の名前の由来となったとされる人物）の目に留まった。彼は一九五〇年代初頭にナポリを訪れたとき、たとえ貧しくても、カーボローディング〔運動のエネルギー源となるグリコーゲンを筋肉中により多く蓄積するための特別な食事法〕とオリーブオイルをこよなく愛するナポリ市民が驚くほど丈夫で健康で、平均寿命が長いことに度肝を抜かれた。これが、心臓病を防ぐ食事の効果に関する彼の画期的な発見につながった。キースの食生活改革の勧めはその後、「地中海式ダイエット」として出版されることになる。

カラブリア州出身の公爵、イッポリト・カヴァルカンティが一八三七年に刊行したナポリの家庭料理ガイドには、驚くほど近代的な、焼いたヴェルミチェッリ・アル・ポモドーロのレシピが紹介されており、パスタを固めに茹で、トマトをしっかりと煮込んで濃いソースに仕上げるように読者に指示している。一八九一年にイタリアの料理本『厨房の科学と美食の芸術――家庭での実践マニュアル』が出版される頃には、パスタにトマトソースをかけるという慣習があまりに一般的になっていたため、この著者はマッケローニ・アッラ・ナポリターナのレシピをひとつではなくふたつ掲載している。最初のレシピはトマトとミートソース（ただしミートは完成したソースから取り除き、別々に食べる）、ふたつめはトマトとソテーしたタマネギ（食卓に出す前に取り除く）、バター、オリーブオイル、粉チーズで作るクラシックなパスタ・アル・ポモドーロだ。このふたつめのレシピは、ペンネのようなショートパスタで作ることを推奨している。

　この料理本はペッレグリーノ・アルトゥージという七〇歳の元絹商人（フランス人はすべての絹市場を奪ったわけではなかった）が書いたもので、彼は退職後の時間をもて余さないように、イタリアのあらゆる地域の料理をまとめてひとつのコレクションにしようとした。こうすることで、一八〇〇年代後半になっても実際には統一されず、名目上統一されていただけのこの新興国のためにイタリア料理《クチーナ・イタリアーナ》なるものを創作（または少なくとも特定）したのだ。ところが、イタリア全土をくまなく旅して（メモを取り）、七九〇ものレシピを集めた、イタリアで初めての全国的な料理本であるこの本を見て（こともあろうに！）鼻持ちならないと感じた数えきれないほどの出版社から刊行を断られたアルトゥージは、これを自費出版した。

　それから一三〇年経った今、『アルトゥージの料理本』として一般的に知られているこの料理本はいまだ好調な売れ行きで、時代を通じてイタリアで最も人気のある料理本となっている。

アルトゥージは南部より北部の料理を好み、「特定の環境的または社会的レベルに限定された」料理（「農民食」とも呼べるもの）を軽視していたにも関わらず、この本は今やミラノからシチリアまで、一八九一年のイタリア全土の食の大まかなスナップショットとして役に立つ。しかもこれは、トルテリーニ・アッラ・ボロネーゼやリゾット・アッラ・ミラネーゼ、ラヴィオリ・アッラ・ジェノヴェーゼといった、現代のイタリア料理のレシピと酷似しているのだ。

トマト――およびパスタとトマトの組み合わせ――の人気は、二〇世紀になっても加速しつづけたが、それにはサンマルツァーノ・トマトをカンパーニアに取り入れた缶詰食品会社チーリオがその主要な役割を果たした。チーリオはカラフルな広告と無料のレシピ集、そして料理コンテストによって、缶詰トマトとトマト製品を宣伝した。一九三六年におこなわれた缶詰トマトを使ったレシピコンテストには、三〇〇〇人の応募があった。チーリオのアイロニックでクリエイティブな広告ポスターは、こんにちのコレクターが欲しがるようなアールデコ調のアペリティフ（食前酒）のポスターを思わせる――中には、実際にアールデコの偉大なるイラストレーター、レオネット・カッピエロの手によるものもあった。

パスタとトマトはこの時点で、離れ難くしっかりと結びつき、予測可能な未来に向けたイタリアの食事の一部となるよう運命づけられていたように思える。とはいえ、一九二〇年代初頭のカッピエロの色彩豊かなポスターは、パスタとトマト、そして缶詰産業全体が苦難に陥り、さらなる苦境に向かっているという事実を覆い隠していた。

東から西へ帯状に連なり、イタリア北部を横切ってアルプスからアドリア海まで続くポー平原は、この国の最も重要な農業地域で、主要なトマト栽培、トマト缶詰製造の中心地だ。また、芽生えはじめたばかりの戦後の社会主義運動が最も強力に、最も声高に叫ばれていた地域でもあり、一九一九年と一九二〇年の労働ストライキによって畑のトマトが腐り、不安を募らせた土地所有者が解決策を求めていた地域でもあった。

その解決策を探しに遠くまで行く必要はなかった。社会主義に幻滅した元社会主義者でポー平原出身のベニート・ムッソリーニは三七歳のとき、イタリアを復興させ、第一次世界大戦の戦場から立ち直り、古代ローマの栄光を復活させると約束して、自身の名と、彼が結成したばかりの国家ファシスト党の名を世に広めた。ムッソリーニはある種の再ルネサンスを先導することを誓ったわけだが、これはイタリアに、システィーナ礼拝堂の代わりにファシスト建築を残すことになった。彼はまた、社会主義を根絶することも約束し、この誓いはポー平原の土

現代広告ポスターの父と称されるレオネット・カッピエロ（1875–1942）は、チーリオのためにこの 1921 年のリトグラフを描いた（トレヴィソ国立ソースコレクション博物館、イタリア文化庁の許可を得て転載）。

地所有者や工場所有者の間で共感を呼んだ。一九二二年一〇月、ムッソリーニは彼らのサポートを得て権力の座についた。

ムッソリーニは食物を、人びとの差し迫ったニーズをコントロールし、自助努力、禁欲、生産性の向上、そして再生産（それ以前の数十年の間に移住したイタリア人すべての再配置〔アフリカの植民地化〕）というファシストの政策を促進するツールとして見ていた。ファシストにとって特に心配の種だったのが、この国が外国の小麦に依存していることだった。農家は価値ある換金作物――トマトのような――ではなく、たとえ気候や土壌が栽培に適していなくても小麦や米を作るよう強制されたため、トマトの収穫高はムッソリーニの治世の間に半分以上減少し、その一方で、穀物生産はわずかに上昇した。缶詰トマトの生産は、作業場での女性の数を制限する彼の政策によってさらなる打撃を受け、結果的に労働者不足に陥った。かつては重要な収入源だったトマトの輸出は三分の一に激減した。

戦後の飢えと栄養失調に直面していたイタリアは、食物の生産を増やすどころか減らしていた。この危機に対するムッソリーニの対応は、無駄をなくし、食物摂取を減らすことを国民に奨励し、科学者に協力を要請して、カロリーと栄養分が少ない食事の健康的利点について語ってもらうキャンペーンを始めることだった。ムッソリーニは内なるダンテを解き放ち、イタリア人がパンを無駄にしないよう懇願する詩まで発表した――まさしく、このファシスト独裁者は詩を書いていたのだ。小麦の輸入を減らすため、北部イタリアのほぼ独占的な主要食品であったパスタよりも国内産の米の消費を促進した。一一月一日をナショナル・ライス・デーと宣言した彼は、国内全域に米を積んだトラックを送り込み、無料サンプルとレシピ本を配布した。その後、一九三〇年の終わり頃、血気盛んな初期ファシズム時代からの旧友、フィリッポ・トンマーゾ・マリネッティはひとつうわてをいき、パスタの完全追放を求める理想的な時期としてクリスマス休暇を選んだ。

マリネッティの『未来派料理宣言』は一九三〇年一二月二八日、トリノの日刊紙『ガゼッタ・デル・ポポロ』に掲載された。その後再版され、全国に普及した。マリネッティは初期のファシストでムッソリーニの支援者だったというだけでなく、未来派芸術の創始者のひとりとして最もよく知られていた。未来派芸術とは、退屈な過去を捨て去り、二〇世紀のスピード、エネルギー、機械化、効率性を芸術に取り入れることを目指した二〇世紀初期の運動だ。さらに、マリネッティにとって食物は芸術そのものでもあった。どちらかと言えば「ダダイスト料理」とも聞こえる彼の「未来派料理」には、「タクタイルディナー」というものがある。このディナーでは、到着したゲストがパジャマに着替え、ペアになって、スポンジやコルク、サンドペーパーやフェルトなど、触知《タクタイル》できるさまざまな素材を身にまとい、服装を整え、食べ物とパジャマの感触をより深く経験できるよう、真っ暗闇の中で指によって食べ進める。

その他にも、模型飛行機の中でのディナーという設定もある。エンジンの振動が食欲を刺激すると言われていたからだ。テーブルには、食べるためではなく、ただ見て、唾液を出すだけのためにセットされた食事が並ぶ。濃縮された錠剤の形にした食べ物（そう、マイルズ博士のトマト配合抽出薬だ！）や、プラムをいっぱいに詰めた固ゆで卵をトッピングしたアイスクリームコーンといった、食欲をそそる組み合わせもある。

イタリア人の中には、マリネッティを先見の明があると捉える人もいた。実際、彼のレシピの多くはヌーベル・キュイジーヌや分子ガストロノミーを予感させるもので、暗闇の中での食事や目隠しをしながらの食事は、近年ささやかなブームとなっている。しかしほとんどの人にとって彼は、辛うじてかすかに意識内に残るだけの、害のないアバンギャルドな変人だった――彼らの愛するパスタ・アル・ポモドーロに彼が照準を合わせるまでは。

パスタ撤廃を求めるマリネッティの『宣言』では、パスタを「毎日ピラミッドのように盛り付ける」ことに対する国民の深い愛情が、イタリア的な「弱さ、悲観主義、ノスタルジックな不活動と中立主義」の世代を生み出すと主張している（公平な立場から言えば、スパゲッティを平らげたとくれば「食後の仮眠」はつきものだ）。そして、パスタがナポリ市民に何をしてきたかをよく見てほしい、とマリエッティは警告する。毎日パスタを消費したことで、かつては「英雄的な戦士、活動する雄弁家」だった人びとを、「典型的なアイロニックでセンチメンタルな懐疑主義に陥らせて、もっていた情熱をほとんどしぼませて」しまった。パスタで肥えたイタリア人は、「現在あるような重い鉄と木と鋼鉄の列車に代わる、きわめて軽量なアルミニウムの列車」に乗れるように準備する――つまり痩せる――必要がある。イタリアには新しい料理が必要だった。「人間の味覚とその生活との間、今日と明日との間に調和を生み出すことを目標とする」ような料理が。

「『アルトゥージの料理本』の時代は終わった」とマリネッティは宣言した。

なんだかマリネッティのパスタへの激しい攻撃なんて、大したことはないように思われる（そして『シカゴ・トリビューン』は実際、「健康テーマですっかりのぼせ上がったファシスト作家、新しい理論を飲み下してほしいと国民に懇願」という見出しをつけてこの事態を軽んじた）が、マリネッティのキャンペーンにはより暗い影の側面があった。パスタを廃止し、体重を減らすことをイタリア人に要求するそれは、食の簡素化と自己充足というムッソリーニの政策と完全に一致するものだったのだ。そして、ナポリ市民が次第にパスタによって怠惰になったことに対する未来派の不満は、その「臆病と怠惰と平穏な生活への愛」で腐ってしまったイタリア人に対するムッソリーニの不満と共鳴していた。さらに言えば、マリネッティが米を「愛国的」選択であるとし、「パスタは戦士の食べ物ではない」と宣言したときにこそ、未来主義とファシズムが出会ったことは明らかだった。

マリネッティは、世界からの嘲笑にも、パスタを平らげた後の仮眠から目覚めて街頭デモに集まったナポリの抗議者たちにもめげることなく、自分の考えを押し通しつづけたが、ヒトラーが現代美術を堕落と宣言し、ムッソリーニがそれに従って、芸術の中で最も進んでいた未来派を根絶するのにまい進したために、現在が未来派に追いついた。パスタについて言えば、ファシスト独裁者であるムッソリーニ自身、パスタ・エン・ブロード――スープパスタ――が大好きで、イタリアの中部および北部の米栽培地域でデュラム小麦の生産を増やすことにより、自給自足の問題に対処した（とはいえ、とうていじゅうぶんではなかった。現在、イタリアはデュラム小麦の約四〇パーセントを輸入している。つまり、スーパーでイタリア産の輸入パスタを買うと、多くの場合、北米の小麦を食べることになるということだ）。こうして、ナポリ市民と楽園の天使たちはみな、トマトソースのヴェルミチェッリを幸せそうに食べ続けましたとさ。ところが、ようやくスパゲッティのお湯がそろそろ沸くかと思った頃、パスタ・アル・ポモドーロにまた別の脅威が生じた。トマト不足だ。

おそらく、パスタのないイタリアと同じくらい想像するのが難しいたったひとつのことは、トマトのないイタリアだろう。ところが、それが第二次世界大戦中に現実となったのだ。ことの発端は一九三九年五月、イタリアがドイツと同盟するという契約を結んだ鋼鉄協約だった。もともと血の盟約として提案されたこの協約は、トマト協約でもあった。というのも、契約書の細字で書かれた部分（あまりに細い文字だったため気づかない人さえいた）には、戦争中、イタリアのトマト収穫物のまるまる九〇パーセントをドイツに送ることを決めた極秘の経済同盟が含まれていたからだ（驚くことではないが、ドイツ人は傷のない、完璧に均一な検体を好むと言われていた）。

加えて、缶詰トマトペーストのような基本的な食品が不足したのは、製造業者が何とかしてトマトを手に入れても、それを缶詰にする缶そのものがイギリスから届かなかったからだ。それでもイタリア人の創意工夫の方が優っていた。というのも、長い歴史をもつ会社が時計を過去に戻し、ちょうど一八〇〇年代と同じように黒いジャム《コンセルヴァ・ネラ》を作り、それをロール状やシート状にして売り始めたからだ。未来派どころではない話だ。

その間ムッソリーニは領土を復興させ、ローマ帝国の栄光を取り戻すという約束を果たそうとしていた――ガリアとイングランドを征服することによってではなく、アフリカにあるイタリア植民地を強固にし、拡張することによって。これにはリビア（この地域の古代ギリシャ時代の名称の復活）およびイタリア領東アフリカ（ソマリアとエリトリアを一九三五年にムッソリーニが侵略したエチオピアに併合することによって）の植民地建設が含まれていた。

パスタ・アル・ポモドーロは当然のことながら、イタリア人侵略者と共にアフリカへ渡り、これを地元の人びとが伝統料理と融合させた。こう考えれば、テフと呼ばれる古代の穀物から作られるインジェラという国民食とも言えるクレープのような平たいパンにスパゲティをのせて食べるという、ちょっと理解しがたい組み合わせのソマリ料理の説明がつく。この平たいインジェラの上に、スパイシーな肉入りトマトソースで和えた、ときにはカットしたバナナも添えた渦巻き状にしたスパゲッティを（マリネッティ風に言えば）「ピラミッド」のようにのせ、それを折りたたんで手で食べる――こうして究極のアフロ＝イタリアンのフュージョン料理ができあがる。

イタリアによるリビアの植民地政策は、一九四三年に連合軍の戦車が投入されて短期に終わったが、この国に永続的な文化的影響を残すことになった。イタリアが撤退してから三〇年後、リビアから「イタリア的要素を排除する」というムアンマル・カッザーフィの誓約がその料理にまでは及ばなかったのは明らかだ。「リビアのすべての人びと同じく、彼はイタリアンフード、特にパスタが大好きなのです」と、カッザーフィのウクライナ人の乳母は、このリーダーが二〇一一年に退位させられる前にそう語った。ムッソリーニはイタリア人に対し、アメリカへの移民の流れを止めることと、エチオピアの侵略によって国際貿易が禁止され悪化していたイタリアの食糧不足を解決することの両方の方法として、リビアの植民地（ファシストのスローガンによれば「本物のアメリカ」）に定住することを奨励した。彼の目標のひとつは、キレナイカ地方の地元民のまるまる半分を追い出したイタリアの入植者たちが押収した土地の一部で、輸出トマト産業を立ち上げることだった。しかしイタリアに食料を供給するどころか、二〇世紀のアフリカ植民は正反対の結果となった。植民地がイタリアの輸出額の四分の一を使い果たしてしまったからだ。

イタリアはトマトをアフリカに紹介しなかった。トマトはイタリア人より一〇〇年も前からこの大陸にあったが、正確に言ってどんなふうに到着したかは謎のままで、「侵略者なのか、搾取者なのか、宣教師なのか、はたまた貿易商なのか」、歴史家は漠然と考えを巡らせているだけだ。一八世紀のポルトガルの搾取者がトマトをもたらしたとする者もいるが、アフリカのトマトに関する最も初期の記録は、解放されたアメリカの奴隷と自由の身に生まれた黒人のための入植地として設立されたばかりだったリベリアには、一八三九年まで存在しなかった。このことは、トマトは元アメリカ奴隷によってアフリカにもたらされたのではないかということと、同じような奴隷の中には合衆国南部にトマトを紹介した者もいたのではないか、ということを示唆している。

トマトはこんにち、多くのアフリカ人の必須食品となっている。ガーナではすべての野菜の出費の三八パーセントがトマトで占められている。メリーランド州のベルトウェイのブリーダーは、ガーナで最も一般的に栽培されるトマトの品種のひとつは、昔ながらのローマ・トマト以外の何ものでもないということを知って満足するかもしれない。トマトはアフリカのスープやシチューに頻繁に登場し、皮肉にも西アフリカの料理、ジョロフライス〔ガーナをはじめとする西アフリカ一帯で食されている、トマトなどの野菜を肉や魚と一緒に炊いた米料理〕にも使われている。タマネギ、ピーマン、スパイス、トマト、野菜、肉から作られる「ジョロフライスは、スペインならパエリア、イタリアならリゾット、インドならビリヤニ、中国なら炒飯というのと同じくらい、西アフリカでは典型的な料理だ」と、ガーナ生まれのジャーナリスト、パティ・スローリーは言う。いくつかのアフリカ諸国ではトマトがあまりにも人気があるため、アフリカ大陸は加工トマト製品を輸入して需要を満たさなければならない。これらのほとんどは中国からの輸入品だ。トマトはもともと、スペインが一五六四年に植民地化したフィリピンから中国に伝わった。イタリアと同様、トマトは当初、ナスの一種と思われていた。中国人はあからさまにトマトを番茄、つまり「野蛮なナス」と呼んでいた。

トマトは最初、中国で西洋人向けのレストラン用に栽培された。二〇世紀になってようやく、中国人がこの野蛮なナスを思い切ってある程度まで自国料理に融合させようと試みた。中国には何世紀にもわたってパスタとトマトの両方が存在したが、このふたつはどうやら、出会いを望んでいないように見える。世界中の他のどんな国よりも広い面積でトマトを作っているというのに、一般的な中国料理には、そうした国に期待できるようなレベルではトマトは浸透しなかった（そのほぼすべてが加工製品の輸出用だった）。よく知られた例外が、人気のある中国の懐かしの味《コンフォートフード》であるスクランブルエッグ&トマト（卵とトマトの炒め物）だ。なんとなく近所のカフェで日曜の朝に出てくるようなもののように聞こえるが、この料理の起源はアジアなのだ。

一方で、世界で最も人気のある南アジア料理のひとつは、マヨネーズと同じくらい西洋的なものだ。これが、イギリスの元外務大臣ロビン・クックが「本物のイギリスの国民料理」と呼んだものとなる。それはフィッシュ&チップスではなく、チキンティッカマサラと呼ばれるもので、骨なしチキンにトマトベースのカレーソースをかけた、インド式のテイクアウトの好物だ。メソアメリカの野菜を使ったインド料理がなぜイギリスで愛されるようになったかについては、ひとことでは言い表せないばかりか一世紀かけても説明できないが、それに関する真実は、クックの文章のあまり引用されたことのない残りの部分に隠されている。クックがイギリスの多文化主義を称えた二〇〇一年のスピーチで語ったところによれば、チキンティッカマサラが真にイギリス的なのは、「一番人気があるからだけでなく、イギリスが外部の影響を吸収し自国に適用させたやり方を完璧に描き出したものだからである」と。

これはインドの人びとの眉を顰《ひそ》めさせたかもしれない。というのも正確には、イギリス人がやったのはティッカマサラを吸収し、それを適用したことではなく、打撃を与えたことだったからだ。そのいわばフルレシピとも言えるものは一見の価値がある。というのも、その主な材料は植民地の占領、移民、そして発明という三つのものだからだ。換言すれば、それはトマトの歴史とも言える。

占領：一五〇〇年代、トマトはスペインからポルトガルにもたらされた。この両国はどちらもイベリア半島にあり、海をめぐって征服する適性を有していた。トマトはその後、ポルトガルの植民地を経由して、一六世紀後半にインド亜大陸へ渡った。ここでこの酸っぱい赤い果実が——本書では初めてではないが——困惑と侮辱が入り混じった地元民によって最初に受け入れられたのだ。そしてトマトはイギリス人がやって来るまでの二〇〇年間、かなりの地位を築いていた。もちろん、イギリス人は大好きなイギリス料理を食べたがっており、一九世紀にはそのイギリス料理にトマトが含まれるようになったため、彼らはこのトマトを栽培することにした（またはもっと可能性があるとすれば、臣下にそれを栽培させている間、彼らはクリケットに興じていた）。

これが、多くの点で典型的な植民地の食の物語、数えきれないほどの食物とさまざまな植民地と共に何度も繰り返されてきた逸話なのだが、他の領土と同じように、ベンガルのイギリス植民地政府はイギリス人の食事の面倒を見るだけでは飽き足らなかった。「被植民者の味覚を変えることもまた、植民地政府の課題だった」と歴史家ウトゥサ・レイは書いている。これには「痩せこけた米食いの」ベンガル人の食事に西洋の食物を取り入れるように「修正する」ことも含まれていた。その食品の中には、ジャガイモやトマト、カリフラワー、ニンジン、マメ、そして南米をルーツとするタピオカ澱粉（キャッサバ）さえもあった。

大英帝国のちょっとした権力的説得により、これらの野菜はすべて、ある程度までは受け入れられた。特にジャガイモはインドの家庭料理でも一般的になったが、ベンガル人がトマトの使いみちを見つけるまでにはもう少し時間がかかった。

移民：二〇世紀後半、植民地化の流れが逆になり、英国民がインドに定住する代わりに、インド人が大ブリテンに移住を始めた。多くのインド人は第二次世界大戦後、イギリスの復興を支援するために連れて来られたのだが、その他にも移民に料理を作るためにやって来た人びとがおり、彼らはまもなくイギリス人にも料理を作り始めた。戦前、イギリスにはカレーの店が六軒あった。それが現在は一万二〇〇〇軒にものぼるのは、淡白な食事（たとえばマッシーピー［エンドウマメの煮物］を想像してほしい——これは料理の説明ではなく、一般的な副菜の名前だ）で有名なイギリス人は、インド料理に含まれる強めのスパイスに驚くべき啓示を見いだし、カレーや他の南アジア料理の虜になったからだ。

こうした料理に、どんな形であれトマトが含まれていることはほとんどなかった。

発明：食べ物の発祥に関わる逸話はあいまいだということを今ここで警告する必要はないと思うが、チキンティッカマサラの誕生に関してよく引用されているバージョンのひとつはこんな感じだ。一九七一年頃のある雨の夜、スコットランドのグラスゴーで、仕事に疲れたバスの運転手がインドレストランで夕食のチキンを食べていた際、パサパサしていると文句を言ってこれを厨房へ突っ返した。ベンガル人のシェフ——イギリス人占領者から、トマトやその他の西洋野菜を食べるよう説得されていたベンガル人の子孫——が、胃潰瘍をいたわるために缶入りトマトスープをすすっていたところへ、不満を募らせたバス運転手のカレーが厨房に突き返されてきたのだ。これに腹を立てた病気のシェフは、自分が食べていたトマトスープを取り分けてそのカレーにぶっかけ、再び出した。バスの運転手はこの料理を気に入り、頻繁にこの店を訪れるようになり、まもなくして彼の仲間もこれを食べに来るようになり、気が付いたらチキンティッカマサラ——インドとヨーロッパの融合というだけでなく、植民地主義と移民と消化不良の融合でもある——が店のメニューに加わっていたということだ。以来、それは世界で最もポピュラーなインド料理となった――インド以外でということだが。

嵐の晩のいろどりに満ちた詳細と胃弱のシェフの話はさておいても、チキンティッカマサラは、イギリスのどこかにあるベンガルレストランのどこかで発祥したことはほぼ間違いない。この逸話の「最も可能性のある」別のバリエーションでは、インド人シェフ兼作家のアニータ・ジェイシンハニによると、その街とはロンドンのことで、缶から直接薄めずに入れたそのスープは――なんと――キャンベルのスープということになっている。


キャンベルのこの思わぬ展開が真実であれば（そしてそれは真実だと私は言いたい。間違っていると言うなら、それを証明してくれ）、私たちが大好きなこのスープ会社は、たった数年の間にふたつのだいじなトマトをベースとした発明をしたことになる。あとのひとつは〈スパゲッティ・オー〉で、これはパスタをどういう形状にしたら子どもたちが食卓を汚さずに食べられるか、一年間試行錯誤をした結果、一九六五年に世に送り出されたものだ（初めから子どもたちと〈チェリオス〉〔米ゼネラルミルズ社のシリアルの商品名で、アメリカでは定番の朝食。Cheerios と表記され、英語圏では「チーリオズ」と呼ばれている〕の朝食を食べていれば、時間とお金を大幅に節約することができただろう）。

キャンベルはスープで有名だが、一九一五年以来、缶詰スパゲッティも発売している。それはちょうど、フランス移民のアルフォンス・ビアルドが一八八六年に設立したスープとインスタント食品の会社、フランコ＝アメリカンをキャンベルが買収した年だ。世紀が変わると、フランコ＝アメリカンは〈スパゲッティ・ア・ラ・ミラネーゼ〉と呼ばれる製品を発売した。名前にフランス的なひねりを加えるのはレストランや料理本がよくやる手法だが、これは、いまだイタリア料理よりもフランス料理の方を好んでいたアメリカ市民にアピールするためだった（しかもビアルドの会社は、そもそもフランコ＝アメリカンと呼ばれていたのだから）。

ビアルド（Biardot）はトマトソーススパゲッティを缶詰にした最初の起業家だったかもしれないが、最も成功したのは彼の仲間の移民で、名前の綴りが似ているヘクトル・ボイアルディ（Boiardi）だった。ボイアルディは一七歳でイタリアのピアチェンツァ（パルマ郊外の街）の実家を出て、一九一四年にエリス島に到着した。まもなく著名なニューヨークのプラザホテルの厨房で初歩的な仕事を得て、このホテルで一年もたたないうちに（おそらくは第一次世界大戦によって年長の才能あるシェフが厨房からいなくなったからだろう）彼は料理長に昇格した。

戦争が終わると、ボイアルディはクリーヴランドに行ってイタリアンレストランをオープンした。この店で彼が作ったソースがあまりに人気を博したため、家にもち帰ってよいかどうかパトロンから問い合わせが来ることもしばしばあった。テイクアウトソース用に使っていた古い牛乳瓶が足りなくなるほど人気が高まったので、ボイアルディは一九二八年、ソース（現在は調理済みのパスタが含まれている）をきちんと缶詰にする工場を開設し、自分の名前をより発音しやすく響きのよいものに変えた名称をその缶詰に付けた——〈シェフ・ボヤルディー〉。

彼のスパゲッティ、ラヴィオリ、ラザーニャの缶詰にはどれもシェフBの笑顔が映っている。それは、アメリカ人がイタリア人シェフとはきっとこんなものだろうと思うイメージそのものだ。きらきら光る目、口ひげ、高く聳える白いトーク（コック帽）、そしてネッカチーフが、この缶の中にはきっとおいしいものが入っているということを消費者に確信させる。自身の故郷にアメリカが宣戦布告したため、ボイアルディはアメリカに帰化して、戦時中の食事を作る契約を国の軍隊と結んだ。戦争の絶頂期には、一日に約二五万個のトマトソーススパゲッティの缶詰が開けられたという。缶入りトマトは南北戦争以来、それほど一般的なものではなかった。

「戦争体験はシェフ・ボヤルディーの名を全国的に知らしめるのに大きな役割を果たしました」と、現在その銘柄を所有しているコナグラ・ブランズの代表ダン・スキナーは私に語る。「兵士が帰還すると、このブランドはすでに好意的に受け取られており、ヘクトル・ボイアルディ自身、その戦時中の活躍によって国民的ヒーローとしてもてはやされていました」と。実際、ボイアルディはトルーマン大統領から栄誉あるゴールドスター勲章の表彰を受けている。

帰還したＧＩは缶詰の〈シェフ・ボヤルディー〉製品を食べつづけ、その子どもたちも、またその子どもたちも同じように食べつづけた。こんにち、シェフのスパゲッティとラヴィオリ製品の四品が、アメリカで最も売れている二〇の缶詰にランキングされており、その製品をすべて合わせると、〈シェフ・ボヤルディー〉トマトソースパスタの売上は、アメリカの缶詰食品でナンバーワンとなる。

この偉業は、ボイアルディが第一次世界大戦の前夜、アメリカに到着したとき、イタリア系アメリカ人街以外の場所でパスタが食べられることがめったになかったことを考えれば、いっそう注目に値する。とはいえ、パスタがまったく知られていなかったわけではない。一七八七年まで遡ると、トーマス・ジェファーソンはイタリアから帰る途中に、「マカロニマシン」の設計図をスケッチしており、自分で作るより前に実物をナポリから取り寄せていた。

それから一世紀以上経った一九〇三年には、『カンサスシティ・スター』に主婦を対象にした、「マカロニ、スパゲッティ、ヴェルミチェッリ」の下ごしらえに関する詳細なアドバイス記事が載り、「世界一のマカロニは、イタリア産の強力粉から作られる」とした一方で、アメリカ産の改良版はすぐに、「ニューカッスルに石炭をもち込むのと同じくらい輸入が不必要な品物になるだろう」と報じた。二〇世紀に新聞がアメリカ人にパスタを紹介していたということは、パスタがいまだにエキゾチックでなじみのない食品だったことを示している。この状況が劇的に変化するのは、パスタのないイタリアと同じくらい想像するのがむずかしい、あるものの出現による。それはつまり、アルコールのないアメリカだ。

この男の顔を見ると缶入りスパゲッティを買いたくなる。ヘクター・ボイアルディのこのイメージは、〈シェフ・ボヤルディー〉の缶を数十億個売り上げた（〈シェフ・ボヤルディ〉はコナグラ・ブランズの登録商標。ロゴは許可を得て転載）。

一九二〇年一月一七日、アメリカ合衆国憲法修正第一八条——禁酒法——が施行された。これが、前述のイタリアの豚と同じくらいパスタに関係があるように見えるとすれば、そのとおりだ。アルコールの製造と販売を全国的に禁止したことにより、違法な酒類密売店が桁外れの勢いで急増し——ニューヨークだけで三万二〇〇〇軒にものぼった——、その多くがイタリア系アメリカ人によって運営されていた。高級酒場と異なり、酒類密売店は女性客を歓迎した。バーにいる男性は、ビール数杯とピーナッツの小皿を出せば何時間でも満足できるが、〈狂騒の二〇年代〉の女性たちの中には食事を望んでいる人の方が多かった。酒類密売店のオーナーは、簡単にできるものを提供した。それがトマトソーススパゲッティだった。これにハウスワインをつける——この場合、自家製のワインという意味だ。その結果、かなりの数のアメリカ人が、街角のイタリアンレストランではなく、違法な酒類密売店で初めてイタリアンフードの味を経験することになった。全国のパスタ消費量は、一九二〇年に酒類の販売が禁止されたときはほぼゼロだったが、一九二〇年代の終わりには、ひとり当たり年間三・七五ポンド（約一七〇〇グラム）にまで上昇した。

パスタは映画にも登場するほど主流になった。一九二五年、サイレント映画の古典『黄金狂時代』で、お腹を空かせたチャーリー・チャップリンが、フォークでスパゲッティを巻くように自分の靴紐を楽しそうにくるくると巻いているのを見ても何のことかわからなかった人も、その六年後、『街の灯』の中で、派手なディナーパーティでボウル一杯のパスタを食べていたチャップリンが、自分のスパゲッティに絡まった長い紙テープを、そうとは知らずに貪り食っているのを見たときには、間違いなくそのジョークの意味を理解しただろう。このとき、つまり一九三一年、アメリカは大恐慌下にあり、多くの家庭にとって、安価で栄養も満たしてくれるスパゲッティの夕食は目新しいものではなく、必要不可欠なものへと変化していった。パスタ——ほとんど常にトマトソーススパゲッティを意味していた——の到来だ。

ティッカマサラを発明したベンガル人や、チャプスイ〔肉や野菜の炒め煮に白飯を添えた米国式中国料理〕や牛肉とブロッコリーの炒め物を考案した中国人シェフと同様、アメリカに移民したイタリア人は、地元の材料を使って自国の伝統的なレシピを新しい国に応用していた。その一例として挙げられるのが、イタリア人が自国ではめったに活用することのないもの、つまり肉だ。ピエモンテ出身のあるアルゼンチン人移民は「肉はわれわれにとってポレンタのようなもの」で、野菜よりも手に入りやすく、価格も安かったと言い、ニューヨークの靴磨きの少年は、「自分たちに食べ物はじゅうぶんにあったし、肉もよく食べていたけれど、イタリアで肉を食べたことはない」とアルゼンチン移民が言うのを聞いて驚嘆した。

このありあまるほどの肉が、多くの外国人にとってこれぞイタリア料理の真髄とも思える料理の創作につながるのだが、それは逆説的にもイタリアでは実質的には知られていない。その料理は、ミートボールスパゲッティだ。

スパゲッティは1931年には非常にポピュラーなものとなっていたため、チャーリー・チャップリンはこれを『街の灯』に登場させた（*City Lights*, Copyright © Roy Export S. A. S. All rights reserved.）。

イタリア人移民がニューヨークで創作したミートボールスパゲッティは、イタリア以外の地を発祥とするグローバルなイタリア料理の「古典」の好例だ。チキンパルメザンやソーセージホーギーなど、それなりの量の肉が入ったトマトベースの料理は、ほぼ確実にイタリア系アメリカ人の発明だ。それにはほぼ確実に、サンデーグレイビーが含まれている。

その名称にも関わらず、サンデーグレイビーはグレイビーソースとはまったく違うが、濃厚なパスタソースで（ふつうは大家族が集まる日曜日に作られる）、さまざまなカットミートをイタリア製の缶詰トマトと一緒に何時間も煮込んで作る。典型的なサンデーグレイビーには、ミートボール、ソーセージ、カットポーク、仔牛肉、牛肉、そして――ニュージャージー州出身のイタリア系アメリカ人である私の義理の姉が幼少時代に食べていたように――ブラチョーラと呼ばれる、巻いて詰めものをしたフランクステーキ〔フランクとは牛の外バラの後方、モモの近くにあるお腹の筋肉の部位〕まで含まれていることがある。ブラチョーラはそれだけでメインディッシュになる。

サンデーグレイビーのようなソースは本国には決してなかったはずだ。一回の夕食で一年分に相当するほどの肉を使ってしまうのだから。ところが、そこまでぜいたくではないイタリア系アメリカ人の料理でさえ、アメリカでは絶大なる人気を博していても、現代イタリアではいまだにあまりお目にかかることはない。ニッコロ・デ・クワットロチョッキという名のシチリアのレストラン経営者が、一九五〇年に執筆したアメリカ訪問の回想記の中で、『『ミートボールスパゲッティ』と『コトレッタ〔仔牛肉のカツレツ〕パルミジャーナ』という非常にすばらしい伝統的なアメリカの名物料理を紹介された」と記し、さらに「これらふたつの料理はきわめて満足のいくものであり、イタリアでも、誰かがイタリア人のためにこうした料理を発明するべきだと思う」と付け加えているにも関わらず、だ。

私が最後に確認したときは、まだ誰も発明していなかった。だから、もしあなたがフォロ・ロマーノを観光した後に、「スパッグ&ボール」〔ミートボールスパゲッティのこと〕が食べたくてたまらなくなったら、一番確実なのは、スパゲッティ・アル・ポモドーロを一皿と、副菜としてポルペッタ〔ミートボール〕を注文することだ。そして誰も見ていないうちに、ミートボールをスパゲッティの中に投入すればよい。楽園の天使なら、きっとそれを見逃してくれるに違いない。

7　ビッグボーイ

交配種《ハイブリッド》トマトが家庭菜園を宇宙時代へ前進させる

時は一八六六年。海を隔てたそれぞれの国の庭でたゆまず働くふたりの男は、互いの存在についてまったく知らなかった。ひとりは自分には説明できない非常に大きな問題を抱えており、もうひとりは、説明の仕方はわかっても、それをどうすればよいのかわからなかった。

オハイオ州の種屋、アレキサンダー・W・リヴィングストンにはこんな悩みがあった。異種交配《クロスブリーディング》――ふたつの異なる品種から交配種を作ること――したトマトは多くの場合、より優れた果実を実らせるが、彼は、結果として得られた交配種から販売用の種を発芽させることができなかった。次世代の果実はその親世代の「形質を維持する」ことはなく、元になるトマトとはかなり異なる特徴を示していた。リヴィングストンは、親と子で必ず色が同じになると保証することすらできなかったのだ！もっとやっかいなことに、彼は「何世代にもわたって悪い特徴が見られなくても、説明のつかない何らかの理由で、そうした悪い特徴が再び現れはじめる」ことを発見した。この腹立たしい状況により、ほとんどの人が手を引き、リヴィングストン自身も雑種形成《ハイブリダイゼーション》に見切りをつけてしまった――一五年後には。こうした決断には、並外れた忍耐力、知性、観察力が必要であり、リヴィングストンはそれらの特性のすべてをもち合わせていたということを、『リヴィングストンとトマト』の中で著者が賞賛している。その著者とは紛れもなく、アレキサンダー・リヴィングストンその人だ。

大西洋の向こう側では、リヴィングストンの自信満々な態度に比べれば最大限に謙虚な、しかし気性は似たところのある――驚くほど忍耐強く、思慮深く、観察眼がある――オーストリア人修道士が、マメを使った実験を何年も骨身を惜しまずおこなった結果、植物がどのようにしてその親種の形質を受け継ぐのか、またリヴィングストンが自身のトマトに見出していた規則に従わない習性がなぜ発生するのかについて、正確に解明した。実際、グレゴール・メンデルは、なぜリヴィングストンのトマトは必ずしも親からその特徴を受け継ぐとは限らないのかを彼に教えることができただけではなく、その子の種が実際に受け継ぐであろうパーセンテージを正確に予測することもできただろう、なぜなら遺伝の法則を発見したのだから。

残念ながら一八六六年に、リヴィングストンやその他のブリーダーがメンデルの研究について学んだ可能性は低い。というのも、このアウグスティヌス会修道士がその革新的な発見を公表するのに選んだ手段は、『ブルンの自然史社会議事録』という無名の刊行物で、これは一般企業のニュースレターでがんの治療法を公表するのと同じようなことだったからだ。

たとえば、こんなパラレルワールドを想像してみたい。リヴィングストンがある国際園芸学会議に出席するためにヨーロッパへ船でわたる。自分が作った「純粋種にならない」トマトについて不満を漏らしているリヴィングストンの話を偶然耳にしたメンデルは、このアメリカ人の方へ歩み寄り、「話をしようじゃないか」と誘う。

メンデル修道士が「すべての形質は、ひとつではなくふたつの遺伝子によって発現します」と説明すると、リヴィングストンは長いもじゃもじゃのあごひげをなでつけながら、この革新的な考えを受け入れる。「そして、いくつかの遺伝子——たとえばトマトの赤い色など——が顕性なのに対して、その他——黄色——は潜性です。それぞれの遺伝子がひとつずつあれば、顕性遺伝子が潜性遺伝子を支配します。したがって、赤色の遺伝子と黄色の遺伝子をひとつずつもつトマトは、必ず赤になるということです。黄色の遺伝子ペアをもつトマトは黄色になります。ところが赤いトマトにも黄色の遺伝子が潜んでいる場合があり、後の受粉で、また別の黄色遺伝子とかけ合わされると、そのペアは黄色のトマトになるのです」

「これは驚いた!」と、このオハイオ出身の男は目を大きく見開いて叫ぶ。「だから、てっきり取り除いたと思っていても、何世代にもわたって、でこぼこした硬い表皮が戻ってくるのですね。神父《パーテレ》、これは出版すべきですよ」

メンデルの顔が曇る。「すでに出版されています」と彼は言う。「王立学会にもスミソニアンにも何冊か送りました。ご覧になったことがないのですか?」

ほとんど誰も、ヨーロッパにおいてさえ、それを見たことがある人はいなかった。出版後三〇年間でたった三回しか引用されたことがないのだ。メンデルの歴史的発見は、遺伝学者シッダールタ・ムカージーが「生物学史上、最も奇妙な消滅のひとつ」と呼んだものであり、その三世紀前のトマトそのものの絶滅を彷彿とさせる。とはいえメンデルの発見は、彼の死後数十年を経て、近代遺伝学のまさに根幹をなすものとなった。

グレゴール・メンデルは一八二二年七月、オーストリアのオドラウ郡近郊のハインチェンドルフという街（現在のチェコ共和国の一部）で生まれた。それから三ヵ月もしないうちに、オハイオ州レイノルズバーグに住むジョン&メアリー・リヴィングストン夫妻に息子が生まれ、アレキサンダーと名付けられた。両家は勤勉な農家だった。メンデル家は先祖が数世代にもわたって働いてきた土地において、そしてリヴィングストン家はアメリカ西部地方に開拓した土地において。

子どもの頃、グレゴール・メンデルは庭師として働き、養蜂を学んだ。教育を受けようとしたが、家が貧しくて断念し、アウグスティヌス会修道士となった。そのおかげで大学の講義を無料で受けられることになり、「生計の手段をあれこれ心配する」必要がなくなった、と彼は書いている。この未来の遺伝学の父は成績が悪く、卒業試験に二度不合格となった。彼は物理学より宗教の勉強のほうがよくでき、最終的にはブルノの聖トマス修道院の修道院長となった。この修道院には五エーカーの庭があり、メンデルは一八五六年、雑種形成したエンドウマメをいじりはじめ、結果的に二万八〇〇〇本の苗木を育て、エンドウマメが色や高さ、種子の形状や花の位置といった特徴をどのように受け継ぐかを理解した。

同年、種子栽培者のもとで働いていたアレキサンダー・リヴィングストンは、自分で事業を始め、バックアイ・ガーデンシード・カンパニーのすべての在庫に相当する四〇〇箱の種子を購入した。リヴィングストンの開拓者としての教育は限定的ではあったが実践的なもので、「よく綴り、よく読み、よく書くことと、三の法則が満たされる限り計算で問題を解くこと」を教わることで構成されていた、と彼は書いている。三の法則とは、たとえば**四エーカーの土地に九キロの種が必要な場合、七エーカーの土地には何キロの種が必要か？**といったような、実社会の問題を解決することができる数学的ツールだ。

種子の委託販売が成功したことにより、リヴィングストンは農園を購入し、種を採取するための自分だけの作物を育てることができるようになった。しかし、後からわかったことだが、リヴィングストンは植物以外のことにも励んでいた。彼の農園は〈地下鉄道〉の停車駅でもあった。この種屋は、逃亡した奴隷を匿って彼らに食事を与え、野菜ワゴンで次の駅まで彼らを輸送していたのだ。

一八四八年――メンデルが実験を開始する八年前――以来、リヴィングストンは、科学的動機からではなく、ただひたすらよりよいトマトを作りたいという動機から、トマトの雑種形成の実験を始めていた。なぜ、すべての野菜の中でもトマトなのか？ 彼によれば、トマトは禁断の果実だからだ。子どもの頃、畑に自生する「愛のリンゴ」をいくつか家にもち帰ったことをリヴィングストンは思い起こす。すると母親がたじろいでこう叫んだのだ。「それを食べてはだめよ！ 毒なんだから。豚でもそんなものは食べやしないよ！」と。

「幼かったその日から」とリヴィングストンは書いている。「トマトは私にとって特別な興味の対象となった」（母親たちよ、肝に銘じてほしい）

覚えているだろうか、トマトはトマトホーンワームにとっても特別な関心の的だったことを。リヴィングストンが当初考えていたことは、この破壊的な生き物をコントロールするために彼が編み出した方法に示されている。つまり、卵を産んで、それが葉を食い荒らすイモ虫に変身する前に、蛾の段階で引きつけて駆除するという方法だ。

最初にやることは、トマト畑の近くに、ちょうどよいサイズのペチュニアの苗床を作ることだ。

そうすれば、トマトの木が畑で大きく育つ頃にペチュニアが満開になる……夕方になれば、大きな蛾――ハチドリほどの大きさがある――が甘い花の香りに引き寄せられるのを目にすることができるだろう……蛾が花の上を旋回し、その蜜を吸っている間がチャンスだ。短くて大きなヘラを手にもって、そのヘラで蛾を上下に挟み込むのだ。

リヴィングストンは賢明にも、この作業のために「すばしっこい」男児と女児数名を雇うことを推奨している。

ホーンワームは、雑種形成で起こる不意打ちと比べたら取るに足らない悩みの種だった。リヴィングストンは「最も細心の注意と労力を注いだ数年間」の後、この狂気のビジネスを諦め、こう結論している。「新しい品種を確保する方法として雑種形成や交配をすることに、私はすっかり自信をなくしてしまった。この一五年に及ぶ失敗も、そこから得た教訓も、まず忘れることはないだろう」と。

その教訓とは、古くから続いている淘汰という品種改良技術は雑種形成より信頼できる、ということだった。農業の黎明期以来、人類は繁殖のために、味、外観、干ばつ耐性、早期成熟、収穫量の多さなど、よりすぐれた形質を示す穀類や果実、野菜を選別することによって、農業食糧資源を改良する努力を続けてきた。

ときに（チャールズ・ダーウィンの自然淘汰――人間ではなく自然の力が淘汰をおこなう――と区別して）人為淘汰と呼ばれるこの選択のプロセスは、一九世紀に、ほとんどの新しいトマト品種の開発に利用された方法である。突然変異で発見されるものもあれば――トマトは突然変異する傾向がある――輸送中に発見されるものもあったが、大部分が文字どおり、ブリーダーの細心の努力の賜物だった。リヴィングストンをはじめとするトマトブリーダーは試行錯誤に頼りながら、自分が好きなトマト品種の種を何千個も植え、その木から最良のトマト――たとえば、早生トマトの品種改良がしたいのであれば最初に実ったトマト――を選び、その種を育て、最も早く実がなったものを選ぶといったことを何世代もおこなっていた。

植物学と遺伝学について完全には理解していなかったブリーダーは、それぞれにとってベストな果実を探し求めた。仮にある特定のトマトが、同じ木になっている他のトマトよりも数日早く実ったとすると、そのトマトが次の繁殖に選ばれる。しかし、こうした初期のブリーダーが知らなかったのは、ある特定の木に実るトマトはすべて遺伝的に同一だということだった。同じ木に実った果実に違いが見られるのは、環境的影響か、または遺伝子の発現のしかたが複雑であるか、いずれかによるものだ。

アレキサンダー・リヴィングストン、19世紀後半の最も成功したトマトブリーダー、1893年の自伝『リヴィングストンとトマト』より（アメリカ議会図書館、ハーティトラストの許可を得て転載）。

したがって、最も早く熟したトマトの子孫もまた早生になるだろうと期待して、ある木からそのようなトマトを選ぶことは、一卵性双生児のどちらかが早く歩きはじめたからという理由で、その娘を選んで孫を産ませることと似ていると、あるブリーダーが教えてくれた。

ある日、トマト畑で作業をしていると、リヴィングストンは何千もある木のひとつに目を留めた。深い溝のあるごつごつしたトマトが圧倒的に多い中、突然変異により、なめらかで均整のとれた果実を実らせていたからだ。「まるでインスピレーションのように」、ある考えがすべて大文字で頭に浮かんだようだった、と彼は書いている。「個々のトマトの検体ではなく、固有の特徴をもつトマトの木を選んでみたらどうだ？」と。

私はこの考えをすぐに実行に移した。この木からとれた種子を、細心の注意を払って保存し、後の実験の基準とした。翌年の春、私はこれらの種子を庭に二列に蒔いた……嬉しい驚きとして、それらは皆、親木のようにパーフェクトなトマトを実らせたのだ。

元の木からとれたトマトは市場に出すには小さすぎたが、この第二世代のトマトは……少しだけ大きかった。それも私の喜びだった……この作物の種子を再び注意深く収穫したが、その際、最初に熟した最高の検体から、自分自身の植え付け用のストックを選択した。丹念な栽培と賢い種の選択を繰り返し、五年も経たないうちに果肉もサイズも大きくなり、品質も改良された。

一八七〇年、リヴィングストンはその結果を公表し、これをリヴィングストンパラゴン・トマトと名づけ、彼自身の特徴とも言える控えめな文章で、それを「これまでアメリカ市民に、または私の知る限り世界中の人びとに紹介された最初の完璧かつ均一になめらかなトマト」と呼んだ。なめらかで均一ということに加え、それはよく言われるように「実り豊か」でもあり、シーズンの終わり近くになって市場価格が上昇するまで作物を実らせつづけた。しかしその主な資産——およびこんにちへの影響——はと言えば、その外観だった。それはとても美しい形をしていたのだ。ラファエル・ピール〔静物画を専門に描いた一八～一九世紀のアメリカの画家〕のキャンヴァスに描かれるような深い溝が入った果実ではもはやなく、基本的には私たちが現在トマトと聞いて頭に思い描くような形だった。特筆すべきは、リヴィングストンはパラゴンの説明の中で、その味には一切触れなかったことだ。これがその一世紀後、申し分なくなめらかで赤くて均一な——そして味のない——スーパーマーケットのトマトにつながる、きわめて危険な道筋に私たちを向かわせることになる。

このことを忘れないでほしい。

当時、最も名の知れたトマトブリーダーであり、種屋でもあったリヴィングストンは、この同じ方法で一五種類の新しい品種を発売しつづけ、そのすべてに自分の名前をつけた。こうして、リヴィングストンズフェイバリットとか、リヴィングストンズパーフェクションといったものが売られるようになり、これに続いて（完璧なものには手の加えようがないという金言が誤りであることを示す）、リヴィングストンズビューティ、リヴィングストンズゴールデンクィーン、リヴィングストンズポテトリーフ、リヴィングストンズニューストーンなど、数えきれない品種が出回った。リヴィングストンは売るためではなく種を採取するためにトマトを育てていたため、種を取り除いた後にドロドロとした果肉がたくさん残ってしまうといった事態に陥った。幸いにも、ペンシルベニアに隣接する州で、トマトの果肉を買いたがっているバイヤーがいた。こうして、リヴィングストンのトマトの多くが——一九〇六年にハインツが防腐剤を取りやめるまで、すなわちトマトの残り滓を使うことをやめるまで——ハインツケチャップのボトルの中に収まることになった。

リヴィングストンのトマトのいくつかは北イタリアで販売用に栽培され、缶詰にされるようになった。もうひとつのグローブという品種は、彼の死後二〇年経ってからマーヴェルと呼ばれる栽培変種植物と交配され、マーグローブという交配名がつけられることになる。一九一七年に発売されたマーグローブは数十年の間、立ち枯れ病に強いということから栽培業者に高く評価されていた。こんにちの多くの交配種はこのトマトを継承しており、一九五一年にはその地位を歴史上不動のものにした。この年、新たに発見された品種を説明するための基準点を必要としていたトマト研究者らは、リヴィングストンのトマトの特徴を受け継ぐマーグローブを「標準」トマト——トマトはこのような外観と習性をもつべきであるという定義的概念——に選んだ。

その成功——と絶え間ない自己宣伝——にも関わらず、A・W・リヴィングストンは、彼の名を掲げた通販カタログ（この会社は今では彼の一族とは無関係だ）から今もリヴィングストンの種を買っている最も熱心な園芸愛好家を除き、世間から忘れ去られてしまった。リヴィングストンの実績は、彼が極端に小さな遺伝子プールを使って研究をおこない、もっぱら——運と鋭い鑑識眼で——淘汰のみに依存して、異なる遺伝子発現や突然変異を起こしたトマトを「一〇〇〇本に一本の割合」で特定していたことを考えれば、いっそう注目に値する。リヴィングストンが雑種形成を諦めたのには正当な理由があったかもしれないが、現代に喩えるならば、人為淘汰という方法はブラインドデートを一〇〇〇回して、そのうちの一回がうまくいくことを祈るようなものだった。つまり雑種形成は、特定の基準をベースにしたターゲットマッチング、OkCupid（二〇〇四年にできた多肢選択法やくじ方式を利用したアメリカのマッチングアプリ）のようなものだったのだ。しかしリヴィングストンの存命中、キューピッドの矢筒は空のままだった。トマトのハートを射止めるのに必要な矢は、メンデルの論文の中に丸見えの状態で隠されていて、世界中のいくつかの図書館で埃を被っていた。

リヴィングストンは、メンデルの死の四年後の一八九八年にこの世を去った。それから二年後、メンデルの著作と彼の遺伝の法則が再発見され、キューピッドは、これまで世界が見たこともないようなペア作りに精を出し、雑種形成の時代を先導することになる。

アメリカで最初に商業的な雑種形成がおこなわれた植物はトウモロコシで、トマトと同様、それは雄しべと雌しべをもち自家受粉するが、他の木からも受粉することができる。トウモロコシが雑種形成できることに気づいた最初の人びとの中に、その名が一般的には科学とは無縁の男がいた。セイラム（マサチューセッツ州）の魔女裁判を焚きつけたことで知られているピューリタンの牧師、コットン・マザーだ。一七一六年、マザーは作物の雑種形成として最初に知られている実験をおこなった。標準的な黄色いトウモロコシの風上に、赤と青のトウモロコシを数列植えたのだ。その結果、風下の黄色いトウモロコシに複数色の穂軸ができ、風に運ばれて交雑受粉が自然に起きたという難攻不落の証拠が得られた、と彼は書いている。難攻不落の証拠に対するマザーの追求が、トウモロコシ畑を超えて魔術にまで広がっていたら、歴史はまた別の経路を辿ってしまったのだろう。それはともかく、この牧師は何かを発見しようとしていた。

トウモロコシはチャールズ・ダーウィンの関心をも惹きつけた。ダーウィンは一八七六年、他の品種と交雑受粉したトウモロコシは、自家受粉または同系交配したトウモロコシより優れていることを発見した。この現象は後に「雑種強勢」と名付けられた。というのも、異種交配された木は多くの場合、どちらかの親よりもはるかに健康的で、より生産性が高いからだ。ダーウィンが好んだ雑種強勢の例はラバ（雌の馬と雄のロバのかけ合わせ）だった。「雑種はそのいずれかの親よりも、思考力、記憶力、頑固さ、社会的愛情、筋持久力、および寿命の点ですぐれているということは、人為的なものが自然を上回るということをここに示しているようだ」と彼は書いている。

トウモロコシの場合、雑種強勢とはより健康な木、より強い干ばつへの耐性、そして最も顕著なのが、より大きな収量を意味していた。この発見はまさに革命にほかならない。一九三五年、アイオワ州で栽培されたトウモロコシの中で、交配種の種子から育ったものはほんの一〇パーセントだった。それからわずか四年後、この数値は九〇パーセントまで急上昇していた。二〇世紀の終わりには、アメリカのトウモロコシ畑一エーカー当たりの収穫高が、二〇ブッシェルから一二〇ブッシェルと、約六倍も増加した。

その他の作物のブリーダーもこれに注目し、第二次世界大戦後の一〇年間は、いわば、雑種形成のサラダデイ〔サラダデイとは若くて未熟な青春時代の意味〕を象徴していた。そしてこのサラダが、まさに新鮮なトマトを手に入れようとしていたのだ。

一九一五年、当時オスマン帝国の支配下にあったパレスチナに生まれたオーヴェッド・シフリスは、ユダヤ人の最初の農業集落、アイン・ガディムにあるモシャブ（一部集合的な農業共同体）で育てられた。

二一歳のとき、シフリスはヘブライ大学で学んでいた農業学を離れ、アメリカ行きの船に乗った。そして一九四二年、このアメリカの地で、世界最大の種子会社、W・アトリー・バーピー&カンパニーの野菜品種改良責任者の職を得た。

「彼は若干二九歳でしたよね」と、私はバーピーのCEO、ジョージ・ボールに電話越しに尋ねる。「その役職に就くには若すぎませんか?」

「いえいえ、そんなことはありません」とボールはきっぱりと言う。「本当のところ、誰かを必要とするときというのはそういうものです。植物の品種改良は科学であると同時に芸術なのです。実際、抒情性を含むので、芸術の方により近いかもしれません。私が言っているのは、植物が人に与える印象のことです。花の品種改良は非常に複雑です。でも野菜の品種改良は外観以外の特徴がたくさんあるため、特に難しいのです。途方もなく複雑です。だからこそ、そこには驚くべき発見があるのです。そしてオーヴェッドは神童でした。本当に頭脳明晰でした」

オーヴェッド・シフリスが大学院を出て間もない三〇代でやっていたことは、家庭菜園家のために、世界がこれまで見たこともない最も重要で革新的なトマトの交配種を作ることだった。その名も、ビッグボーイ・トマトだ。

正直なところ、裏庭のトマトの何がそれほど革命的なのかを想像するのは難しいが、私がその質問をすると、ボールの声が弾んでくる。私は彼が当然、収穫高とかサイズとか病気への耐性などについて話すと思っているのだが、それは一九四九年当時、つまりビッグボーイがデビューを飾り、トマトの栽培が現在とはまったく異なる仕事だったときに、私がまだ生まれていなかったからだ。その頃、菜園家が手に入れることのできたトマトの木は高く成長するもので、あまりに高く伸びて大きくなるため（バスケットボールのゴールより一五〇センチ以上も高い四・五メートル以上の高さになる）、ボールが言うには、菜園家はトマトの木の手入れをするのに梯子をもって来なければならず、ジャングルのようにごちゃごちゃと絡み合うツルはたいてい、ティーピー〔北米インディアンのテント小屋〕のような構造の大きな支柱に支えられていた。

「梯子ですか？」と、私は頭の中で、高さ四・五メートルのところで脆いティーピーをぎゅっと握りしめて体を支えながら、木枝を刈り込み、ツルを結んでいる自分の姿と、私が無事に降りてくるのを懇願するように見守る妻のアンの姿を思い浮かべようとする。

「梯子です。当時、家庭菜園家のほとんどは年配者でした。これは疑いの余地がありません。データで見ていますから。それにオーヴェッドと言えば、彼はとても好奇心旺盛な男でした。農園からジャーマンタウン〔ペンシルベニア州〕にあるバーピーの本社までやって来て、郵便物を読むのです。その中には『夫はもうトマトを育てることができません。もう一度栽培できるようになるにはどうしたらいいですか？　一度落ちた経験があるので、梯子にのぼることができないのです』といったような手紙も珍しくない。また、『バーピー氏へ　梯子を使わない方法はありますか？』といった手紙もよく来ました」

「ビッグボーイで大切なのは、彼がその高さを、ずっと低くしたことです」シフリスはそれを素直なものにもした。典型的なトマトの木よりも曲がりくねっていないツル（とはいえビッグボーイは有支柱のコルドン型だが）は、ティーピーやそれと同種の支えを必要とせず、一本の支柱にすべて結びつけることができた（菜園家にとってもうひとつ画期的なものとされていたトマトケージ〔トマト用の立体型支柱〕の市販化は、まだ数年先のことだった）。ボールはインパクトを与えるために少し間をおいてからこう言う。「まさに革命、完璧な革命でした」と。
トマトそのものに関しては、ボールは次のように述べている。すばらしい香りと最大四五〇グラムほどの果実になる「このすてきな、甘くて丸いトマトの輪切りこそ、何にでも使えるものでした。サンドイッチにも、サラダにも――一般的なガーデニングや料理に適したパーフェクトなトマトです」と。さらに当時にしては卓越した、病気への耐性もあった。

ビッグボーイはたちまち、まさにガーデニング好きの一般大衆のトマトとなり、こうした愛好家の数が増えていったのも偶然ではない。「オーヴェッドがビッグボーイの品種改良をおこなうまで、このトマトは熱烈な愛好家の最大の関心事でした」と、ボールは二〇〇四年のシフリスの死後に刊行された『ニューヨーク・タイムズ』で話している。「突然、誰もが――お母さんもお父さんも、となりの家のボーイスカウトも――庭でこのトマトを栽培することができるようになったのです。ガーデニングの世界では、「それはV8エンジン〔大型乗用車に使われているエンジン〕かマイクロチップくらい革新的なものでした」

自分の手の中にあったものにシフリスがすぐに気づいたかどうかは定かではないが、彼の研究ノートにはこう書かれてある。「交配種のトマトの起源は比較的最近で、

ウィスコンシン州マディソンのある家庭菜園家の 1936 年の写真。ビッグボーイ以前、トマトを収穫するにはこのような梯子が必要だった（ウィスコンシン歴史協会、WHI-15357.）。

商売でどれくらいうまく定着するかは時間だけが教えてくれる」と。

「オーヴェッドはビッグボーイを開発するのにどれくらいかかったのですか？」と私はボールに尋ねる。

「だいたい八年から一〇年です」トマトの木の丈を低くするのはそれほど難しくないが、実際に難しいのは、その他の理想的な品質のすべてを失うことなく丈を低くすることだとボールは説明する。たとえば風味、花付きと結実のよさ、病気への耐性、果実の外観やサイズといった要素だ。「進化させなければならないことは、文字どおり一〇以上もあり、これらすべてをひとつの品種で正確におこなう必要があります。それゆえ非常に複雑で難しいのです。そしてだからこそ、植物の品種改良をする人がこれほど少ないのです」

トマトの他にも、オーヴェッドは時間を見つけて、キュウリ、ナス、マスクメロン、スイカの交配種を開発し、世界で初めて成功した。すべて合わせると、バーピーにいた短期間に一二の交配種を作り上げた実績をもつが、ビッグボーイほどの成功を収めたものはひとつもなかった。

それでもオーヴェッド・シフリスはもっと大きな野望を抱いていた。一九四〇年代後半のビッグボーイの開発は、一国の誕生と時を同じくしていた。中東の雲が晴れたとき、オーヴェッドが生まれたパレスチナの地は、イスラエルの州に収まっていた。シフリスは任務を果たすために故郷へ帰り、砂漠に花を咲かせ、レホボトにあるウェイズマン科学研究所で植物遺伝学プログラムを創設し、その監督をおこなうことになった。それから六年間、彼はこの地に住み、石油に代わる品としてトウゴマの種子を開発する計画を長年研究した。

一九五八年、シフリスはアメリカへ戻り、ラトガーズ大学で教鞭をとり、一九八四年に退職するまで、この大学で研究と品種改良を続けた。その頃には、トマトからカボチャへと方向性を変え、もうひとつの重要な、あまり世に知られていないが重大な発見に至った。すなわち、キュウリモザイクウイルスに耐性のある黄色いカボチャの苗床だ。黄色いカボチャの外観を損なわせるこの病気は、実がなる前から、市場に出せないほどのリスクを負わせる。トウモロコシや米、ジャガイモと同じように、世界各国で栄養のある主要作物となることが期待される新しいカボチャの品種――ビッグボーイのカボチャ版――を開発したいという夢を追い求めるオーヴェッド・シフリスの姿は、彼が八九歳でこの世を去る前年まで、研究現場や温室で見ることができた。

　ビッグボーイについて、私はジョージ・ボールにこんな質問を投げかけた。「この名前がどこから来たか、私たちにわかるのでしょうか？　それともオーヴェッドは、これを墓場までもっていく秘密にしたのですか？」

　私は気に障るようなことを言ってしまったことに気づく。ボールが、どこかたどたどしく語りはじめたからだ。

「そうですね、イエスともノーとも言えます。ここでは軽く触れておきましょう。というのも、『USAトゥデイ』を含めたくさんの人が押しかけてきて――私はショックを受けました――それが、私が一九九一年にこの会

ビッグボーイ・トマト、家庭菜園に革命を起こしたこのトマトは1949年のバーピー種子カタログの裏表紙でデビューを飾った（W. アトリー・バーピー＆カンパニーの許可を得て転載）。

社を買収し、一家のメンバーのひとりを解雇しなければならなかったときのことです」その解雇された人物こそ、創立者W・アトリー・バーピーの孫、ジョナサン・バーピーだった。「これは誤解というか――とにかく悪い話ではないのです。新聞の一面に掲載されただけの、ほんのちょっとした話題に過ぎません」

「ほんのちょっとした話題」を一面に？　今度は私も細心の注意を払う。ボールはこう続ける。「彼が何歳だったのか、正確にはわかりません」（彼は五一歳だった）「でも彼を解雇しなければならなかった。それはただ、まあ、そのときが来たからです。それにこの会社は、その二〇年前にすでに「ゼネラルフーズに」売却されていました。そういうわけで、私たちは彼にじゅうぶんな手当を与えました」そして、さよならしたのだ。

しかし、「バーピー、ビッグボーイをお祓い箱に」、「バーピーのビッグボーイ、追放される」といった新聞の見出しが出ても、ジョナサンはさよならを言わなかった。そして自分こそ、史上最も有名なトマトの名前の由来となった「ビッグボーイ」なのだと恨めしそうに主張した。それは間違っています、とボールはきっぱりと言う。「オーヴェッドがその品種改良をおこない、オーヴェッドがそれに名前を付けたのです」と。そして彼は、自分の息子、ジョーダンにちなんでそれを名付けたと言う。「だからジョーダンこそビッグボーイなのです！」またジョーダンはジョナサンの遊び友達で、ジョナサンより秀でていた。

いずれにせよ、「ビッグボーイ」は誰が何と言おうとすばらしい名前だということがわかり、頭韻を踏んでいることからも、英語を話す人には覚えやすく、外国人にとっても発音がしやすい。ボールはこう言う。世界中を飛び回って販売会議のようなものに参加すると、英語をほとんどしゃべらない人びとが自分のところに来て、「ビッグボーイ!」と言うのだ、と。結果的に、ネイティブスピーカーにとってさえも発音しづらい言葉、それが「トマト」だということがわかった。

「私は実に一九七八年以来、ト・マー・トの品種改良をおこなってきました」と、サイモン・クロウフォードはイギリスのヨークシャーにあるオフィスから、ビデオリンクを通じて私に話す(アメリカはこの単語を「ポテイトウ(potato)」のように発音する数少ない英語圏の国のひとつだ)。その品種改良のほとんどをおこなっているバーピー・ヨーロッパの取締役社長になるまで、バーピーの品種改良責任者として働いていたクロウフォードは、現代の種屋とブリーダーの新顔(きれいに髭を剃った)であると同時に、こんにちの種《シード》ビジネスのグローバリゼーションを象徴する権化でもある。彼は世界中を旅し、イリノイ州と環太平洋地域に住み、その後、故郷のイギリスへ帰ってきた。これまで住んだり訪れたりした国のリストは、まるで世界地図のようだ。*

一八七六年にフィラデルフィアに設立されたバーピー(リヴィングストンはその頃、自身のキャリアのピー

＊　オーストラリアのシドニー、メルボルン、パース、ブリスベン／ニュージーランドのオークランドとパーマストンノース／日本の千葉県と青森県／中国の香港、昆明、北京、上海／インドのバンガロールとデリー／インドネシアのジャカルタとマラン／そしてシンガポール、タイ、韓国、メキシコ、エクアドル、コロンビア、チリ、ブラジル、アルゼンチン、アメリカ、実質的に全ヨーロッパ諸国。

クにあった）は、イギリスにヨーロッパ本社がある。オランダには品種改良研究開発ラボがあり、インドでは耐熱性試験がおこなわれ、アメリカでは北米市場に関するすべての新交配種のフィールドテストが実施されている。クロウフォードはリヴィングストンと同様、シードビジネスの実質的にあらゆる側面に携わってきたが、彼の情熱はトマトの品種改良にある。

技術論文を読み、ウェブサイトを調べ、なんとかその内容を把握しようと何時間も苦戦したにも関わらず、私はアダムとイヴが家族計画を理解した程度にしか雑種形成を理解することができない。そこで、クロウフォードは自分の仕事を早く切り上げ、雑種形成がどのようにおこなわれるかを私に説明してくれた。彼はBBCのガーデニング番組のホストのような落ち着きと豊富な知識によってその役割を遂行しているように見えた――BBCではあまり耳にすることのないふたつの単語、除雄（雄しべを取り除くこと）と振動装置についての話が始まるまでは。

「トマトは、当然のこととして自家受粉します」とクロウフォードは始める。というのも、トマトの花には雄性と雌性の両方の器官があるからだ。数世紀にわたって人間がトマトをいじくっている間に、花粉を受け取る雌しべの一部である柱頭が短くなり、ほとんど閉じた円錐の中に後退して、ある種の貞操帯のようなものが形成される――虫が他の花から花粉をもって来たり、少なくとももって来ることを避けられるように。ところがハチの中でも、特に素早く羽を動かすマルハナバチは、それでもまだ果たすべき役割がある。マルハナバチが花にとまると、その羽から伝わる振動が花粉を揺らして浮かし、それが雌しべに落ちるというわけだ。花の根元にある受粉した子房が、後にトマトとなる。この自家受粉により、すべてのトマトとすべての世代（突然変異を除く）が、それより前のトマトのクローンになる。

一方で、クローンは欲しくないと仮定してみよう。ふたつの異なるトマトの品種をかけ合わせて、すなわち「交配」して、それぞれの品質をいくらか備えたものを手に入れたい——つまり交配種を作りたいとしたら？

「まずは自分が望む特徴を見極めることから始めます」とクロウフォードは話しはじめる。「たとえば、平均的なプラムトマトよりも糖度の高いプラムトマトを望んでいるとしましょう。その場合、サンマルツァーノなどの種類から始め、それをチェリートマトのような、もっと糖度の高いトマトと交配するのです」

親になるトマトは虫除けが施された別の温室で育てられ、早い時期に他家受粉されるのを防ぐ。原理主義者のサマーキャンプで男子と女子を分けるのと同じだ。とはいえ、一方のグループにはさらに悪いことが起ころうとしている。「自家受粉を防ぐには、雌の木として選んだものが花粉を放出する前に、その花から雄しべを取り除く作業をしなければなりません。これは鉗子やピンセットを使っておこなう必要があります」

その間、男子の部屋〔雄親として選んだ木〕ではちょっと楽しいことがおこなわれている。「端に小さな管のついた電動歯ブラシに似た小型の振動装置を使って、雄親から花粉を集めるのです。そしてその花粉を雌しべに送粉します」これには画家が使う小さな絵筆のような道具が使用される。

とてもシンプルに聞こえる。が、トマトの交配に成功することは、雌馬とロバをクローバー畑に放し、その気になるのを待つほど単純なものではない。その理由のひとつとして、トマトの交配の場合、その子孫にきわめて特定的な形質を期待するからだ。これまでのラバと同じようなものでよいというわけではない。その上、トマトを交配しても、望ましい形質だけが結びつくわけではない。結果としてできたトマトの交配種の中には、望ましくない形質は獲得しても、最良の品質を失ってしまうものもある。最初の交配でより甘いプラムトマトができることもあるが、それらを育て、テストしてみて初めて、ある暑い日、ヴィクトリア朝時代の乙女のようにしょんぼりとしているのを発見したりするのだ。または病気への耐性がまったくなかったり、粉をふいたような質感になったりする。さらに悪いことに、この仮説上の例で言えば、プラムトマトの形を作る遺伝子は潜性の傾向があるため、交配種はプラムトマトよりチェリートマトの子孫を多く生み出すとクロウフォードは指摘する。

したがって品種改良プロセスは、ひとつではなく複数の異なるプラムトマトとチェリートマトの交配種から始まるのだ。そこには数多くの（熟達した）試行錯誤があるという表現は、あまりにも控え過ぎる。そして、ひとたび有望な親系統を得たら――遺伝的多様性が拡大したら――、それぞれの親種の遺伝的多種性をほとんどゼロに減らす作業を始める必要がある。そうしないと「掛け合わせ」は同一の子孫、すなわち、よく売れる交配種を常に生み出すことはできない。

これは、リヴィングストンを繰り返し悩ませた問題だ。彼は、なぜ「何世代にもわたって悪い特徴が見られなくても、説明のつかない何らかの理由で、そうした悪い特徴が再び現れはじめるのか」を理解することができなかった。しかし私たちは、リヴィングストンが知らなかったことを知っている。つまり、そうしたトラブルメーカーである「潜伏する」潜性の遺伝子は、取り除く必要があるということだ。たとえば、赤いトマトはみな赤色の顕性遺伝子対をもち、ひとつは赤、もうひとつは黄色の遺伝子をもつため、単なる赤ではないことを確証しなければならない。どうすればそれがわかるか？これらを自家受粉させて、結果として生まれるすべての木が赤いトマトを実らせたときに限り、黄色の遺伝子を取り除くことができたということがわかるのだ。

これはほんの一例に過ぎない。これこそオーヴェッド・シフリスにとって一〇年近くの年月を要したこと、すなわち、それぞれの親系統を初期交配させてから連続近親交配をおこなうということだった――つまり、自家受粉、成熟、最良の木の選択を経て近親交配の別のサイクルをおこない、すべての子孫が同一かつ望ましい形質を保持するようにするのだ。これには一般に、八世代にわたる期間を要する。「完全に均整が取れた、遺伝学用語で言うところの『同型接合』として説明できる系統を生み出すことが、この近親交配のプロセスなのです」とクロウフォードは説明する。そしてもちろん、色などのたったひとつの形質だけでなく、新しい交配種にとって重要な特徴のそれぞれすべてに関して同型接合性がなければならない。

これは複雑なバレエ、すなわち遺伝的純粋性を要求する一方のパートナーと多様性を切望する他方のパートナーとのダンスであり、ワルツの踊り手とブレイクダンスの踊り手が織りなすパ・ド・ドゥであり、なんにしても長時間のダンスだ。遺伝子マーカーのような近代的なツールを使えば、ブリーダーが完熟トマトができるのを待たなくても遺伝子の存在を推量することができるのだが、それでも、こんにちの新しい交配種の開発には五~七年を要し、一〇万本もの苗木が必要となる。数日単位で開発されるアプリやミリ秒単位で配信されるメッセージなど、手頃な満足が得られるこの時代、植物の品種改良はまったく別の世紀に属しているもののように見える。しかし、適切な形質をトマトに取り入れることは、いろいろある中のひとつなのだ。私はボールとクロウフォードに、ブリーダーにはどんな形質、つまり特徴が必要なのかを尋ねる。

「好奇心です」とジョージ・ボールは何のためらいもなく答える。「好奇心は、すぐれた植物ブリーダーを探すとき、間違いなく最初に押すべきボタンです。そして僅差の第二位は、すぐれた鑑識眼です。このふたつを備えていればすばらしい植物ブリーダーになれるでしょう。頭の中にたくさんの情報を蓄えていればね。というのも、これは基礎工学と非常によく似ているからです。遺伝学にたずさわれば、工学的状況に自動的に投げ入れられ、そこで非常に複雑なものから新しいものを生み出さなければなりません」

サイモン・クロウフォードはこう付け加える。「それには訓練、組織——そしてきちんと記録しておくことが不可欠です。それから植物に目が利くことと、そこから何かを引き出そうという懸命さ。植物ブリーダーは畑に出ていく必要があります。研究所にこもってばかりではいけません。外に出て、作物を見て——実際に作物を取り扱って——それに関わるのです。ですから、園芸学全般の発展をよりよく理解する必要があるでしょう。栄養、病害防除——こうしたすべての側面が植物ブリーダーには不可欠なのです」

クロウフォードはロンドン大学で植物学と遺伝学を学んでいたときに、植物の品種改良に関心をもつようになった。「品種改良に関する文献を読み、卒業後、種子の品種改良をおこなうイギリスの小さな会社で働きはじめました。そして温室の中に解き放たれ、以来、過去を振り返ることはありません」彼が温室で過ごした時代は実りあるものだった。成功したトマト交配種の中には、クラウディデイズ（目まぐるしく変化するイギリスの気候に合わせて開発されたもので、その名前に何らかの意味合いをもつ数少ない交配種のひとつ）、ハニーコーム、チェリーベイビー、グラディエーター、ミディアムレア（ピンクがかったビーフステーキのようなトマトで、五〇〇グラムほどの果実を実らせる）、タンブラー（コンパクトな交配種で、ハンギングバスケットとして飾るために改良され、わずか四五日間——ほとんどの品種より一ヵ月程度早い——でたくさんのチェリートマトの房ができる）などがある。

「すばらしい冒険です」クロウフォールドは品種改良についてそう語る。「計画を立てようとしても、立てたそばからよくも悪しくも常に驚きがあります。初めてサンゴールドを味見したときのことを思い出します」サンゴールドは、黄金色のチェリートマトの交配種で、世界中の家庭菜園で好まれる品種となった。「衝撃を受けました。あまりに甘くて味が濃かったので、自分の味覚を疑うほどでした。サンゴールドは日本のトキタ種苗が品種改良したもので、二〇年前の当時から、私は彼らの品種改良に畏敬の念を抱いています。彼らは誰の真似でもない、本物のイノベーターです。独立した考え方ができる、これも植物ブリーダーにとってのもうひとつの重要な教訓です」

とはいえ、どんなビッグボーイにも少し残念なことが一〇〇個はある。ブリーダーになるということは、予測不可能なこと、説明できないこと、期待と不安、成功と失敗に対処するということなのだ。サイモン・クロウフォードのような人びとにとっては骨折り甲斐がある。「交配種を作ること自体もすばらしいしわくわくすることですが、交配後の夏に熟した最初の果実を目にすること――それこそがこの仕事の醍醐味です」

オーヴェッド・シフリスの他にも、二〇世紀のアメリカでトマトの雑種形成に成功した人物はたくさんいる。そして、トマトの雑種形成に最も貢献した人物は、ブリーダーでも何でもない男だった。チャールズ・M・リック――チャーリー・リックとして知られている――は植物学者、植物遺伝学者で、カリフォルニア大学デイヴィス校（UCデイヴィス）の市場向け作物部と呼ばれる一風変わった名前の学部で、一九四一年に教員の任命を受けた。その七年後、チャールズ・ダーウィンとインディー・ジョーンズのハイブリッドとして説明されることの多いリックは、南米——ほとんどがペルーとエクアドル——への一三回にわたる旅の一回目に出発し、栽培トマトの近縁野生種の収集と目録作成をおこなった。彼の初期の旅ははじめから最後まで容易なものではなく、貨物船で数週間かかったが、だからと言って、リックはトマトを探すために、ポンコツのフォルクスワーゲンのミニバンで家族を連れてアンデス沿岸までドライブすることを厭わなかった（冒険と不快感を初めて味わった息子のジョンは、後に考古学者となった）。

リックが南米の探検を始めたとき、北米で品種改良され、栽培されていたトマトはどれも、その四〇〇年前、スペイン人がメキシコ征服中に収集したほんのひと握りの栽培変種植物の子孫だった。そしてこれらこそ、アンデス地方で育った数少ない野生トマトから品種改良されたものだった。この時点ですでに小さなサンプルだった多様性は、アメリカに来る前に何世紀もの人為淘汰を通じてヨーロッパでさらに絞り込まれており、栽培トマトには野生個体群の総遺伝物質は五パーセントしか残っていなかった。

リックはその他九五パーセントを探しに出かけ、それまで発見されていなかった数百種の野生トマトの品種を集めた。その中にはまったく「トマト」ではない——つまり、学名 *Solanum lycopersicum* の種に属さない——ものもあったが、それでも栽培トマトと近親交配するのにじゅうぶんなほど関係性は近かった。その中には、トマトの原型種と考えられる種も含まれていた。エンドウマメよりわずかに大きい果実を実らせる小さなフサスグリまたはカラントトマト（*Solanum pimpinellifolium*）だ。南米で栽培されているトマト品種の種子から始めたリックは、UCデイヴィスにトマト遺伝資源センターを創設した。年間一〇〇〇袋もの種子の小包を郵送するこのセンターの種子バンクは、ブリーダーやリサーチャーなら誰でも利用できる。現在、リックの大学院の元教え子であるロジャー・チェトラットが指揮をとるこのセンターは、世界最大のトマト種子コレクションを誇ると主張している。

チャーリー・リックの成功は、周囲の環境という文脈からトマトを見るという彼のアプローチによるところがある。砂漠で育つトマトの木を見つけたとき、それが干ばつに耐性のある貴重な遺伝子をもつと彼は考えた。また、線虫類にうってつけの環境である再利用の廃水を引いているペルーの村のトマトを見たとき、これらのトマトはそうした害虫に自然耐性をもつに違いないと考えた。このような遺伝子が一度特定されれば、他のトマトに受粉させることができる。だがそれは一九五七年式のシボレーの部品を交換するほど容易なことではない。たいていの場合、遺伝子は分離するのが難しく、利点のみならず有害な影響も与える。このようなわけで、干ばつに耐性のある遺伝子配列が、より苦い味のトマトになったり、病気の影響を受けやすいトマトになったりすることがあるのだ。

リックはガラパゴス諸島を二度訪れている。ガラパゴス諸島と言えば、ダーウィンがさまざまな種類のフィンチ〔鳥綱スズメ目の小鳥の一種〕の研究中に自然淘汰と進化のひらめきを得た地だ。リックはチェリートマトに似たガラパゴストマトの種子を家にもち帰った。だが結局それらは発芽せず、専門的な技術のすべてに抵抗することがわかっただけだった。彼は溶剤に種子を浸し、サンドペーパーでそれをこすったが、それでも発芽する気配はなかった。発芽が可能になるには、動物の消化管を通る必要があることを知っていた彼は、次にこれらのトマトを、ガラパゴスでは一般的なマネシツグミとイグアナに与え（そして最終的にこれらを回収し）たが、徒労に終わった。

最後に彼は、ガラパゴスのゾウガメを思いついた。UCデイヴィスのキャンパスにはゾウガメがいなかったが、サンフランシスコ出身のロバート・ボウマンという名のフィンチの進化のエキスパートがいて、彼がゾウガメのつがいを裏庭で飼っているとの情報を得た。リックはボウマンに種をいくつか郵送し、ゾウガメに食べさせてほしいと依頼すると、その返信として、ボウマンは数日おきに、塚になった新鮮なゾウガメの糞を、探知を逃れるためにしっかりと密閉して郵送してきた（米国郵便公社では、糞便を送ることは現在と同様、当時も違法とされていた）。リックはその後、糞を一山ずつピンセットで入念に調べたが、回収した多くのサンプルの中から小さな種はひとつも見つけられず、送られて来る糞も次第に少なくなってきた。

リックの知り合いの動物科学者は、マーカー染料を使えばもっと簡単に検出できると提案し、ゾウガメに赤い染料とガラパゴス・トマトの種を密かに加えたレタスを食べさせた。一ヵ月後（ゾウガメはその評判どおり、すべての点において動作が遅い）、赤い種が見つかった。そして発芽したのだ。ガラパゴス・トマトは、チャーリー・リックの伝説とも言える決断に関するおもしろいエピソードを提供しただけでなく、二〇世紀の主要なイノベーションのひとつ、つまり機械的に収穫されたトマトにとってきわめて重要な形質をもっていることもわかった。

トマトをツルからもぎ取るとき（特に手で）、そこに緑の茎（小花梗）がくっついてくることが多い。これは茎の弱い部分、つまり「ジョイント」によるもので、このジョイントは、果実が熟すにつれて小花梗に形成され、野菜や果物の木が熟した果実を落としたり分散させたりするのを助ける。ところが、これがトマト栽培家や加工業者にとっては悩みの種なのだ。というのも、梱包出荷工場や缶詰工場へ送る途中で他のトマトにダメージを与えないように、この部分を畑で取り除いておく必要があるからだ。これがあるおかげで、機械式トマト収穫機の使用が長年阻まれてきた。

だが、ガラパゴス・トマト（*Solanum cheesmaniae*）は「ジョイントレス」なのだ。この形質が栽培トマトとかけ合わされると、その結果できる交配種の果実は、次に弱い部分、つまり茎とトマトの接合部でツルから切り離される。より硬い皮をもつトマトに交配させたところ、ジョイントレスという特徴によって機械式収穫機を使用することができるようになった。この機械はトラクターのような装置で、畝を這うように進み、鋭利な刃で根をスライスした後、トマトの木全体を地面から引っこ抜き、トマトの実がすべて木から離れるまで回収箱の上で激しく振り、後には幹しか残さない。

UCデイヴィスやリックと密に協力しあっていたカリフォルニアの栽培者にとって、機械式収穫機は神の賜物であり、慢性的な移民労働者不足を解消した。それは、一部にはメキシコ人の農園労働を制限した一九六〇年代の連邦政府政策の結果だ。この収穫機はほぼ一夜のうちに、アメリカのトマト加工業界を支配した（この機械は、選び抜いて収穫された傷のない果実を求める生鮮市場向けに育てられたトマトには少し乱暴すぎる）。もちろん、この開発をすべての人が喜んだわけではなかった。機械式の収穫は、カリフォルニア州の家族経営農園の衰退を促進した。小さな農園は機械に五万〜二〇万ドルもかけるわけにはいかなかったからだ（それに、この機械なしでは競争にも参入できなかった）。機械の発売から五年で、カリフォルニアの五〇〇〇人のトマト栽培者のうち四四二八人が廃業し、三万二〇〇〇もの仕事が失われた。

チャーリー・リックの業績はトマトの品種改良と遺伝学のほぼすべての側面にわたっていた。とりわけ重要なのは、トマトを植物の世界で最も理解されているゲノムのひとつにしようとしたことだった。あと数十年早く生まれていたら、彼の南米での発見は重要な進歩というよりも、植物学的な好奇心だった可能性が高いが、それが雑種形成の最盛期と同時に起こったという事実は、発見の多くが主流に流れ込む道につながったことを意味していた。少なくとも一六種の病気への抵抗は、リックの南米での発見によって現代のトマトに組み込まれ、その結果、ほぼすべての現代の交配種は、そのDNAとチャーリー・リックの成功にいくらかは負っているということになる。この雑種形成の黄金時代がトマトを宇宙時代へ誘《いざな》ったことは、ジェットスターとかスーパーソニックといったトマトの名前にも反映されている。あまりにも展開が速くてどういう成り行きでできたのかもわからないような新しい交配種も、病気への耐性の改良、完熟の早期化、より大きい果実、そしてより鮮やかな色などを誇っている。そして市場で売買する人は、見ただけでそれがよいものとわかったため、ビッグボーイに続いてベターボーイ、サニーボーイ、タフボーイ、ビッグガール、アーリーガール、ニューガール、ゴールデンガール、そしてブランディボーイなど、次々と新しい品種が続いた。

私は個人的にメンデルやリヴィングストン、シフリスやリックの名前にちなんだ品種がもっとあればと思っている。というのも、現代のトマトは彼らに多くの部分を負っているからだ。実際、これら四人のパイオニアの影響を受けていない市販のトマトを見つけるのは難しい。

だがその影響が問題なのだ。

というのも、これら新しいトマトがその祖先よりも大きいか、丸いか、なめらかか、赤いか、栽培が簡単か、または病気に強いかに関わらず、またそれらが家の庭でとれたものか、食料品店で買ったものかに関わらず、新世代の交配種には共通するひとつの形質があり、二〇世紀最後の四半世紀の間、それが気づかれないまま終わってしまうことはなかったからだ。

トマトの味は、よくなるどころか悪くなっていったのだ。

8　誰がトマトを殺したか？
悪口を言いたくなるトマト――フロリダ緑熟《りょくじゅく》トマト

「この赤いスーツケースはどなたのですか？」

これこそ、私が空港のセキュリティチェックで最も耳にしたくない言葉だ。フロリダのトマト農園を巡る一週間の旅の疲労が募り、一刻も早く家に帰ってベッドに寝転びたいと思っているときはなおさらだ。またもや――一キロのプラスチック爆薬と異様なほど良く似ている一キロのサワードースター〔酸味の効いたパン、サワドーブレッドを作るときの元種〕をもってフランス行きの飛行機に乗ろうとした前回と同様――TSA（米国運輸保安庁）が、私と私が乗る飛行機との間に立っている。

この荷物は、X線でも同じように爆発物が入っているように映るに違いない。だから私は、係員がバッグのジッパーを開けると同時に、先制的にこう説明する。「トマトです」と。

保安官はトマトを見つめ、困惑する。「でも、青いですよね」

しかも硬い。しかしこれが幸いした。というのもその直後、私がジッパーを閉めずにスーツケースをひっつかみ、ゲートへと大急ぎで走りはじめたので、中に入っていた一〇個のトマトすべてが、かっこよく散っていくビリヤードボールさながら、タンパ国際空港のフロアにばら撒かれ、弾みながらコロコロと転がっていったからだ。

「あらまあ、ごめんなさい！」ひとりの乗客が慎重につま先立ちしながら言う。

「ご心配なく」と私は言う。「これはフロリダ・トマトといって、これまでもっと酷い目に遭ってきましたから」

いや、これは冗談ではない。

フロリダ・トマトよりも悪い評判をもつ野菜を――さらに言えば、どんな食物も――想像することは難しい。このトマトは半世紀以上の間、嘲笑され、悪者扱いされ、けなされてきた。とはいえフロリダ・トマトは、味も趣もない工場食品の権化、ジャーナリストのアーサー・アレンの言葉を借りれば「われわれの不満を象徴する一般的な比喩」となった一方で、アメリカ人の食生活を変えるものでもあった。もぎたてのトマトはかつて、一年のうちの貴重な数ヵ月間だけ楽しめる、皆が待ち望む季節の――そして地域の――ご褒美であり、農産物直売所に初めてそれが並ぶと、多くの人は夏が本格的に始まったと思ったものだ。温室から直接買う（または温室を所有する）だけのゆとりがある最富裕層のアメリカ人は別としても、二月のトマトは八月のグレープフルーツと同じようなものだった。

フロリダはこの状況を変え、安価なトマトを秋から初夏までスーパーマーケットに提供し、どのレストランのサラダにも色味を添え、ファストフードレストランとして知られるようになるものの驚異的増加を促した。ところが、そうしたすべての成功にもかかわらず、この代物が本当に好きだと進んで認める人がいるとは思えない。そのほとんど味のない粉っぽい食感はしばしば、ボール紙か発砲スチロールを食べているみたいだと形容される。アメリカ人は決まって、嫌いな食べ物アンケートのトップに（つまり最下位の食べ物として）トマトと書く。年間四億五〇〇〇キロも食べているというのに。

国内で最も嫌われている野菜が最も広く食されているというようなことになぜなってしまったのか？　そしてなぜそれは、かつてのトマトからかけ離れた、そんなにも悪いものになってしまったのか？　これは、セロファンで包まれた三個入りの硬いトマトのパックを手にして以来、私を悩ませつづけてきた謎だ。だから私は、誰がトマトを殺したのかを突き止めるためにフロリダにやって来た――そしてこの犯罪事件が解決するまで、この地を去らないと決めている。

主犯――または少なくともその代理人――は、まさにこの部屋に私と一緒にいる。フロリダ州イモカリーにあるアメリカ最大のフィールドトマトの栽培者、リップマン・ファミリー農園のオフィスだ。まるで〈クルー〉〔イギリス生まれの犯人当てボードゲーム〕の実写版のような感じがするが、マスタード大佐とピーコック夫人の代わりに登場する、この事件の容疑者は以下のとおりだ。

CEO：ケント・シューメイカー、工場式農園、および農薬から利益までのすべてを代表する。嫌疑の主因：この男が私を現場に招いた。

農夫：トビー・パース、農園長、野菜を栽培し、ガス処理をする人。パースという苗字をもつということは元ＣＦＯか？　怪しい。

ブリーダー‥マーク・バリノー、品種改良と種子製造の責任者。トマトに風味を取り戻したいと考えている。良心の呵責を抱えている？

そして筆者である私だ。私は「エスタブルック現象」と自分で呼んでいるもののせいで、少なからず自分が疑わしいと思われていることをよく知っている。二〇〇九年、『グルメ』誌で、常勤ライター兼編集者のバリー・エスタブルックがある暴露をし（このことは、二年後の彼の著書『トマトランド』でさらに詳しく述べられている）、それまで私たちの大半が一ミリも考えたこともないようなものに広く世間の注目を向けさせることになった。つまり、このハンバーガーにのっているトマトはどうやってここまで来たのか、ということだ。しかも、それは深刻な状況であることが判明した。酷い生活条件、あからさまな賃金未払いと相まった低賃金、むち打ち、文字どおりの奴隷化（鎖でつながれるなど）までもが、フロリダ州イモカリー周辺の移民労働者が耐え忍んでいた日常的虐待の例で、当時彼らは、実質的にアメリカのすべてのファストフードのハンバーガー、タコス、サラダにのっているものを含め、一二月から五月までの間にアメリカで消費されるすべてのトマトの最大九〇パーセントを収穫していた。

突如として、私たち全員が共犯者となった。ドライブスルーに列をなすことは、二一世紀の奴隷制度を支持することに等しいのだ。擁護団体のイモカリー労働者連合（ＣＩＷ）は一九九〇年代から、改革をおこなうよう栽培者に強く要請して失敗に終わったが、株主ももたず知名度もない家族経営事業の栽培者は、悪評やピケを張ることに影響されないことが証明された。そこで二〇〇一年、ＣＩＷ

は別の作戦を試行し、イモカリー・トマトの最大の買い手に直接闘いを仕掛けた。たとえば、イメージを最重視する企業――〈タコベル〉、〈バーガーキング〉、〈マクドナルド〉、〈ウェンディーズ〉、〈サブウェイ〉など――に、トマト一ポンド（〇・四五キロ）あたり一ペニーの追加料金を要求し、この余分な金をトマト収穫者にボーナスとして直接与えることにしたのだ。

一ポンドあたり一ペニー、それによって収穫者にとっては貴重な、一週間あたり六〇〜一〇〇ドルが給与に追加されることになる一方で、ハンバーガーの値段を一〇分の一セントほど引き上げることになるが、こうした非常に収益性の高い企業にとっては丸め誤差にすらならなかった。それでも、これらの企業は何年もの間、意見を変えることを拒み、「社内労働争議」に関与する立場にはないと主張することで、農園で起こっている虐待や犯罪を見ないことにしていた。ところが、大学のキャンパスにある〈タコベル〉のボイコット事件や積み重なる執拗な宣伝活動により、その打撃は大きくなっていった。だが、最大の打撃は自ら招いたものだった。

二〇〇七年から二〇〇八年にかけて、インターネットのハンドルネームsurfzaholic36を使用していた人物が、さまざまなソーシャルメディアのプラットフォームでCIWに対する頻繁かつ猛烈で深刻な主張を投稿した。バーモント州の上院議員バーニー・サンダースのイモカリー訪問を報じた『ナポリ・ニュース』紙の記事を受け、surfzaholic36はこの新聞のウェブサイトにこうコメントした。「CIWは攻撃組織で、イモカリーからビジネスを締め出そうとする一方で私腹を肥やしている。彼らは……〈マクドナルド〉や、今では〈バーガーキング〉を攻撃することによって寄付金を得て金儲けをし、自分たちの組織にその金を回している。彼らは下等生物だ……私はこうした吸血鬼の正体を明らかにするために、善良な〈バーガーキング〉のワッパーをできる限りすべて買うつもりだ」

ワッパーへの奇妙な情熱にかき立てられたこの辛辣な攻撃は、フォート・マイヤーズの『ニュースプレス』の記者、エイミー・ベネット・ウィリアムズの関心を引いた。そして彼女は、surfzaholic36の電話番号を突き止めることに成功した。想像してほしい、可愛らしい女子中学生が電話口に出たときのウィリアムズの驚きを。ああ、あれは私じゃないわと少女は主張し、CIWについては何も知らないと言う。「あれをやったのは私のパパよ」と彼女は言った。彼はたまに娘のソーシャルメディアアカウントを使っているという。彼女の父親はなんと、バーガーキングの食品安全、品質保証、規制関連業務の副社長、スティーヴン・F・グローヴァーだったのだ。このPR活動が大失敗に終わったため、バーガーキングと他のレストラン、そしていくつかの主要なスーパーマーケットチェーンは抵抗することをやめた。注目すべきは、ウェンディーズだけは例外で、抵抗をやめる代わりにフロリダから完全に撤退した。

「パパ」は他の場所で仕事を探すよう指示された。

これらのファストフード会社とスーパーマーケットは小幅な増額に合意しただけでなく、労働条件の改善と経営陣からの公平な扱いと独立した監視を保証するCIWのフェアフードプログラムに署名した農園からのみ購入するという、より重い要求にも合意した。

『グルメ』誌の記事から一年後の二〇一〇年、ついに農園および、フロリダの赤くて丸いもののすべてを管理しているフロリダ・トマト栽培者取引所も負けを認め、合意事項が発効された。この変化があまりにも劇的だったため、イモカリーは今や公平な移民農園の国家的実践モデルとしてもち上げられ、エスタブルックは二〇一八年、著書『トマトランド――近代の工業型農業はわれわれの最も魅力的な果実をいかに破壊したか』の更新版を、『恥の収穫から希望の収穫へ』という新しい楽観的なサブタイトルに変えて出版せざるを得なかった。

ハッピーエンドではあるが、南部の記憶は長く続くことで有名であり、トマト栽培者は、また別の作家が北部からやって来てトマト産業に関する本を書くということに依然として慎重な姿勢を示している。中には、私の訪問にケント・シューメイカーが同意するよりも先に、私を追い払う者もいた。二メートル近い長身にパリッとしたジーンズとボタンダウンシャツを着たシューメイカーは、食品サービス大手のシスコで二六年間働いた後二〇一一年にリップマンに入社し、この家族経営企業でCEOとなった初の「よそ者」だった。彼は、慣らし運転期間をあまりもらえなかった。自らが皮肉にも指摘するように、彼の出現は『トマトランド』の出版と時を同じくしていたからだ。

「毎食トマトを食べる」と言うシューメイカーは、私のために二日間のインタビューとツアーを準備し、リップマンの栽培、収穫、梱包、品種改良業務のすべてに自由にアクセスしてもよいと約束してくれた——犯罪事件解決に必要な際どい質問をして門前払いを食らうことがなければの話だが。ところが、ここの人間は皆かなり機嫌がよく、リラックスした様子で冗談を言い合っている。それがなぜなのか、私はまもなく知ることになる。

保身を念頭に、まずは彼らを和ませるためにいくつかお世辞まじりの質問を投げかけた後、すばやく本題に入る——つまり、**なぜおたくのトマトはそれほどお粗末なのか？**　という質問にオブラートをかけたものだ。私がまだ口も開かないうちにシューメイカーは議題を先取りし、こちらが餌をあげるきっかけを掴むより早く、野獣の腹に私を直接放り込む。

「おそらく、あなたはフロリダ・トマトのテーマといったようなところから始めたいのでしょうが、みんないつも私にこう言います。『おばあちゃんがよく八月に収穫していたものと同じ味がするトマトを、二月に収穫することができないのはなぜなのですか?』と」

いや、断じてそれは私が始めたい出発点では**ない**。むしろそれを終着点にしたかったのだが、インタビュー開始一〇秒でミーティングの主導権を握るということにかけては、数百万ドル規模の会社のCEOにはとうてい敵わない。私は口を閉じたまま、シューメイカーが自分で提起した質問に答える間、メモをとりはじめる。

「私たちは二月に、フロリダのイモカリーからセントルイスへトマトを運ばなければなりません。あなたのおばあさんのトマトでは、そうはいかないでしょう。真っ赤な完熟トマトは輸送に耐えることができないでしょうから。だから私たちは、リコピンが豊富なフレーバーを加えました」リコピンとはトマトを赤色にするカロチノイドのことだ。「木から摘み取られた後、手で触られまくり、全国に流通させる過程を経て、それでもまだ消費に耐えるようなトマトに品種改良してきたのです。言ってみればすべてが挑戦です。常に選択しなければならないのですから」

「それでもまだ消費に耐える」というのは、必ずしも食品に関する好意的な宣伝にはならない。〈バーガーキング〉が「あなたのお好みどおりに」という四〇年来のスローガンを取りやめたのは、「消費に耐える」かどうかが問題なのではなかった——ところがシューメイカーは、私の訪問に対して挑戦と選択というテーマを設定したのだ。だがこの挑戦の中には、一世紀以上前になされた選択の直接的な結果として生まれたものもある。この犯罪事件の種が蒔かれたのはそのときだった。

トマトは南北戦争以来、フロリダで市販用に栽培され、最初の農園は、森林伐採を避けるために東海岸と西海岸に沿って建設された。一八七〇年代になると、トマトはサニベル島で栽培されるようになり（農地がコンドミニアムに置き換わる前）、キーウェストに出荷され、その後ニューヨークとボストンに向かう船に乗せられた。この州で最も一般的に栽培されていた五つのトマトの品種は、アクメ、ストーン、フェイバリット、パーフェクション、そしてビューティだ——すべてがアレキサンダー・リヴィングストン品種である。

フロリダ・トマトへの不満はフロリダ・トマトそのものと同じくらい古くからあり、一九二〇年のUSDAの公報には次のように記されている。「車何千台分ものフロリダ・トマトが毎年北部へ出荷されているという事実にも関わらず、その品質は……明らかに劣っている」「ピンク色で中身がない」という人もいるが、暑い鉄道車両での長旅を強いられるトマトは必然的に、熟すかなり前に摘み取る必要があったのだ。果実をどれくらい早い時期に収穫すべきかということが、一八八八年当時も論点となっており、ある栽培者は「色味を帯びる準備はできてはいるが、まだ色が表面化していない時期」に摘み取ることを推奨していた。それを聞いて私は、ポップコーンの袋に「最後の一粒がはじける直前に火からおろしてください」と書いてあるのを見たことを思い出す。

第二次世界大戦後、連邦高速道路システム、特にフロリダ南部からメーン州までを走るI－95の開発により、生鮮野菜の長距離輸送が実現可能となった。一九六〇年代には、アメリカのほぼすべてのスーパーマーケットや街角の食料雑貨店で、一〇月から六月の期間、フロリダ・トマトが売られるようになった。その多くがセロファンで包まれた紙のトレイに、まったく同じ形の傷のない……そして味もない三〜四個のトマトが入っているものだった。

一体、トマトの味はどこへ消えてしまったのか？

証拠書類1：裁判官、このトマトは青いです！

ケント・シューメイカーは全国にトマトを出荷する試みに関する話の中で、こう訴えた。「選択をしなければなりません」と。こうした選択の中で最も重要なこと――フロリダ・トマトを象徴する特徴――は、この業界が「緑熟」期と呼ぶ時期に果実を摘み取り、ガスでこれを円熟させるということだ。フロリダのトマトビジネスに縁のない人からすれば、「緑熟トマト」というのは「ウェルダンに焼いたタルタルステーキ」と同等の撞着のように聞こえる。ところがここトマトランドでは、それは栽培戦略のみならず信念体系でもあるのだ。

「緑熟」とはどういうことなのか？　リップマンのナポリ農園の支配人、クリス・キャンベルは次の日、私を畑に案内してくれる。長身痩躯でいかにも素朴なキャンベルは、私が見て育った一九五〇年代後半の子ども向けテレビ番組の農夫を思い起こさせる。当時、フロリダ・トマトは本調子に乗りはじめたばかりだった。自分の庭にあったら、あと数週間はもぎ取ることなど考えもしないような硬い緑のトマトをカットしながら、キャンベルは手にもったナイフの先で子室（完熟トマトの、種を含む柔らかい部分）のひとつを丹念に調べる。「ここが、このようにゼリー状になりかけています。そして種が茶色くなっている。こうなれば収穫の準備ができたと言えます」

たしかにゼリー状の部分が中に少しだけあるかもしれないが、その他の部分と同じように鮮やかな緑、アイルランドの春の緑、カエルのカーミット〔一九五五年にジム・ヘンソンが作ったマペット〕の緑色をしている。「これが完熟トマトだとすれば、熟していないトマトというのはどんな色をしているのですか？」と私は尋ねる。

キャンベルは木の高いところからとってきた小さめの果実を切って中を開き、私に見せる。ところがそれも、中は熟している。次に選んだトマトも熟している。明らかに、専門家にとってさえも、未緑熟と緑熟を区別する方法はトマトを切ってみることでしかわからないのだろう。三回目の挑戦で、探しているトマトが見つかる。子室がまだ硬く、白みがかった種のあるトマトだ。

では、収穫者は、どれを選ぶべきかをどのように知るのだろうか？　畝を横切るように水平方向に糸を張り、その糸より下にある実――より古いトマト――はすべて収穫できるとする農園もあるが、ここの農夫たちは、キャンベルがトラックに常備している、適切な大きさに固定した型のようなものを使って、サイズで判断している。トマトのうち、だいたいテニスボールより大きくなったもの、厳密に言えば直径が約五・八センチより大きくなったものはかなりの割合で緑熟期に達しており（つまり、ある一定のパーセンテージにはまだ達していないということ）、それらはすべて収穫できる。理論上は。

そして天候が許せば。

晴天の天気予報にも関わらず、メキシコ湾から霧雨まじりの風が断続的に吹いてきて、この日の収穫を脅かす。果実が濡れると貯蔵病害やその他の梱包上の問題につながるため、その日に収穫をおこなうかどうかの判断は非常に重要になる——会社にとってだけでなく、この日のためにイモカリーから一時間半もバスに揺られてやって来た何百人もの労働者にとっても、だ。

キャンベルが私をピックアップトラックに乗せ、約五〇〇〇エーカーのトマト畑を突っ切っている間も、彼の電話は畑からの報告で鳴りっぱなしの状態だ。これほど広大な農園となると、ある場所は乾いているのに、ある場所では雨が降っていたりすることもある。

私たちはトマトを収穫する一団の近くに車を寄せる。畝に沿って黙々と作業をする彼らの後を、一台のトラックが追いかける。私は一番近くにいる収穫者に目を留める。他のほとんどの人と同じように、彼はH－2Aの一時農業労働者ビザが認められたメキシコ人移民だ。トマトの木の前にしゃがみこみ、両腿の間に大きなプラスチックのバケツをはさんでいる彼は、ツルから緑色の果実をもぎ取る。その手の動きは非常に速く、まるで六本の腕をもつヒンズー教の神のようだ。ほんの数秒で、彼はあまりに小さくて——またはあまりに熟しすぎていて——収穫できないトマトだけを残し、木からすっかりトマトをもいでしまう。そして六〇センチほど先の次の木に移り、バケツがいっぱいになるまでトマトをもぎ取る。

バケツを肩の上にもち上げると、彼は急いでトラックの方へ歩いて行き、九・五キロの積荷を収集人のところまでもち上げる。収集人はそのトマトを四五〇キログラムの回収箱に投げ入れ、レシートと一緒にバケツを返してくれる。六〇セント分だ。彼は渡された硬貨をポケットに入れ、担当する畝の次の木に急いで戻る。摘み取って投げ入れて戻ってくるというこの全サイクルを、彼はわずか九〇秒でこなす。

摘み取っては投げ入れ、摘み取っては投げ入れの繰り返し。それは魅惑的な光景で、二〇人もの人間働きバチがトラックから散開し、数秒後には、巣に運ぶための食料をもって戻ってきて、それをトラックに投げ入れ、次の食料を求めて急いで散り、そんなことを何時間も繰り返しているのだ。この男たちは概して背が低く、トマトの木は背が高い。だから私の目線からは、胴体のない頭と、緑色のトマトが縁までいっぱいに入ったバケツが、畝と畝の間にぷかぷか浮いているように見え、それはまるで大ブリューゲルが描いた田園風景のようだ。

フロリダのトマト収穫者、緑熟トマトでトラックをいっぱいに満たしている（Jan Halaska / Alamy Stock Photo.）。

どんなロマンティシズムを呼び起こすものであろうと、その光景は、キャンベルが私に一個のバケツと一対のニトリル手袋を手渡したとたん、一気に色褪せていく。トマトの木の前にしゃがみこむと、私は即座に目を細める。「茎を取り除いてください」と彼は指摘する。茎の付いたトマトは、乗客でいっぱいの船上でカトラス〔船員や海賊が武器として使う短剣〕を振り回す酔っ払った船乗りのようなものだ。曲がりくねった茎が一本あるだけで、他の数えきれないほどの果実に致命的な傷を負わせることにもなりかねない。カリフォリニアの加工用トマト畑を牛耳っているジョイントレス・トマトと異なり、これらのトマトは小花柄の脆い部分で折れてしまう。非常に弾力性のある小さな切り残しを取り除くのに、私には数分かかるところを（覚えているだろうか、これは緑色のトマトだ）、季節労働者は早業の手品師のように取り除く。トマトをもぎ取ったかと思うと、ほとんど目に見えないようなスムーズな動きで、たった一回だけ、自分のズボンの腿のところに茎を擦り付けてバケツに移す。「特別なスキルなんていらない仕事」だって？　とんでもない。

しかも私は慎重すぎるところがあり、トマトのサイズが適切かどうか、ひとつひとつ確認してからもぎ取る。経験不足と言われればそれまでだが、バケツ単位で支払いを受けているここの労働者は細かいことなどまったく気にせず、私が丹念に精査している間に一本の木を裸にしてしまう。私はとにかくバケツをいっぱいにすることが目標だったが、全体の三分の一もいかないうちに、チタンのように固くなった私の腰は、そろそろ切り上げた方がよいと悲鳴をあげ、背中もそれに応じる。これは若者向けの、しかもきついゲームだ。とはいえ、体力的に問題がなければそこそこ金になる。一回目と二回目の収穫では、たくさんのトマトがとれて、バケツも一番早くいっぱいになり、収穫者平均で一時間にバケツ三〇〜三三杯分のトマトがとれる。つまり一時間あたり平均一八〜二〇ドルで、それに一ポンド（〇・四五キロ）あたり一ペニーのボーナスが付くという計算になる。これはメキシコで一日中トマトを収穫して稼げる金額に近いが、一九九四年のＮＡＦＴＡの可決以来、メキシコはフロリダのトマト産業を侵食しつづけている（アメリカは現在、フロリダで栽培されているトマトの二倍の量をメキシコから輸入している）。

このことは、こうした若者たちがボロ儲けの仕事を手に入れたということでは決してない。またこんにちのように、時給一一・二九ドルという、フロリダの最低農業賃金と大差ない金額しか稼げない日もある。というのも、また霧雨が降り始めたからだ。

「回り道をしても構いませんか？」と、キャンベルはほぼ三分ごとにかかってくる電話に応対しながら私に尋ねる。

もちろんです。こんな忙しい日にここにいて申し訳ない。

「とんでもない」と、彼は気さくに笑って答える。「こんなことは日常茶飯事です」われわれはドライブを続け、他の区域の状態をチェックする。トマトの木に繁る葉は濡れているが、その樹冠の下に実る果実は今のところ乾いている。雨がやめばこれを収穫できるが、天気は腹立たしいほど気まぐれだ。天気がどちらに転ぶか決まるまで、キャンベルは三〇分程度トマト摘みを中断する決断をする。

キャンベルが望んでいるのは、これらのトマトをツルからもぎ取ることなのだ。雨のせいでここ二日間収穫ができず、中には熟しはじめているトマトもある。これは、フロリダ・トマトのカオスな世界ではよくないことだということを覚えておいてほしい。

より緊急度が高いのは、メキシコの天気の悪さと病気のせいで、フロリダ・トマトの価格が高騰している――二五ポンド（一一キロ）入りの箱ひとつあたり二五ドル、つまり一ポンド（〇・四五キロ）一ドル――ことだ。これが、イモカリーに活気が戻ったことの説明になりそうだ。トマトの価格は日によって大きく変動することがある。最近では一箱五ドルまで下がったこともあるが、これは作物を処分するときと同じ価格だ。収穫して出荷するよりも処分する方がコストがかかってしまうため、そうならないように、皆、これらのトマトを市場に出したいと願っている。しかも今すぐに。

たとえそれが「緑熟」の定義を少しだけ押しつけることになろうとも。「今ならいい価格になります」とキャンベルは言う。「だからまさに今が収穫時かもしれません。これをガス室で赤くする――つまり成熟させる――のです」そしてバケツの中に入れられる。数時間のうちに、それらはイモカリーに到着するだろう。

今から二〇年前にリップマン・ファミリー農園の仲間入りをしたトビー・パースは、CFO（最高財務責任者）を経て、より幅広い役割を担うCFO（最高農園責任者）となった（「いずれにしてもCFOなので、名刺を新しく刷り直す必要がありませんでした」と彼はジョークを言う）。この役職に就いたことで、彼は事務所のデスクを離れただけでなく、日常的な業務の責任を負うことにもなった。私が収穫したトマトが市場に送り出される次のステップを見るため、パースはリップマンのオフィスに隣接する梱包工場へ私を案内する。ここでまたひとつ、ボードゲームを引き合いに出すことを許していただけるなら、これは驚くほど〈蛇と梯子〉〔イギリスの古典的なボードゲーム〕の実物大バージョンを彷彿とさせる。最初の蛇がトマトをトラックから施設へ運ぶ。しかも四五〇キロを一度に。

ところで、トラックから四五〇キロのトマトを投げ下ろすことは、特に下敷きになってしまう哀れなトマトにとっては悪影響があるのではないかと思うかもしれない。そんなことはない。このシーンを撮るにあたり、傷を負う果実はひとつもない。というのも、それらは消毒用の塩素が入ったプールの中に投げ込まれるからだ。一周してからもう一方の端にある梯子をつたって再び現れたトマトは、ベルトコンベアにのせられ、この上で故意に弾ませて乾燥させ、曲がった茎が除去される。その後、光学式選別機にかけられ、高度な高速光学解析を用いて、大きすぎたり、小さすぎたり、赤すぎたり、傷がつきすぎていたりするトマトを選り分ける。

「合格」したトマトは、ヘアネットを被った女性作業員が並ぶ別のベルトにのせられる。彼女たちは選別機が見逃した不完全なトマトをよけているのだが、この仕事には集中力と手先の器用さが求められる。基準に達した果実――ツルからもぎ取ったトマトの約七五パーセント――は仕分けられ、一一キロ入りの箱に詰められる。

パースは先に進もうとするが、私はこの選別機にすっかり魅了されてしまう。それはまるで、筋肉増強剤を使用しているサッカーのゴールキーパーのように、選別機の下でぴょこぴょこ跳ねているトマトを選り分けているのだ。一九三〇年代、ミシガン州の美容業界で最初に開発された光学選別機は、現在ではカメラ、レーザー、ソフトウェアアルゴリズムを組み合わせることによって、コーヒー豆の点検からリサイクル品の仕分けに至るまで、さまざまな用途に使用されている。

おばあちゃんの完熟トマトはセントルイスまで到達することはないだろう、とシューメイカーは言っていた。真実は、バケツから投げ込まれ、トラックからなだれ落ち、ローラーの上で弾み、輸送用の木箱の中に投げられたら、イモカリーから脱出することすらできなかっただろうということだ。これらのトマトの扱われ方を見て、私は気づく。この業界はトマトを青いままもぎ取りたいと思っている、というのは誤った表現だということを。彼らはそれを硬いままもぎ取りたいのだ。というのも、フロリダ・トマトの販売の全ビジネスモデルは、社内ピクニックでそれらをソフトボールのように投げることができるかどうかにかかっているからだ。だが残念ながら消費者にとっては、青さと硬さは切り離せない。

しかし一体なぜこれらのトマトは、それほどぞんざいに扱われなければならないのだろうか？　その答えが私の目の前をあっという間に横切っていく。つまり量だ。リップマン・フロリダのいくつかの拠点のひとつ、このナポリの農園だけが、最大九〇万キロのトマト――大型トラック五〇台分――

を一日で生産することができる。この規模で、私が家の庭でとれたトマトを取り扱うときの半分くらいの慎重さでそれぞれのトマトを取り扱うとしたら、イモカリーの全住民の助けが必要となるだろう。フロリダ・トマトの約四分の三が食品サービス業界、つまりファストフード店やシスコのような食品卸売業者や、大小さまざまなレストランなどにわたっている。トマトをそれほど大量に――しかも安く売ることが最重要事項だということを、私はまもなく知ることになるのだが、そのためには手袋をはめた手ではなく、フロントエンドローダーでそれらを移動させることができなければならない。

パースは梱包作業の最終段階である貯蔵庫に私を連れていく。そこでは、出荷を待つ何箱ものトマトがパレットの上に積み上げられている。ところが、見たこともないものがそこにあることに気づく。それが何か、私は知っていた。そこに、このプロセスの最も論争を呼ぶ部分が隠されているのだ。

「いつガスを取り込むのですか？」と私は尋ねる。

「今、取り込んでいます」

私はエチレンを吸いながらここに立っているのか?! パースは私の目――もしかしたら私の声――に警戒心を読み取る。私はこの内なる声をうっかり口に出してしまったかもしれない。「きわめて安全ですよ。たった一〇〇～一五〇ｐｐｍの濃度のものしか使っていませんから」

主にプラスチック（ポリエチレン）の製造に使用される炭化水素であるエチレンと、スタイロフォーム――ううむ、これは適切だと思われるが――は、高い濃度で使用すると危険度が増す。実際、一九五〇年代に入り、トマトが、壁の穴に埋め込まれたホースから出る一〇〇パーセントエチレンでガス処理されていた頃、飛び散った火花やポイ捨てたばこが原因で、熟成小屋の焦げた破片とローストされた緑色のトマトは珍しい光景ではなかった。

エチレンの使用は、一九世紀の農家が熟成プロセスを加速させようと、ためしに熟成小屋を灯油ランプで温めたとき、ひとつの偶然として始まった。一九二四年になって初めて、ミネソタ大学の科学者R・J・ハーヴェイが、熱ではトマトを熟成できず、むしろ燃焼したときの副産物であるエチレンにその可能性があることを発見した。こうして現代のフロリダ・トマト産業が生まれたのだ。

フロリダ・トマト産業は、このプロセスに不自然なところは何ひとつないこと、またトマトを熟成させるだけでなく、開花や落葉を調整するのにも重要なホルモンであるエチレンは、トマトの木そのものによって合成される天然由来の化合物であると主張している。そしてこのほとんどが真実だ。このトマトは非常に早い段階でもぎ取られるため、遺伝子的な熟成スイッチがまだオンになっておらず自分自身で熟成に必要なエチレンをじゅうぶんに発生させることがないため、熟成室の中でこの量に匹敵するだけのエチレンが与えられるのだ。

「ここにどれくらいの間、置いておくのですか?」とパースに尋ねる。

「一日から九日です」

なぜそれほど開きがあるのか? 一部にはそれが買い手の好みと、どれくらい遠くまで出荷されるかに依存するからだ。だが、ここにも市場法則がある。価格が低ければ、パースは温度を下げ、よりよい価格になるまでそのまま保持する。それは今日ではない。

「トマトは二五ドルだとケントが言うのを聞いたでしょう」と彼は説明する。「私たちはトマトをここから出荷したいのです」

買い手——食品サービス業やスーパーマーケット——はその違いを知ることもなければ、気にすることもない。トマトが赤ければ誰もが（消費者は除く）満足なのだ。しかし本当のところ、この部屋で何が起こっているのだろう。これらのトマトは実際に熟しているのか、それとも単に色が変わっただけなのか？

後に私はこの疑問を、誰がトマトを殺したか訴訟の専門家証人、トム・ハットンに投げかけることになる。ハットンはフロリダ大学の湾岸研究教育センター（GCREC）のトマト品種改良プログラム准教授兼センター長である。このセンターはタンパ南東の四七五エーカーもあるキャンパスに建っている。

園芸学の博士号をもつ、髭をたくわえた若いハットン教授は、トマトが本当に緑熟期でもぎ取られているならば、エチレンそれ自体には問題がないと考えている。本当の問題は、彼の考えでは、理論ではなく実践に関係しているという。多くのトマトはあまりにも熟していない状態でもぎ取られているのだ。収穫者にとって難しいのは、緑熟と未緑熟を見分けることはもちろんのことだが、きっかり六〇秒で一五キロのバケツをいっぱいにすることを目標とするならば、緑熟か未緑熟かを気にしている場合ではないということだ。当然のことながら、ハットンの関心事は自分の家族の腹の中に食べ物を入れることであり、一月のBLTサンドイッチの品質ではない。

これをさらに複雑にさせているのは、ナポリとイモカリーで見た市場要因だと、私はハットンに仄めかす。「そのとおり。値段はそこそこ、天気予報は雨、だから彼らは、たとえまだ熟していなくても箱を埋めようとするのです」と彼は同意を示し、教室の裏にある研究農園からもぎ取ってきた若い緑色のトマトを切り開く。「こんなふうにもぎ取るのです。ガス処理した後は、見た目がどれほどすてきかということはどうでもいいと思います。見た目と味は関係ありませんから」そしてこのことは、フロリダのトマトビジネスを取り巻く最も奇妙な矛盾のひとつへと私たちを誘う。

「消費者としては」とハットンは言う。「六ドルの箱より二五ドルの箱のトマトの方が品質がよいと考えるでしょうね」たしかに、ステーキと同じだと考えればそう言えるだろう。だがトマトとなると「正反対」なのだ。価格が高いときには、早くに収穫し、ガス処理もほとんどおこなわず、価格が下がる前に大急ぎで市場に出されてしまう。つまり、**店で売っているトマトの値段が高ければ高いほど、品質が悪い可能性がある**、ということになる。次にトマトを買うときは、このことを肝に銘じておいた方がよい。

未緑熟トマトの普及は、一部には、スーパーマーケットにあるフロリダ・トマトの予測不可能性の説明となる。スーパーには、単においしくないものから食に適さないものまで、さまざまなものがある。研究によると、フロリダ・トマトの実に三分の一が、ハットンが今手にもっているトマトと同じくらい、絶望的なまでに熟していないまま収穫されたもので、わずか一五パーセント――六つにひとつ――しか、理想的な段階で収穫されたものはないということがわかっている。

ところが、トマトが真の緑熟期に収穫された場合という最良のシナリオを見てみよう。ハットンは木からひとつもぎ取り、それをスライスして中を開く。「これは緑熟です」と彼は言う。「ほら、中にピンク色の部分があるでしょう。こういうトマトは木から得られるほとんどすべてのものを取り込んでいるのです。これからガス処理して、早く赤色になるようにするのですが、これは熟したトマトなのです」

本当に？　熟成室から出たならば、完熟で、深紅の、夕食用にもぎ取ったばかりのようなトマトの味になるのだろうか？　彼の答えは私を驚かせる。「その違いがあなたにわかるかどうかはわかりませんが」それから彼は眉間にしわを寄せ、少し考えてから結論を出す。「いや……本当はこう言おうとしたのです。つまり、いくつか研究がなされてきましたが、どれも私たちにそれほど大きな影響を与えてはいない、と」私たちとはフロリダ・トマトの栽培者のことだ。つまりこの業界が完熟トマトを収穫して、一一キロ入りの箱をいっぱいにして国じゅうに出荷することはそもそもできないからだ。一八八八年にはこれができなかったのだが、現在になってもまだできていない。

ハットンがそれとなくほのめかした研究のひとつは、ゲインズヴィルにあるフロリダ大学でおこなわれた。味の鑑定の専門家集団と合成物の化学的分析という両方の観点によって風味を測定することで、研究者らは、トマトの熟成度が浅ければ浅いほど（赤色に変わるのに何日間のガス処理が必要かで決定）、化合物の味は薄くなることを発見した。主観的な味については、パネリストは、完熟トマトと比べた場合、緑熟トマトは「香りと風味と甘さが少なく、酸っぱさと緑草のような印象が強い」ことに気づいた。

残念ながら、彼らはその分析に、未緑熟のトマトは含めていなかった。

もうこのへんでじゅうぶんだろう。後でホテルに戻ってから、自分が学んだことを振り返ってみるつもりだ。キュウリよりも緑色の状態でトマトがもぎ取られ、野球ボールのように投げられ、そのまま急いで市場に送られるトマトを見た私は、誰がトマトを殺したか訴訟の評決を下す準備ができている。当然のことながら、それは誰もが常に言っていること、すなわち、フロリダ・トマトが味もなくて粉っぽいのは、熟していない状態でもぎ取られ、色をつけるためにガス処理されているからだ。おめでとう、シャーロック！　私は靴を脱ぎ捨て、ミニバーからワインを一本ひっつかみ、ナポリで見た、まだツルに残っている（すべてが完熟トマトだ）のと同じように、自然に赤くなって完熟のピークにあるトマトをひとかじりする。

かつて『マッド』誌〔一九五二年から発行されているアメリカの風刺雑誌〕で使われていた言葉を借りれば、**ウエッ!**　もっとずっとおいしいと思っていたのだが、ガス処理された緑熟トマトも完熟トマトと同じくらい風味に富むという、言われたときはよく飲み込めなかったサム・ハットンの言う意味が今わかった。フロリダでは、そうなのかもしれない。これは典型的なフロリダの冬トマトの味がする。緑熟トマトよりは少しだけマシだが、それほど大きな違いはないし、もしかしたらまったく違いがないのかもしれない。それはさておき、私はワインをボトルからがぶ飲みする。食欲は完全に消え失せた。この件に決着をつける準備はできていたのだが、完熟トマトがこれほどひどいのなら、緑のトマトは燻製ニシン《レッド・ヘリング》〔red herring とは本題から目を反らせるためのおとり、偽情報のこと〕に等しい。つまり答えはひとつ。

殺人犯はまだ他のどこかにいる。

第二容疑者：私はブリーダーを証人席に呼ぶ

「われわれは……収穫し、処理し、全国へ出荷するに値するトマトの品種改良をおこなっています」とケント・シューメイカーが宣言したとき、彼がうっかり犯人を指差してしまったのではないかと思った。だから私たちは、リップマンの主要ブリーダーであるマーク・バリノーを尋問するため、エステロにあるリップマンの研究所へ、トビー・パースと一緒に車を走らせてきたのだ。

バーピーのサイモン・クロウフォードが典型的なイギリスの「ト・マー・ト」のブリーダーだとしたら、バリノーはそのアメリカ版だ——大きな体に口髭を生やし、熟成バーボンのようになめらかでソフトなルイジアナのアクセントで話す。バリノーが歩んだ品種改良の道のりは、早いうちから耕されていた。「私はルイジアナ州の農家の家に生まれました。プロの園芸家／ブリーダーが隣家に住んでいて、八歳のとき以来、私は園芸のすべてを彼から教わりました」その頃バリノーは、初めての自分の庭に三本のトマトの苗木を植えた。

「それから私はLSU（ルイジアナ州立大学）でトマトの品種改良について研究するかたわら、学士と修士の課程を学びました」園芸科学の博士号を取得すると、大規模な商用種子開発会社セミニスと、農業技術を提供する会社シンジェンタでスキルに磨きをかけてから、バリノーは二〇〇一年にリップマン・ファミリー農園へ辿り着いた。そのキャリアを通じて七五種の商用交配種を開発した、と彼は言う。リップマンに落ち着く前に、ビッグ4（四大会計事務所）に勤めていたシューメイカーやパースと同様、多国籍企業ではなく家族経営の会社で働くことは、彼の控えめな性格に合っているように見える。そして、家族と言えば、メンバー紹介が終わるや否や、かわいそうなおばあちゃんがまたもや引き合いに出される。

「〈おばあちゃんのブランディワイン〉は、〈おばあちゃんのブランディワイン〉のような味がしません」とバリノーは言う。「それは認識とステレオタイプの問題です」

おそらくそうだろう。「でも、フロリダの冬トマトがおばあちゃんのトマトのような味がするとは誰も思っていません」と私は反論する。「それらはむしろ、スタイロフォームとよく比較されますからね。なぜ、少なくともいくらか風味のあるトマトの品種改良ができないのでしょうか？」

もし誰かが私のトマトをスタイロフォームと比べでもしたら、私は椅子から飛び降りて、喉を狙ったかもしれないが、バリノーは怒りを一ミリも見せずにこう答える。「当然でしょう。スタイロフォームの問題の一部は、形を維持し、畑で爆発しないように、より硬いものにしなければならなかった点です」と。

または畑の外でも。実際、前世紀の商用トマト開発に携わっていた大学の研究所は、文字どおり、トマトを発射物と考えるよう指導された。明らかに彼らはそれを聞き入れていた。一九七七年、『ニューヨーカー』のライター、トーマス・ホワイトサイドは、連邦安全基準——食物ではなく自動車の——に照らし合わせてフロリダ・トマトを測定し、トマトは車のバンパーの最小衝撃要件の二・五倍以上であることを発見した。

耐久性が重要であることを確証した私は、バリノーとパースに、何か他に重要なものがあるかと尋ねた。「価格です」とパースは言う。価格は買い手のリストのトップ項目だ。「後にも先にも、とにかく価格です。それから色とか大きさ、地域、中身の色、切り方、シュリンクといったことが重要になってきます」この「シュリンク」とは「縮む」という意味ではなく、業界用語で、損傷や品質低下などによって売ることができない生産物のことを指す。「小売店はシュリンクを嫌います」と彼は付け足す。

大口の買い手は最も安価なところからトマトを買おうとし、実際に買っているため、フロリダのトマト市場では、おそらくパースをもいらつかせるほど価格が大きな影響を及ぼしている。コストによる圧力は、無差別な収穫（栽培者は完璧な段階で注意深くトマトをもぎ取るために、収穫者を四回も五回も畑に送りこむ余裕がない）から品種改良に至るまで、あらゆる場面で感じられている。トマトは耐久性のみならず、高収量になるように栽培される。というのも、コストを低く抑え、利益を高める最も直接的な方法は、それぞれの木からより多くのトマトをもぎ取ることだからだ。農業の主なコスト——土地、肥料、水、農薬、労働力――は、それぞれの木が四・五キロのトマトを生産しようと九キロのトマトを生産しようと、本質的には変わらない。ところが、品種改良によって九キロの果実を実らせるようにした木は、農家の当期純利益をほぼ二倍にする。私は後に、あらゆる裏庭の園芸愛好家が共有する、この高収量の一見合理的な目標が、なぜトマトにそれほど不利益なのかを知ることになる。

私は、パースの買い手要件リストに風味が含まれていないことに気づいていた。もちろんこれはどうしても指摘しておかなければならない。「フロリダ・トマトの根本的な問題は、あなたの最大の買い手――ファストフードレストラン――がトマトの味にこだわっていないという事実ではないのですか？　よりよいトマトを出すか出さないかで、今夜、〈バーガーキング〉にするか〈ウェンディーズ〉にするかを決める人は誰もいないでしょう」

バリノーとパースは、ファストフード業界にとって味は関係がないということには同意していない。とはいえ、それがリストのトップ項目になることはないということはしぶしぶ認めている。彼らのファストフード顧客のほとんどにとって、トマトは「材料のひとつなのです。多くの材料のうちのひとつに過ぎません」とバリノーは言う。機械の歯車のひとつということだ。でもなぜこの歯車は、ほんのわずかな風味すらもつことができないのか、と私は再び尋ねる。

「風味なんていらない、とは誰も言わないでしょう」とバリノーは答える。「ブリーダーとして――そして私はこのゲームをもう三二年も続けている――、私は一日中風味を欲している。朝食のシリアルやヨーグルトに入れたり、アイスクリームにのせたりして食べるのも珍しくないくらい、トマトを望ましいものにできる人間になりたいと思っています。でも、風味をよくするような成分を蓄積できないようにする物理的・化学的法則があるのです。たとえば糖分を増やせば、すぐにサイズが小さくなって収量も減る。市場では、そうしたものと結びついてトレードオフになることが実際にあるのです。高糖分と、特にリコピン――鮮やかな色――は、遺伝的負担を伴います。それは衰弱につながるのです」

というのも、糖分とリコピンは誰にとっても魅力的なものであるのと同じように、バクテリアや菌類にとっても魅力的だからだ。おまけに、高い糖分は水の中を移動し、果実を膨張させ、ツルについたままの状態で実が割れてシュリンクを起こす浸透ポテンシャルと呼ばれるものを増やす、とバリノーは付け加える。

バリノーの主張で本質的なことは、風味にすぐれていることは商用トマトに必要な他の特性と生物学的に両立しないということだ。しかしそれは企業側の言い分であり、少し都合がよすぎる。そこで、再び学問の世界にセカンドオピニオンを求めるため、私はフロリダ大学のサム・ハットンを訪ねる。結局のところ、一時的にもてはやされた品種であるテイスティーリーを考え出したのは、ハットンの先輩であり、この研究センターのメンターでもあるハリー・クリーだった。テイスティーリーは内側も外側も驚くほど真っ赤で、フロリダで栽培されている他のどのトマトよりも風味がよかった。アメリカ人のスーパーでのトマトの買い方を変えると思われたそれは、マーケティングと許可どりの失敗が重なったこと、サイズの小ささ、そして、緑色のうちにもぎ取ったものが二流品だったという事実によってすっかりだめになってしまった、とハットンは言う。

なぜ、ブリーダーは単純に味のよい先祖伝来《エアルーム》の種から始めて、病気に強い高収量のものに品種改良できなかったのかと、私はハットンに尋ねる。「風味に関するものには、あなたが求めるような、こうした他の特性と負の関係にあるものがたくさんあるのです」と彼は説明し、バリノーが私に話したことをもう一度確認する。「たとえば収穫量を例にとってみましょう。収穫量は糖分と負の関係性にあります」

風味のよいトマトを作るのは何よりも糖分だ。ところが糖分は光合成の副産物であり、行きわたる量も限られている。木にたくさんの果実がなればなるほど――つまり収穫量が多いほど――それぞれのトマトに行きわたる糖分は少なくなる。「これが植物生理学です」とハットンは説明する。

しかし、そうした収穫量の少ない木からとれるトマトの方がおいしいのではないか、と私は指摘する。ハットンも同意する。「それに高い値段で売れますよね?」と、今度は彼の方から聞き返す。答えは明白だ。アメリカのトマト市場は、トビー・パースが言ったとおり、あまりに価格主導なので、プレミアムトマト――テイスティーリーを含む――を市場に出すという過去の試みは、これまで完全に失敗に終わっていたのだ。

パースは以前、買い手が希望する形質を列挙したが、それはまだ話の半分に過ぎない。ハットンはフロリダの栽培者が求める形質を延々とリストしはじめる。果実のサイズと形、木の習性、なめらかさ、病気への耐性、実割れ、尻腐れといったものだ。最後ながらもだいじなのは、それらを青いうちにもぎ取った後、「ガス処理」をしなければならないということだ。

「こうしたすべての形質には何十もの遺伝子が影響を与えている、ということですよね」そのための品種改良をおこなえば、「先祖由来の遺伝子をもつエアルーム種から離れ、その遺伝子の栽培トマト種に移行することになります」

彼が言う「エアルーム種」トマトは通常、木の幹に固定して支える背の高いサンマルツァーノと同様、コルドン型品種だ。フロリダの栽培者は、加工トマトを栽培するイタリアやカリフォルニアのライバルと同じく、一九五〇年代に有支柱のコルドン型品種の使用を取りやめた。ハットンはその理由を説明する。「より背の高い支柱が必要だし、労働力も必要です。常に支柱に縛り付けていなければなりません。木はどんどん大きくなりますから、大きなはさみで先端を切って、倒れたり吹き飛ばされたりしないようにしなければなりません。本当に面倒なのです」ところが実際は、リップマンのナポリ農園だけで五万キロメートル——地球一周分と大西洋の弓の部分を合わせたくらいの長さ——にも及ぶより糸を使って、無支柱のブッシュ型トマトの作物をひとつひとつ縛っているのだ。

しかも、ブッシュ型栽培の木はわずか数週間で果実を実らせます、とハットンは付け加える。数ヵ月かけて成長し、実をつけるコルドン型栽培の木は、水やりや霧吹きなどさらに数ヵ月の労働が必要となり、それがすべての作物を収穫するまで続く。

「なるほど」と私は言う。「でも、いずれにしてもよいトマトはとれないのではないですか？」

「よいトマトをとることは可能ですが、ちょっと見せたいものがあります」とハットンは言って、自分が育てたブッシュ型栽培の木のひとつからツルを切り取る。「葉が一枚、ここにもう一枚、そして花房があります」彼はツルの方に移動する。「ここにも、葉が一枚、もう一枚、そして花がありま す。常に葉が二枚、花房がひとつなのです」

私たちは畝を歩いていく。「これが有支柱のコルドン型栽培のトマトです」彼は数え始める。「葉、葉、葉、花房」それぞれの花房に葉が三枚。コルドン型のトマトは、商用栽培者にとっては非実用的なことに、無支柱のブッシュ型栽培のトマトより五〇パーセントも葉の量が多い、つまり光合成が五〇パーセント多くおこなわれるということを意味する。それはより風味がよいということでもある。そして、ブッシュ型栽培トマトは葉が少ないだけでなく、商用品種は高収量になるような品種改良がなされ、すでに猛烈な勢いで稼働している光合成工場をさらに増やしているのだ。

大きくて崩れにくく、病気にも強い果実をたくさん実らせるブッシュ型の苗木を生産することに縛られている二一世紀のトマトブリーダーにとって、風味を取り戻すという目標はほぼ望みがないように思える。ところがハットンもバリノーも、トビー・パースが究極の理想と呼んだ、早期に摘むことのできるおいしいトマトを諦めようとはしない。ハットンの試験区で、私はこれまで味わったどのトマトよりもおいしいプラムトマトを食べたことがあるが、これはブッシュ型の木からあまりに小さいうちにもぎ取られたため、商用栽培者の関心に触れることすらなかった。

バルノーは年間一〇万本のトマトの木を見ている。そして他のブリーダーと同じように、古代のトマトの祖先の遺伝子に、達成困難な目標を得るための手がかりを見つけたいと願っているが、新鮮な遺伝資源を求めてペルーの山間をくまなく探しているチャーリー・リックでも、まだこの手がかりの発見に至っていない。バリノーは楽観的だ。「トマトに風味を取り戻そうとしている男、それが自分だと思いたいですね」と彼は言う。もちろん、この言葉には、誰かが過去に風味を取り除いてしまったことを認めていることがそれとなく示されている。ある消費者満足度調査で（二九種の野菜のうち）二九位という結果になった、利益は生むが味のないトマトを生産する現代のブリーダー世代は、たしかに有罪に見える。

しかし今回は、結論を急ぎすぎないつもりだ。私にはもうひとり、訪ねなければならない容疑者がいるのだから。

私は朝の Pic-Chlor の匂いが大好きだ

この現在のポスト終末論的な設定では、マッド・マックスが生き返って、彼のすぐ後に悪魔のような追跡者が追ってきたとしても、少しも驚かないだろう。ゆっくりと一周してみるが、どの方向にも汚れた灰色の砂や荒廃の他は何も見えない。**この映画のセットのようなディストピアを完成する唯一のものは、燻る余燼《よじん》だけだ、**そう思っている自分がいる。そして（神に誓って）最高のタイミングで、黒い煙の不吉なゆがみ、昨シーズンに使われた壊れたトマトの支柱、大蛇のように空高く舞い上がる捨てられたひもの残骸が現れる。

塹壕戦？　馬丁と燻蒸消毒係が入ってくると、この得体の知れない風景は新しく植えたばかりのトマト畑になる（写真：著者提供）。

サム・ハットンは植え付けの準備ができたトマト畑へ私を連れてきた。彼はまず、私に心の準備をさせようとしたのかもしれない。私の故郷のハドソンバレーでは、新しく鋤で耕し畝を作った豊かで甘い香りのする茶色の畑ほど、約束と生命に満ち溢れた美しいものはめったにない。なのに昨シーズンのしおれて枯れた木や、腐って地面に転がるトマトにくっついた砂の塹壕が一面に広がるこの畑は、第一次世界大戦が起こった翌朝を思わせる。

　この土地はすでに死んでいるが、まもなくするともっと死んだ状態になる。燻蒸消毒係がこちらに向かっているからだ。しかし、かつてこの地で繁栄した生命は、再びこの地で栄える。わずか三ヵ月で、ここは私が昨日ナポリ周辺を訪れたときに見た畑と見まがうほど、緑の生い茂ったトマト畑になる。戦場が天国に変わるのだ。

　ナポリから私がたしかにわかることのひとつは、その砂だ。とはいえ、これだけ不毛だと、むしろ人目を引くほど印象的でもある。フロリダのトマト畑を心に描くために最初にやるべきことは、畑《フィールド》という言葉が思い起こさせるあらゆるイメージを頭から払拭することだ。これは「フィールド・オブ・ドリームス」ではない。海を夢見るフィールド・サンドなのだ。足元の砂から拾い上げた、どこも欠けているところのない小さな貝殻は、メキシコ湾から四〇キロほどのフロリダ州デュエットにあるこのトマト農園が、地質学的には最近まで海中にあったことの証であり、ものごとが激化している現状からすれば、再び同じところに行き着く運命であるように思える。

　ここの砂は付近の沿岸州に見られるものと同じで、細かく湿っていて、砂の城を作るにはもってこいだ。砂の城は、今起こっていること、しかも目まぐるしいスピードで起こっていることを描写する適切な方法だ。実際、私のマッド・マックスのメタファーは、モーター駆動の仕掛け――改造したトラクター――が音を立てて通り過ぎ、地面をならし、土をふわふわにし、受粉させ、燻蒸消毒し、溝を作ることで現実味を帯びてくる。しかし、最も狂気《マッドな》じみた機械は、実際に砂の城を作る機械だ。このトラクターは湿った砂を、下辺が上辺より少し長い、幅六〇センチ、高さ三〇センチ、長さ約七〇メートルの完璧な台形の苗床に整え、これを一・五メートル間隔で何十メートルにもわたって並べていく。それに続いて、ポリエチレンでそれぞれの苗床を収縮ラップで覆う一台のトラクターによってすべてが――文字どおり――終わる《ラップト》・覆われる《アップ》（そう、あのエチレンだ）。

このビニール製のマルチにより、雑草を寄せ付けずに燻蒸剤と肥料を取り込むことができる。フロリダの農耕地の四〇パーセントに、この使い捨てのポリエチレンのシートが敷かれ、毎年一・一トンの廃棄物を出している。シートで覆われたばかりの苗床をもっと近くで見ようと歩き回っていると、団長が大声で警告する。「座っちゃだめだ」と。きっとぐちゃぐちゃにされたくないのだろうと思い、

砂にまみれたフロリダのトマト畑。植え付けのために手入れされ、ビニールのカバーがかけられている（写真：著者提供）。

私は彼を安心させるように一歩下がる。「えらいことになるぞ！」と彼は続ける。

えらいこと？

「水膨れができるってことだ」

プラスチックで？　なんてこった！　そしてあと一〇歩後ろに下がったとき、ようやく、そこで作業をするほとんどの人が顔をバンダナで覆っていて、ほんの一メートルほど離れたところにいるひとりの女性が、頭蓋骨と大腿骨が交差したドクロマーク――嘘じゃない、本当だ――の標識を固定しているのに気づく。われわれが今日ここを去ったら、一四日間は誰もここへ戻ってくることはできない。

燻蒸剤の種類はさまざまだが、ここで使われているのはPic-Chlor 60というものだ。圧力下で注入された液体が砂

の中でガスに気化し、苗床に浸透して土壌病原菌である雑草——その道筋にあるあらゆるもの——を殺す。あらかじめ燻蒸消毒しておくことがフロリダの大規模農業でほぼ必須なのは、ここの土壌が線虫や土の中に潜む不快な虫を殺すのにじゅうぶんなほど凍結することがないからだ。こうして、それぞれの栽培サイクルは、敵も味方も含めた砂の中のあらゆる生物を壊滅させることから始まり、生命の存在しない無菌の培地を残す。

　これは闘いの終わりではなく、最初の攻撃に過ぎない。木には、土と空気が運んできた虫や菌を殺す殺虫剤と殺菌剤をさらに塗布し、フロリダで最も利益率の高い野菜作物を攻撃するとして知られている二七種の虫と二九種の病気をやっつける必要がある。大規模な害虫駆除は大型農業《ビッグ・アグ》生産法人では当然のことだが、フロリダほどこれが徹底しているところは他にない。フロリダの一エーカーのトマトは、カリフォルニアの一エーカーのトマトの五倍から六倍の殺菌剤と殺虫剤の打撃を受けている。

　この土地はさらに、西海岸のいとこよりも多くの肥料を必要とする。海の砂は当然のことながら栄養分がまったくない。燻蒸剤がその致命的な魅力を発揮させると、後に残されるのは本質的に無菌の生育培地だ。窒素、リン、カリウム、その他、植物の生存と成長に欠かせないものが供給されなければならない。粒状肥料の中には苗床に混ぜ込むものもあるが、主に供給されるのは、それぞれの苗床の端から数センチのところにあるツインホースから注入されるパワフルな混合剤だ。若い木がこれに接触すると、必ず根やけを起こすが、数ヵ月後、肥料が砂の中でゆっくりと溶け出し、徐々に伸びた木の根がそこに到達すれば、栽培シーズンじゅう栄養分を吸い込むことができる。

　もうひとつの難題が水であることは、苗床と苗床の間を通る新しく掘られたV字型の溝と、畑を縦横に交差する運河網からわかる。フロリダは水が多すぎるか、少なすぎるか、どちらかのようだ。しかもフロリダに雨が降ると、水の行き場がなくなる。砂のわずか三〇〜六〇センチのところに、不浸透性の「硬土層」が横たわっているためだ。この石灰岩と粘土棚が、ちょうどバスタブのように水を貯蔵する。したがって、どの農園にもポンプがあり、豪雨の後は濁り水を排水路に流しているのだ。

しかし、この硬土層をうまく利用することもできる。フロリダの農園の半分（リップマンの農園も含む）は、点滴灌漑——穿孔テープをそれぞれのトマトの畝の下に走らせ、水分がちょろちょろと流れるようにすることで、水の消費量を七〇パーセント削減できる——に切り替えている一方で、もう半分はいまだに水を溢れさせてトマトを下から灌漑する昔ながらのシステムを利用している。硬土層がなかったら、水は引く波が海岸上で消えるように、砂の中に染み込んでしまうだけだ。

これがフロリダのトマト農園だ。たとえ最高品種のものから始め、少しだけ多くの果実を実らせるようにしても、冬の数ヵ月間の日照不足を含め、こうした条件下でおいしいトマトを栽培することができるのかと疑問に思ってしまう。そう、この州にそのニックネームを与えた、有名な太陽の光（フロリダ州は「サンシャインステート」と呼ばれている）でさえ、過大評価かもしれないのだ。私は毎朝ベッドから起き上がると、外が真っ暗闇なことに驚いた。太陽は午前七時を過ぎるまで昇らない。一二月のフロリダではトマトに辛うじて一〇・五時間の陽光しか当たらないが、これに対して七月のニュージャージーでは、トマトは光合成するための太陽光を約一五時間浴びることができ、その差はゆうに四〇パーセントを超える。

カンパーニアで、私はサンマルツァーノをユニークなものにしている豊かな火山性土壌、純水、穏やかな海の風——「テロワール」——について多くのことを耳にした。テロワールというよりもテラー（恐怖）を連想させるこの不毛な風景に、その言葉を当てはめるだけでも身震いする。しかし一方で、テロワールを反映する食物があるとしたら、それは、サンマルツァーノと同様、その環境の産物であるフロリダ・トマトということになるだろう。

となると、フロリダ・トマトを殺したのはそのテロワール、別の言葉で言えばフロリダそのものなのかもしれない。

私は敵に遭遇した、そして……

飛び跳ねながら転がる空港のトマトに、最後の侮辱でもって嘲笑われた——「ははっ、俺はお前より強いぞ!」——私は、どうやらこの犯罪事件を満足に解決できないままフロリダを去ることになりそうだ。リンカーンの暗殺より多くの共謀者がいるにも関わらず、私はまだ、この事件の決定的要因——捉えどころのない動かぬ証拠——をひとつも見つけ出せずにいる。

おそらくそれは、私の掌中にその決定的要因があるからなのかもしれない。ひざまずいて、こぼれたトマトを拾い集めているとき、ボディスキャナーを見上げている自分に気づく。画面には、そこを通過したばかりの人の、名もなき棒人間のような像が映っている。それを見て私は硬直する。

頭の上に両腕を上げた、あの全世界共通のポーズをする殺人犯、そうだ——降参しろ! そのならず者はほんの数メートル先にいる。そして一六〇〇キロ離れたところにも。誰がトマトを殺したか? 私たち消費者だ。どんなに味がなかろうと、それをカートに投げ込んで、一年一二ヵ月、年中トマトを実らせることを要求し、際限なくファストフードを食らい、平凡に徹することによって——われわれ自身がこの事件の発生を許したのだ。

フロリダのトマト会社は、世界を救ったり、トマト好きのグルメたちの味覚を満足させたりするためにここに存在するのではない。彼らは儲かるビジネスをするためにここにいるのだ。緑色のトマトを毒された砂からもぎ取り、それらをガス処理することによって最高の利益が得られるのなら、それこそが彼らのやろうとしていることなのだ。実際の土壌で育てられ、保護用ネットで覆われ、翌日の航空便で輸送される、おいしい完熟トマトを育てることを市場が要求すれば、彼らは代わりにそうするだろう。しかし、価格が第一、第二、第三の考慮事項である限り、フロリダ・トマトが近い将来に変わることを期待してはいけない。

飛行機に乗り込むと、フロリダ上空を覆う暗い雲に希望の兆しが見えてくる。硬土層の底をこすり落として、コルテス以来最悪と言えるトマトを生産してきたフロリダのトマト産業は、全国のトマト畑の風景をあまりに不毛なものにしたために、革命の種をも蒔いたのだ。

フロリダはトマトを殺したかもしれないが、それはおばあちゃんのトマト——「認識とステレオタイプ」として簡単に退けることができないもの——が本当はどんな味がしたかを決して忘れず、その砂にまみれた墓から蘇ることを決意した、幾人かの不屈の精神をもつ人びとの記憶まで破壊することはなかったのである。

9　エアルーム・トマトの襲撃

ブランディワイン――半世紀にわたるトマトの凡庸さに挑む花形トマト

雑種形成され、ガス処理され、ほとんど原型を留めないほど商品化されたトマトへの反乱は起こるべくして起こった。それにしても、この野菜が自ら反乱を引き起こすことになるとは誰が予想しただろう？　とはいえこれは、一九七八年に実際に起こったことなのだ。怒れるトマトが復讐心に燃えて私たちの前に現れたのだ。

それは、ドライブインの映画のスクリーン上で起こった。

この映画の広報担当が「大衆を恐怖に陥れる交配種トマトをテーマにしたミュージカルコメディのホラーストーリー」と説明する、超低予算（九万ドル）で製作された映画『アタック・オブ・ザ・キラートマト』は、瞬く間にカルトクラシックとなり、アメリカのポップカルチャーにおけるトマトの地位を築き上げ、三本の続編（若き日のジョージ・クルーニーを起用したものもある）とアニメシリーズを生んだ一方で、誰の――文字どおり誰ひとりのキャリアにもつながらなかった。実際、俳優たちはこの映画の製作現場から生きて戻れただけでも幸運だった。撮影はほぼ一日で終わり、壮絶なヘリコプターの墜落事故が発生したことによって、出演者の半数が危うく命を落とすところだった。

脚本では、トマトのパイロットがヘリコプターを操縦することになっていた。その方がむしろよかったのかもしれない。というのも、人間のパイロットが原っぱにいる刑事役のふたりの俳優の近くに着陸しようとしたとき、尾部回転翼が地面に当たり、ヘリコプターが回転するギロチンのように操縦不能となり、しまいにはひっくり返って炎上してしまったからだ。全体としてみれば、多額の予算を投じたシルヴェスター・スタローンのアクション映画に匹敵するほどの壮大な眺めだ。

カメラが回っている間、俳優たちもさすがはプロ、何とかアドリブで演じながら、大破してまだ燻っている六万ドルのレンタル機の残骸から這い出てくる。彼らの機知に富んだ問答はこうだ。

刑事1：「パイロットがまだ中に！」

刑事2：「いいから来い」

実際、パイロットは監督によって無事引きずり出され軽傷で済んだが、この映像は一見に値する。実際観ることもできる。そのシーンは映画が始まってから五分もしないうちに出てくるし、オンラインで簡単に見つけることができる。ただし、この部分を観終わったら本書に戻ってくると約束してほしい。

『アタック・オブ・ザ・キラートマト』は一九七七年に撮影された。同年、トーマス・ホワイトサイドは『ニューヨーカー』に長文記事を発表し、多くのアメリカ人が以前から感じていたことを確認した。つまり、トマトが昔のトマトではなくなってしまったということだ。トマトに何かが起こったということは、この映画の設定の中でも明らかだった。たとえば小道具担当の裏方は、投げたときに弾まずにビシャっとつぶれた音が出るように、トマトを半ゆでにしなければならなかった。

ホワイトサイドだけではなかった。その数年前、『ニューヨーク・タイムズ』のフードエディター、クレイグ・クレイボーンは、食料品店のトマトを「味のない、ぞっとするほど不快なもの」と称した。また、アメリカ料理界の最古参ジェイムズ・ベアードは、一九七四年の傑作『ベアード・オン・フード』の一章をまるまる「トマトの盛衰」に充て、トマトを「完全なる美食の損失」と呼んだ。スーパーマーケットのトマトは増えつづける不満の矢面に立ったが、人生においてトマトを食べたことのある誰もが、フロリダ産だろうと、地元農家の直売所で買ったものだろうと、家の裏庭でとれたものだろうと、トマトが昔より味がなくなってしまったことに気づいていた。一体何が起こったのだろうか？　ここでも手掛かりになるのは、『アタック・オブ・ザ・キラートマト』で政府の科学者がきまり悪そうに認めていること、つまり「われわれが望んでいたのは、より健康で大きなトマトだけだった」というセリフだ。残念ながら、現実の科学者は成功していたのだ。

1978年の映画『アタック・オブ・ザ・キラートマト』のポスター、公開以来ほぼ半世紀経った今も、人気カルト映画として君臨している（Copyright KTE Inc. 1977.）。

彼らの名前は、皆さんが一章か二章分を読み飛ばしていない限り、もうおなじみのはずだ。一八〇〇年代後半のアレキサンダー・リヴィングストンから始まった、バーピーのオーヴェッド・シフリスやUCデイヴィスのチャーリー・リックといった遺伝学者やブリーダーの研究

――フロリダ・トマトのスーパーエンジニアリングは言うまでもない――のおかげで、トマトはより赤く、より丸く、より硬く、より病気に強く、より生産的で、より栽培が楽になった。ところがこうした改良には、味と品種の多様性に大きな犠牲が伴った。

とはいえ、それは見ただけでは問題があるように思えない形質だし、実質的にアメリカのあらゆるトマト交配種に忍び込んだ。微妙ながらもダメージの大きいその影響は、最近になるまで認識されることすらなかったことを考えれば、最も陰湿と言えるだろう。

なぜスーパーマーケットのトマトが極端なほど均一に赤く、全体がくまなく鮮やかな緋色なのか疑問に思ったことがあるなら、それは、それらのトマトが一世紀近く前に発見された突然変異種を有しているからだ。それがトマト全体を、花床（下）から上へ徐々に赤くするのではなく、一気に完熟させ、多くの場合、ヘタの周辺に緑か白色のリング状を残す。一九五〇年代初頭に始まったこの偶然の突然変異にブリーダーが目をつけ、これを市場に出ている事実上すべての交配種トマトに品種改良したのだ。結局のところ、こうしない《ホワイ・ノット》手はないだろう？

「なぜしないか《ホワイ・ノット》」が明らかになったのは二〇一二年になってからで、この年、UCデイヴィスの植物科学者アン・パウエルが率いるリサーチチームは、均一に熟する突然変異体には望ましくない副作用があるということを発見した。それは、果実がそれ自体の糖分と風味化合物を合成することを妨げるのだ。たしかに、これらの重要な味の成分の大部分は木についている葉の光合成工場で製造されているが、最大二〇パーセントがトマトそのものの中で生成される。ただしそれは、この均一に熟する遺伝子をもっていないことが前提となる。つまり、この遺伝子が存在することによって、病気への抵抗力を高めるなどその他あらゆる品種改良をおこなう前に、トマトからその風味の五分の一がたちまち奪われてしまうということだ。

そこで遺伝子に辿り着く。

雑種形成とは、その本質に迫ると、別個の集団の遺伝子プールを結びつけ、それぞれの形質をもつ新しい有機体を作り出す行為である。そして、これまで見てきたように、それはきわめて予測不可能な行為なのだ。望ましい結果を得るまでに、数年や数十年かかることもある。実際、そこに辿り着けないこともある。では、二種類のトマトの遺伝子プールを結びつけるアプローチにもっと的を絞ったらどうだろう？　なぜ、グレゴール・メンデルよろしく――『モナリザ』のような絵になるまで腐ったトマトを壁に投げつけるのと同じくらいの成功率で――何千もの植物どうしを交配することに長い年月を費やしてばかりいて、自分が望む特定の形質を受け継ぐ遺伝子を選び、対象となるトマトにそれを単純につぎ合わせることができる現代の技術を使わないのだろうか？

ある廃業したバイオテクノロジー会社に尋ねてみる。そこでわかったのは、私たちの逸話には実際、に殺人トマトが存在するということだ。それは「カルジーン社を食いつぶしたトマト」だ。


一九八〇年代は、遺伝子工学分野で画期的な進歩が見られ、依然としてコストがかかり、実験的ではあるものの、農業分野における使用可能性は無限のように思えた。世界の飢餓は、干ばつ耐性があることがわかった小麦の品種（生産性は低いが）から得た遺伝子を選び、その遺伝子を多収穫品種に挿入することで克服できる。栄養失調は、ビタミンAを合成する遺伝子を、世界の貧困に苦しむビタミン不足の地域で栽培された米に挿入することで対処することができる。

遺伝子はＤＮＡからできており、ＤＮＡは四つの化学物質の配列――高校時代はよく理解できなかった、あの二重螺旋で配置されているものだが、今はこれがわからなくても心配はいらない――であるため、分子レベルでは、米の遺伝子と牛の遺伝子を区別するものは何もない。したがって、小麦や米に挿入しようとする遺伝子が、同じ植物の別の種でなければならない理由は何もないのだ。それは何に由来するものであっても構わない。バクテリア、ニンジン、またはヒラメでもよい。まもなくわかることだが、これは単なる仮説ではないのだ。

たしかに、農業のことはほとんどわからなくても、人類に利益をもたらすような植物を遺伝子的に結合する刺激的な方法はいくつか思い描くことができるだろう。政治や科学や遺伝子組み換え生物の安全性に関する意見は脇に置いておくとして、一歩進んで、遺伝子組み換え食品がどのように、世界をよりよい、よりやさしい場所にすることができるかについて少し考えてみよう。

窓辺でよりゆっくりと腐っていくトマトを思い浮かべた人はいないだろうが、これが最初の――そしてまさに世界初の――遺伝子組み換え食品だったのだ。こうしたことがどのように、なぜ起こったかということが、トマトの歴史における最も奇妙な章のひとつになる。

スーパーマーケットのトマトの残念な状況について、クレイボーンやベアードと意見を同じくするアメリカ人の中に、カルジーンというカリフォルニア大学デイヴィス校の卒業生数名が一九八〇年に創立したバイオテクノロジー関連のスタートアップ企業の科学者集団がいた。彼らには、こちらの遺伝子をちょん切ってあちらの遺伝子に結び合わせることで、より健康的なキャノーラ油やデニムカラーの綿（染色不要！）などが作れるのではないかという壮大なアイデアがあった。ところが運よく、最近発見されたある遺伝子によって彼らの想像力は鷲掴みにされ動けなくなった。その遺伝子はトマトを熟させる原因となるもので、トマトを台所で数日よけいに放置しておいた人には皆なじみがある、ぐちゃぐちゃでしわくちゃになるという現象を引き起こすものだった。

この軟化という現象は、果実に含まれるペクチンを破壊するポリガラクツロナーゼまたは（ありがたいことに）単純にPGとも呼ばれるタンパク質によって引き起こされる（熟しすぎたトマトはペクチンが少ないため、ハインツはペクチンの防腐特性に依存する自社のケチャップに、一番新鮮なトマトしか使わないと力説していたことを思い出してほしい）。カルジーンの研究者らが発見したのは、PGを生成することのできる遺伝子のクローンを作り、その鏡像のようなものを作成して、それを再びトマトに挿入すると、このいわゆるアンチセンス遺伝子（遺伝子発現を抑制する遺伝子）がPG遺伝子の働きを止め、これによって収穫されたトマトの軟化と腐敗を一週間ほど遅らせることができるということだ。

消費者にとっては明らかな（やや取るに足らないかもしれない）メリットである一方で、貯蔵寿命はカルジーンの幹部の興奮を掻き立てる唯一のものではなかった。彼らは、PG遺伝子の発現を抑制することが収穫したトマトの軟化を遅らせるとしたら、それはまだ木についているトマトの軟化も遅らせるはずだと推論した。つまり、トマトの大敵――冷蔵庫――を使わずに、さらに数日間熟成させることができ、しかも産業用トマトが耐えている手荒い扱いにも耐えることができるということだ。

木につけたままさらに数日間おくことにより、当然のことながら、カルジーンのトマトはフロリダの緑熟トマトよりも風味が豊かになる。たしかにこれは、それほど高いハードルではない。これをフレーバーセーバーと名付けた彼らは、自分たちのプレミアムブランドのトマトは、母音は足りない〔フレーバーセーバーの綴りはFlavr Savrで、母音のoとeが抜けている〕が風味と貯蔵寿命は長く、ノーブランドのスーパーマーケット品種の二、三倍の価格で売れ、四〇億ドルの生鮮トマト市場の一角を確保することができると予測した。

そうなると、遺伝子工学を専門とする新興の研究所が、この技術を開発し、既存のトマト栽培家にライセンスを供与することで、今後数十年間はロイヤルティーを徴収することができるのではないかと読者は考えるかもしれないが、彼らは自分たちのプレスリリースにあまりに目がくらみ、トマトのすべてを欲しがった。「誰もが金持ちになる」と、カルジーンのCEOロジャー・サルキストはトマトの発売の六ヵ月前に予想した。こうして、このバイオテックのスタートアップ企業は社内にトマトのスタートアップを作り、農園と店舗間をつないで栽培、納入、販売をするこの部門を、カルジーンフレッシュと名付けた。自らも認めているように、彼ら研究者が「トマト農家ではなく遺伝子操作者に過ぎない」としても、また彼らのビジネスモデルに不可欠な理論――PG遺伝子を不活性化することにより、木についたまま熟すトマトをグリーントマトのように取り扱うことができるということ――がまだ現場検証されていないとしても、気にすることはない。

詳細に詳細を重ねること……時間こそ要だった。PG遺伝子の制御に着目しているのは、この街で自分たちだけではないことを彼らは知っていた。そこでカルジーンは市場参入戦にすべてを賭け、研究開発スタッフを増やし、トマトの選別と梱包を自動でおこなう施設を建設し、大金をあっという間に使い果たした。

彼らはまた、食品医薬品局（FDA）を訪れて助言的意見を求めた。一九九〇年、FDAにはまだ、遺伝子組み換え食品の規制に関する方針がなかった（遺伝子組み換え食品自体がなかったため）。カルジーンは当然のことながら、世界初のGMO食品にFDAの承認印を得ることが、法的観点のみならず宣伝の面からも事実上必須だと感じていた。ところが、その規制プロセスは科学よりも難しいことが証明されることになる。

実際、科学――遺伝子スプライシング（または組換えDNA）技術――は、その頃にはかなり確立されていた。アンチセンス遺伝子をトマトの木に挿入するため、カルジーンの科学者らはクラウンゴール腫瘍 *Agrobacterium tumefaciens* など、木の樹皮によく見られる硬い木の塊の原因となる一般的な土壌細菌を利用した。バクテリアはそのDNAの小片を宿主に挿入することによって有機体を攻撃するため、科学者らは瘤を引き起こすバクテリア遺伝子を自分たちが変換したい遺伝子――この場合アンチセンス化されたPG遺伝子――に置き換え、組み換えられたバクテリアの溶液にトマトの組織を浸すことによって、この遺伝子変換能力を利用することができる。

ところがトマトが常に遺伝子スープを飲み干すとは限らないため、何百ものトマトの挿し木のどれがアンチセンス遺伝子の統合に成功したものであるかを知る必要がある。数ヵ月かけてそれらを育てるのは、そのあとの話だ。そこでカルジーンは、もうひとつの遺伝子をPG遺伝子の隣に便乗させた。その遺伝子とは、フレーバーセーバーを抗生物質のカナマイシンに耐性をもたせるようにした「選択可能なマーカー遺伝子」だ。この遺伝子を加えることによって、科学者らはこの毒性抗生物質を含む培地でトマトを簡単に栽培することができるようになる。そして都合のよいことに、対になったアンチセンス遺伝子と抗生物質遺伝子を取り込んだトマトの挿し木だけが生き残る。

さて！　誰か、抗生物質耐性トマトと言ったかな？　これがどうなるか、今にわかるだろう。カナマイシン耐性の *A. tumefaciens* を使用するこの技術は、研究室ではありふれたものだったが、もちろん、食品にはまだ使用されていなかった。とはいえ、その候補の野菜は、エンドウマメのようにさやの中で列をなして並びはじめていた。カルジーンは、ＰＧ除雄したトマトにゴーサインが出ないうちに、まずはすべてのトマトに挿入された抗生物質ＤＮＡのこの小片が、人間の抗生剤治療の将来の有効性を損なうことにならないことをＦＤＡに納得させなければならなかった。カルジーンはＦＤＡ申請の際のリスクを過小評価しようとしたが、ＦＤＡはより安全な情報、より多くの実験を求めて申請を取り下げつづけた。つまり、さらに時間と金がかかったということだ。

その間、遺伝子操作者からトマト農家になった科学者たちは、自分たちのフレーバーセーバー遺伝子を挿入するのに適したトマトを探しつづけていた。

そして間違ったトマトを選んでしまった。

不自然な選ばれ方をしたそのトマトは、パシフィックと呼ばれるつやのない品種で、新しい品種につきものの特許やその他の知的財産権がないことが主な魅力だった。傷がつきやすく、輸送が難しいということが初めて明らかになったのは、フレーバーセーバーの最初の出荷分がメキシコから来たトラクターに乗って到着し、壮大な祝賀会のために会社の幹部も集まったカルジーンフレッシュの本社で、真夜中のデビューを飾ったときのことだった。

大きな期待と共に、トラックのドアが勢いよく開かれ――そこにあったのは何トンものトマトの果肉と果汁だった。柔らかいトマトが入った一一キロ入りの箱同士は、道中ずっとぶつかり合っていたのだ。トマトはつぶれ、出荷は全損となった。ある幹部がショックを受けて立ち上がり、「おしまいだ、もうおしまいだ」とつぶやき続けた。その陰で財務部長は腕まくりをし、シャベルを手に、めちゃくちゃになった現場の後片付けを始めた。

パシフィックという名の栽培品種だけが問題なのではなかった。ＰＧ遺伝子を不活性化することで木についたまま熟したトマトを、まだ熟していない青いトマトと同じように扱えるほどじゅうぶん硬く保持できるという、この分野でこれまで証明されたことのない魅惑的な理論は、トラックに積んだトマトと同じくらいだめになっていた。つまりカルジーンは、コストのかかる買ったばかりの自動処理機器を諦め、手を使って注意深く（高い費用をかけて）トマトを仕分け、梱包しなければならなくなったということだ。

フレーバーセーバー・トマトは、年間四三〇〇万ドルものトマト色の赤字を出してカルジーンを食いつぶした。FDAの手続きが二年目、三年目と長引く間、GMO食品への関心――と懸念――が募りはじめたことに、カルジーンは驚き、困惑した。よりよいトマトに反対する人などいるだろうか？　と彼らは考えた。同じように考えたひとりがジェレミー・リフキンだ。

リフキンは以前、大手石油会社のビッグオイルに抗議するため、ボストン湾に空の油樽を投げ入れたことで、ボストンティーパーティの二〇〇周年記念で話題を呼んだ経済学者兼社会活動家だった。彼はバイオテクノロジーにその名称が与えられたときから、その危険性について警告し、訴訟、議会証言、テレビ出演、講演、出版物などを利用して影響力と評判を得ていた。一九七七年の著書『誰が神に代わりうるか？』は、研究所で遺伝子を弄ぶ危険性について黙示的な言葉で警告している。その論争とリスクは、当時は仮説的なものだったが、実際の製品が視野に入った今、リフキンはフレーバーセーバーに宣戦を布告し、自らのピュアフードキャンペーン（この名称はおそらく、一八〇〇年代後半のピュアフードムーブメントを思い起こさせるものとして意図的につけられたのだろう）でできるだけたくさんの武器をかき集めて闘うことを固く誓った。

彼はピュアフードのフォロワーを利用して、一九九三年の大ヒット作『ジュラシック・パーク』を上映したアメリカ全土の一〇〇都市の映画館で、「バイオテック・フランケンフード」と書かれた買い物かごを押す恐竜を描いたビラを配布した。六ヵ月後、リフキンはキャンベルスープカンパニーに目を向けた。キャンベルは年間一〇〇万ドル程度までカルジーンの調査研究に資金を提供した経緯があり、キャンベルが自社の加工製品でこの技術を使用していた場合は、もう数百万ドル提供された可能性がある。キャンベルの関心は、トマトがこの会社のソースやスープになるまでの間に、トマトの中に発生するペクチンの腐敗を制御することだったが、一方で生鮮トマト市場への参入にも手を出そうとしていた。そうしたすべてが、リフキンがこの会社の不買運動をすると脅迫したことによってドブに捨てられた。一〇〇年の間、健全性を定評としてきたキャンベルは、この闘いでどちらの側につくかを選ぶにあたり何の迷いもなかった。彼らはカルジーンと縁を切ったばかりか、その象徴的製品の中でもGMO食品は絶対に使わないと公的に誓いもした。そこまでしたのはアメリカの会社では初めてのことだった。

トラブルは始まりに過ぎなかった。「トマトはあなたの健康を害する可能性がある」と警告するタイトルをつけたアンチGMOの『ニューヨーク・タイムズ』の特別記事面は、カルジーンにとっては爆弾を落とされたも同然だった。さらに追い討ちをかけたのは、その一週間後、編集者の元に、フランケンフードという造語を生んだ手紙が届いたことだった。言語学の専門家であるウィリアム・サファイアはこの新語を賛美して「科学に対するポピュリストの疑念を表す最も注目すべきことばの組み合わせ」と称した。爆弾はと言えば、ユナボマー――アメリカのテロリスト、テッド・カジンスキーのことで、テクノロジーを推進すると彼が信じていた人びとに対する全国規模の爆破作戦で三人を殺害し、二三人の負傷者を出した――でさえ、『タイムズ』に郵送した声明書にカルジーンの返送先住所を使うなどして、この活動に加わっていた。

信じられないことに、その後もっと悪いニュースが続いた。競合他社であるDNAプラントテクノロジーが、霜に耐えられるようなトマトの生産を目標に、北極ヒラメからとった「不凍」遺伝子を挿入する実験をおこなうと発表したのだ。このはるかに不吉な響きをもつ「フィッシュ・トマト」は、カルジーンの熱を冷ます代わりにフレーバーセーバーと融合しただけでなく、どこの海からとれるものでも、GMOトマトへの食欲を失わせてしまった。

ついに一九九四年五月一八日、それまで請求されたことのなかった規制プロセスの検討が始まってから約五年後、資金が不足し、畑でトマトが腐りはじめた頃、世界初の遺伝子組み換え食品をFDAが承認するという形で救済の手が差し伸べられた。その三日後、最初の出荷分が市場に出た。あまりに少なく、そしてあまりに遅すぎた。その後三年以内に、二億ドルの養分を与えられて育ったフレーバーセーバー・トマトは、跡形もなく消え去った。カルジーンもしかり。

何が起こったのか？　おそらく皆さんが考えていることとは違うだろう。リフキンはともかく、それは遺伝子組み換えトマトに反対する世論ではなかった（反GMOの動きは、さらに数年間、勢いを増すことはなかった）。それは否定的報道でもなかった（トム・ブロコウ、コニー・チャン、その他数えきれないほどの地元のニュースキャスターが、これらの遺伝子組み換えトマトの驚異に熱狂し、まるで普通のトマトのようだ！という驚きをしばしば口にした）。そしてそれは風味に関するものでもなかった（特別なところは何もなかったが、ライバルよりは優っている程度だった）。実際、よりよいスーパーマーケットのトマトを、是が非でもとは言わないまでも切望する一般大衆に、これらはとてもよく売れた。

では何がフレーバーセーバーを殺したのか？　カルジーンが一ポンド（約四五〇グラム）当たり一〇

ドルを費やして一ポンド二ドルで売れるトマトを生産したことは、たしかに、持続可能なビジネスモデルではなかった。フロリダのハリケーンがすべての作物を大西洋に担ぎ込んだことでもなく、トマト農家やトマト流通業者としてのカルジーンの経験不足でもなく、また、メキシコの栽培者が新しい貯蔵寿命の長い非ＧＭＯの木についたまま熟す品種を出荷しはじめていたことでもなかった。これらの要素はすべていくらか関係はしていたものの、フレーバーセーバーを本当に殺したのは、この会社がただ単に疲労困憊して衰え、小規模の高級《ブティック》トマトでは支払い能力を回復することが不可能だったということだ。

カルジーンの株価は一株当たり二五ドルから四ドルに下落し、一九九六年には、農薬の巨大企業モンサントがこの会社を安価で――特許も何もかも――買収し、トマトビジネスを永遠に閉鎖してしまった。そして今、元ＣＥＯのロジャー・サルキストは、『アタック・オブ・ザ・キラートマト』に出てきそうなセリフのように、「最大の誤算は、われわれがこれを大きくしすぎたこと、また急ぎすぎたことだ」と語った。

フレーバーセーバーがこうした悪弊を残したために、その二五年後の今、市場にはＧＭＯトマトがひとつも出回っていない。とはいえ、それがスーパーマーケットのトマトに「非ＧＭＯ」のステッカーが貼られるのを妨げることはできない。今回の調査中に出会ったどの農家も再販業者もブリーダーも、自分たちは遺伝子組み換えトマトを品種改良したり栽培したり販売したりはしていないことを強調した。

皮肉にもフレーバーセーバーが規制に対する道をつけたことで、それに続いてＧＭＯ食品がなだれ込んできた。食品棚を開ければ、そこ入っているあらゆるもの――キャノーラ油、シリアル、コーンミール、豆乳、粉ミルク、ソーダ、スナックバー、クッキー、その他コーンシロップやてんさいで甘くしたいろいろなもの――に遺伝子組み換え成分が含まれている。しかし、カルジーンにモチベーションを与えたのは、トマトをよりおいしくするとか、油をより健康的にすることを約束するといった理想的な理由ではなかったものの、フレーバーセーバーが失敗すると、GMOはまったく異なる方向へ転向した。カルジーンの製品が消費者の利益になるように開発されていたのに対し、現在のほぼすべてのGMO作物は生産者の利益になるように巧みに設計されているのだ。

　これまでのところ、アメリカで栽培される大豆の九五パーセント、トウモロコシと綿花の七〇パーセントに見られる最も成功したGMO作物は、ラウンドアップ・レディー〔除草剤のラウンドアップに耐性をもつという意味〕という商標用語を冠している。一九九六年に初めて導入されたこれらの作物は、広く使用されている除草剤に対する免疫をもつ特許取得済みの遺伝子を有している。これによって除草剤のラウンドアップが自由に使えるようになり、農家は畑を耕したり雑草を機械的に引っこ抜いたりする費用を免れることになった。この慣習は最近になって、ラウンドアップ耐性をもつ「突然変異の雑草《スーパーウィード》」の出現や、除草剤に晒されてきた農業労働者の間で非ホジキンリンパ腫が報告されたことなどに伴い、大いに議論を呼んでいるが、魔神を再びランプに戻すのは難しい。

　これら遺伝子組み換え種子の製造者は何者か？　なんと、ラウンドアップの製造者と同じだ。つまり、モンサントだ。

雑種形成、商品化、そしてフランケンシュタイン化。二〇世紀最後の数十年は、トマトにとって特に悲惨な時期だった。とはいえ、スーパーマーケットの売り場やバイオテック研究所から遠く離れた場所で、趣味で庭仕事をしている人びとが緩やかに組織した非公式なムーブメントは、悲惨な現状を受け入れることを拒絶し、それぞれの逸話や味わいメモや、最も重要なことに、種子をひっそりと交換していた。革命が始まったのだ。

エアルーム・トマト運動がいつ始まったかを正確に言い当てることは難しい。「エアルーム・トマト」を新聞のアーカイブで検索すると、一九九〇年代初頭から時折言及されているが、一九九七年になってようやくこのフレーズが頻繁に現れはじめ、今世紀の最初の一〇年に向かって次第に増加している。とはいえ、趣味の園芸家らは少なくとも一九七〇年代以来、シードセイバーエクスチェンジ（SSE）といった組織の台頭に促され、忘れ去られたトマトを秘密裏に栽培していた。

SSEはまだ二〇代だった理想主義のミズーリ州の入植者、ダイアン・オット・ウィーリーとケント・ウィーリー夫妻によって、一九七五年に設立されたが、それはダイアンのバイエルン人の祖先によって一八八四年にもたらされたふたつの植物——トマトと朝顔——の種子に対して、自分たちが独占的な所有権をもつことに気づいたことによっている。ダイアンの祖父母がこれらの種子を彼女にギフトとして贈った直後に他界したとき、ダイアンは、その変種——アンティークの銀食器や陶器と同じくらいの価値がある家宝《エアルーム》——を栽培し（そしてできれば流通し）なかったら永遠に失われてしまうだろうと悟った。

このことはウィーリー夫妻に、栽培品種の絶滅というより大きな問題について考えさせるきっかけになったと、ダイアンは回顧録『ギャザリング』に書いている。

私たちは、家族が移住してきたときにこの国にもち込まれた種を保存している他の園芸家たちについて思いを巡らせはじめました。自国の郷土料理に使われる種――故国を偲ぶよすが――が、エプロンのポケットなど個人の所有物の中に隠され、フェリーにのせられて海を渡り……何世代にもわたって受け継がれてきたことを私たちは知っていました。

ウィーリー夫妻が考えるように、これらの「エアルーム」(少なくとも五〇年前に放任受粉されたものと大まかに定義されているが、雑種形成の時代より前――つまり一九五〇年より前――に存在した品種にこの用語を充てる人もいる)の保護に関心をもつ人びとが他にもいたことはたしかだ。現在ケントはすでにRedditに投稿したり、Facebookグループを見つけたりしているかもしれないが、一九七五年当時、彼は『マザーアース・ニュース』など、園芸専門のいくつかの全国紙に投書することによって、志を同じくする仲間を探し求めた。読者の中にはこれに応えて、自分のエアルームの種子を交換すると申し出る人もいた。噂が広まるにつれ、郵送でより多くの注文が入り、まもなくするとウィーリー夫妻は、喜んで種子を分け与えたり探したりしている種子トレーダーの名前と住所をタイプして、六ページ分のリストにまとめた(返信用封筒に自分の名前と住所を書き、二五セント切手を同封した人が閲覧できる)。これによりSSEは、エアルーム植物に熱狂する人びとの非公式ネットワークのハブとなった。

二五セントは経費として要求されていたことが明らかとなった。つまり、この若い夫婦はぎりぎりの生活をしていたのだ。ジャーナリズムの学位を取得しているにも関わらず、ケントはいくつか臨時の仕事に就き(ジャーナリズムの分野に最も近いのは出版社勤務で、後にこれが役立つことになる)、一方でダイアンはまだ幼い子どもを育てていた。ミズーリ州プリンストン近郊にある彼らの家は、人里離れた五〇エーカーの農園に、敷地内から選び抜いた古い電柱と石で二年の年月をかけて建築された。パートタイムのジャーナリストで、自称「ベジタリアン、ヒッピー、ヨガをする入植者」であるケントにローンを組んでくれる銀行などなかったため、家の建築のほとんどは家族と友人でおこなった。ダイアンは家族の食事の足しにと思って、大きな果樹園と庭に木を植えた。

一九八一年、まだ完成していない家の窓代わりにプラスチックシートをはめたウィーリー家は、年に一度の初めての「週末キャンプ」を開催し、文通だけで知り合いになった、さまざまな地域出身の種子貯蔵者グループの出会いの場を設けた。初年度には一〇人を超える人が訪れ、ウィーリー家の農園にテントを張ったり、キャンピングカーに滞在したりした。三年目になると、この集まりは五〇人規模に成長し、貯水槽を使い果たしてしまったため、ゲストらは募金で三〇ドルを集めて給水設備を作った。

交流会のメンバーが増えるにつれ、郵便受けは手紙で溢れかえるようになった。たとえば、オンタリオ州の九一歳のエドワード・ローデンからの手紙はこんな感じだ。

ミスター・トップ・トマト、霜に耐える遺伝子をもつ……非常に価値のあるトマトが、一九一七年から一九二一年頃に姿を消してしまいました……それは、私がこれまで他のトマトに見たすべてのものを超越した有益な特徴を有していますが……最も有益な特徴は、他のトマトなら台無しになってしまう秋の軽霜に耐える力でした……私はそれを手に入れるためなら何でも差し上げます……おそらく、どこかのどなたかがそれを知っているでしょう。

ヒラメの遺伝子の力を借りることなく霜に耐えうる、このすばらしい特徴をもつトマトが見つかったかどうかについては何の音沙汰もなかった。しかし、種子を求める人なら誰にでも分けてあげたいと考えている園芸家がいた。SSEの六人のオリジナルメンバーのうちのひとり、リナ・シスコは、次のようなメモを付けて、ミズーリ州ウィノナから一箱の豆を送った。

私は思いのほか長くガーデニングをしてきましたが、どんな種類のものでも育てることが大好きです……バードエッグビーンズは祖母がミズーリへもって来たもので、私の家庭ではもう何年も前からおなじみです……これをすべて無料でさしあげます。どうかお気に召しますように。

シスコはその翌年の春に他界したが、その頃には、ウィーリー家とその他ふたりの種子貯蔵者が彼女のバードエッグを育てはじめており、この愛すべき斑点模様のマメを絶滅から救った。

ケントとダイアンは、それほど少なくない手紙に、似たような気がかりなテーマが書かれていることに気づいた。たとえば、**私の種子カタログには、もうこの品種が掲載されていません。どなたかおもちではないでしょうか？** といった内容だ。種子業界は一九七〇年代から一九八〇年代にかけて急速な統合を経験し（たとえば、一九七〇年から一九八七年にかけて、バーピーの所有権はバーピー家から最初はゼネラルフーズへ、次にグローバルな航空宇宙産業・輸送業のコングロマリット、ITTへ、その後は投資会社マッキンゼーに移転し、一九九一年に種屋のジョージ・ボールがこれを奪回した）、これらの新しい企業体は、品質がどうであれ売れない種を届けることに気が進まなかった。ケントは一九八一年、「決して時代遅れでも劣ってもいないのに、こんにち除外されているこれらの品種こそまさに、私たちの野菜作物の中から選び抜かれた最高のものなのです……しかし、それらは死に絶えても構わないとされているのです」と警告した。

園芸家も農業科学者も同じように危機感を抱いたこの生物多様性の急激な損失は、自分たちを大地の管理人、文字どおり「種子を保存する者」とみなしていた多くの種子貯蔵者の主要なモチベーションだった。ところが、多くの人が種子ビジネスにおいて、より憂慮すべき――不吉とも言えるような――ことが起こっているのを目の当たりにしていた。固定種〔親と同じ形質をもつ種〕が交配種に置き換わろうとしていたのだ。「標準的なトマトの種を一箱買えば」と、ケントは一九八一年に『マザーアース・ニュース』で語っている。「そのときから私は自分の種を保存することができ……業者に再びその特定の野菜を注文する必要がなくなります。ところが、交配種の野菜を栽培しつづけたい場合、毎年春にその会社に連絡し、種子を買い求めなければなりません。ですから、交配種が標準品種を排除すればするほど、私の選択は狭まっていくのです……そして種子会社により依存することになるのです」

種子会社とはバーピーのような会社だ。「トマト開発のパラダイムをリセットしたこと」が、交配種、とりわけビッグボーイ・トマトの大きな成功だったと、種子貯蔵者で自称「トマトマニア」のクレイグ・ルフーリエは私に話し、他の主要な種子会社に自社の交配種を開発・販売するよう駆り立てる。好むと好まざるとに関わらず、農業関連産業《アグリビジネス》は今や、栽培者の心をしっかりと掴んでいたが、種子貯蔵者は応戦する準備ができていた。さまざまな規模の種子交換が全国に次々と現れはじめ、園芸雑誌は手紙や種子交換のコラムを公開することでこれに応えた。一九九〇年代初頭、新しいテクノロジーで“LISTSERV”と呼ばれる電子メーリングリスト（およびその後のウェブサイトやインターネット掲示板など）が、この運動の範囲を加速的に拡大した。

その頃には、何百種もの、アマチュアが栽培したより古いトマト品種が、多くの場合その果実と同じくらいいろどり豊かな名前と発祥の逸話を添えて出現した。たとえば、グリーンゼブラ、クリームソーセージ（白く長細いトマトで、その外観はその名の魅力には及ばない）といった品種だ。またラジエーター・チャーリーのモーゲージ・リフターという一九三〇年代のグレープフルーツほどの大きさの品種は、あまりにも有名になったために、老いたラジエーター・チャーリー（自動車整備士で、その名はまったくチャーリーではなく、マーシャル・クレティス・バイルズだった）は種子の売上金で住宅ローンを完済することができたほどだった。しかしその中でも、ある再発見されたトマトは、いわば群を抜いて際立っていた。多くの人にとって、エアルーム・トマトという言葉は後に、この品種と同義語になる。つまり、エアルーム・トマト運動のポスターにも起用されたキャラクター、ブランディワインだ。

ポスターボーイにしては見てくれが悪かった。一ポンド（四五〇グラム）ほどの実がツルにぎこちなくしがみついていて、見たところベタベタした感じの青白い皮は割れていたり、ヘタのところで革のように硬くなっていたりすることが多い。芯が果実の奥深くまで入り込んでいるため、カットすると最初のスライスのいくつかにはリング状のものが必ず残る。この遅咲きの品種（最初の収穫までに九〇〜一〇〇日かかる）は萎れたり、病害や腐敗に弱かったりするのだが、ひとつだけおすすめの点がある。

とてもおいしいのだ。

まさにほっぺたが落ちるような啓示だ。顎から果汁を滴らせながら、トマトというのは本来こういう味だ、まさにこれだと言いたくなるような味がする。そして、たとえ昔のトマトを味わったことがなくても、口の中に広がるその風味は、ある種の遺伝的記憶を呼び起こすようだ、とも言えるかもしれない。ルフーリエは『エピック・トマト』の中でこう書いている。「何年もかけて一〇〇〇種類ものトマトを栽培しても、完璧なトマトと思えるのはやはりブランディワインなのだ……類い稀なほど果汁の多い質感は口の中でとろけるようだ。その風味は、最高のトマトがもつ最も好ましい特徴のすべて——すっぱさ、甘さ、豊かさ、複雑さ——でもって完璧なバランスで味蕾を刺激する」と。

これには多くの人が同意した。『ニューヨーク・タイムズ』のガーデンコラムニスト、アン・レイヴァーは一九九五年にブランディワインを読者に紹介し、マーサ・スチュワートはその味を「夏の真髄」と宣言した。

ブランディワインの発祥地がどこなのかは明確ではない。その名は南ペンシルヴェニアのブランディワイン渓谷であることをほのめかしており、種子カタログにはしばしばアーミッシュ〔ペンシルヴェニア州中西部やカナダのオンタリオ州などに居住するドイツ系移民〕系の品種と書かれているが、その起源は常に不明瞭なままだった。こうしたものの起源に関しては信頼できると私が思っているシードセイバーエクスチェンジによれば、これを再導入したのはオハイオ州の種屋で当時九〇代だったベン・クイゼンベリーとされており、彼はドリス・サダス・ヒルから種子を受け取ったと述べ、ヒルは、彼女の家族がその種子を一〇〇年の間、テネシー州で育てつづけていたと語っている。こういうわけで、ブランディワインはしばしばサダス系統と呼ばれているのだ。

系統（または品種）とは、ここでは突然変異や他家受粉によって引き起こされるわずかな変異を意味するが、エアルームに父性を固定するとなると少しやっかいになる。ブランディワインもその例外ではない。というのも、あなたの庭のブランディワインは私の家のものと同じ栽培品種ではないかもしれないからだ。ひと握りの免許所有者によって厳しく管理され、販売されている交配種と異なり、ブランディワインは種子貯蔵者（および最近では種子会社）の数に関わらず保存、流通、再流通されてきたため、そこにはいくつかの異なる系統があるのだ。その上、特定のハチによる臨時の他家受粉が、栽培者も気づかないうちに遺伝子構成を変えてしまうことがある。さらに紛らわしいことに、その他数種のトマトにブランディワインという俗名が付けられているのだ。たとえば、レッドブランディワインとかイエローブランディワインなどは、それ自体はすぐれたトマトなのだが、サダス系統とはまったく異なる。

ブランディワインの簡単な見分け方は、その一般的ではない「ジャガイモの葉」のような群葉だ。トマトの葉は、野菜界の中で最も認識しやすいと思われる小さな鋸歯状だが、ブランディワインの葉は大きくてなめらかで、ジャガイモの葉と非常によく似ていて、付け根近くのそれぞれの側にV字の切り込みがある。あまりに似ているので、庭で初めてジャガイモを育てて芽が出てきたとき、私は瞬間的に、昨シーズンのトマトからとったブランディワインのいくつかの種がジャガイモ畑で芽を出したのかと思ったほどだった。しかしそんなに困惑することでもなかった。というのも、ジャガイモとトマトはいとこ同士で、ナス科の同じ属（*Solanus*）なのだから。

ブランディワイン・トマトが早くも、ジョンソン・アンド・ストークスの 1890 年の種子カタログに掲載されている（CC BY-SA 3.0.）。

これらの関係性が意味するところは

二〇〇九年の夏に明らかになったが、さしあたり、あらゆる形状、サイズ、色のエアルームが咲き乱れた一九九〇年代後半は、アメリカにおける真のトマト・ルネッサンスを象徴していた。あの一八三〇年代がもう一度やって来たのだ。東海岸スタイルの第一人者マーサ・スチュワートは、自分のトマト畑のほぼすべてをエアルームに変えたと発表し、西海岸の農家直送《ファームトゥーテーブル》の流行発信者アリス・ウォーターは、自分が経営するレストラン〈シェ・パニース〉のメニューでエアルーム・トマトを特集した。ロサンゼルスからイースト・ハンプトンまで、複数の品種のカラフルなエアルーム・トマトを使わなかったら、エアルームのメニューとしては認められなかっただろう。エアルームの栽培を始めた農家は、需要が追いつかないほどだった。

エアルーム・トマトは、種子を取引する園芸オタクが独占的に活動を始めるようになるほんの数年前、どのようにしてこんなにも早く主流にのったのだろうか、そしてそれはなぜ、二〇世紀最後の一〇年に起こったのだろうか？　これらは社会学者らの好奇心を掻き立てるような疑問であり、ウィスコンシン大学のジェニファー・A・ジョーダンは二〇〇七年の学術論文で、消費者がいかに突然、一ポンド（四五〇グラム）あたり七ドルの金を、虫食った、硬くてまだらで割れている、おいしいかどうかもわからないトマトに支払うようになったのだろうと疑問を投げかけている。

その答えのひとつとして、トマトは単なる食品としてだけでなく、文化的対象、すなわち、その消費者について何かを語るものとしての、ある一定のステータスを獲得したからだ、とジョーダンは結論づけている。古いもの（その遺産）と新しいもの（縞模様のトマトまである！）という両方の要素をもつエアルーム・トマトを食べることに美徳を感じ、生物多様性やアグリビジネスといった社会問題に目を向けた場合、それがより強く感じられるだろう。実際、エアルーム・トマトはステータスシンボル、富と味の指針《インジケーター》となった。これを提供する高級なレストランや、それらを売るファーマーズマーケットでエアルーム・トマトを消費することには、上流気取りの要素が確実にあり、それらはより高額な値札がついた別容器に入れられ、平民との区別が図られた。

事実、こうしたファーマーズマーケットはエアルームとちょうど同時期に急速に拡大し（一九七〇年から二〇〇九年にかけて、ファーマーズマーケットの数はニューヨーク州だけでも六軒から四〇〇軒を超えるほどにまで増加した）、その普及に重要な役割を果たした。スローフード運動やオーガニック運動のどちらも一九九〇年代に勢いを増してエアルームの人気上昇と密接に結びつき、完熟オーガニックのエアルーム・トマトは多くの団塊の世代の人びとの三大偉業となった。

一九九七年の『ニューヨーク・タイムズ』の記事は、エアルームのガーデニング現象は、団塊の世代と呼ばれる、社会で成長を遂げている人びとのあり余る時間と収入と感性によって火が付けられたと仮定した。「［彼らには］多くの余暇の時間があります」と、ある種子会社のオーナーは語っている。「彼らはより洗練された味覚をもっています……私もまた、人びとが何かリアルなもの、なぜわれわれは地上にいるのかについて教えてくれる何かを探し求めていると思うのです」

ここには明らかに、エアルーム・トマトだけではなく、輸入熟成酢、手作りチーズ、ナパバレーのワイン、コカインよりも高額な数本の糸状のサフランなどが含まれていた。ところが、九〇年代のヤッピーたちの消耗品の中でもユニークな存在であるエアルーム・トマトのすばらしい点は、それを手に入れるためにわざわざエリート集団のメンバーにならなくてもよいということだった。誰もがマーサ・スチュワートと同じ名誉あるトマト品種を育てることができた。数メートルの庭があれば――またはパティオでもじゅうぶんだ。

一九九七年、私には使用できる庭が数メートル以上あった。三エーカーの丘陵地帯にある築一〇〇年の崩れかけた古い家を購入し、一八五平方メートル以上の陽の当たる斜面のひとつを耕して大きな野菜畑とし、そこにエアルーム・トマト、エアルーム・ストロベリー、エアルーム・ポテト、エアルーム・カボチャ、エアルーム・アップルの木々を植えた。交配種トマトの「男の子や女の子」を植えることなど考えもせず、その代わりに四列の蛍光灯の下で、ブランディワインとチェロキーパープルを種から育てた。ジェニファー・ジョーダンが提案したとおり、実際に私を過去に結びつけるこれらの古い果実や野菜を栽培するのは気分のよいものだった。エソパス・スピッツェンバーグという品種のリンゴは、私の少年時代のアイドル、トーマス・ジェファーソンが育て、ひいきにしていただけでなく、それらが、まさに私が所有しているニューヨークのエソパス近郊のハドソン渓谷で発見されたという事実は私をとても満足させた。

私は、自分の木がリンゴの実よりも歴史を多く生《な》らせているという事実を都合よく無視した——簡単にそうできたのは、ざらざらしていて皮の分厚いスピッツェンバーグは消化器系に負担がかかるからだ。また、ブランディワイン・トマトがおいしいということは否定できないが、砂漠で金魚を飼うよりも育てにくい——夏疫病はバーティシリウム萎凋病に移行し、萎凋病は炭疽病に道を譲り、それでもまだ残っているものがあれば晩枯病に罹る——という不都合な真実も見過ごそうとした。

私が無視しつづけることができなかったこと、それは財布だった。私はこれらすべてのエアルームを栽培するために用意した財産を使い果たそうとしているのではないかと思い、庭から得られるものの方が庭に投入したものより少ないのではないかといぶかりながら、ある晩夏の夜、領収書を前に腰を下ろし、鹿やマーモットや病気にやられる前に救い出そうと考えていた一八本のブランディワインを育てるために自分がいくら使ったかを計算した。

その答えが、私の最初の本のタイトル、『64ドルのトマト』となった。

金銭的な利害関係は、トマト耕地のほとんどすべてを、より利益が得られるエアルーム品種に変えた北東部の農家にとってはさらに大きいものだった。二〇〇九年当時、葉枯れ病——一八四五年から一八四九年にかけてのアイルランドのジャガイモ飢饉のときと同じ病気——が彼らのエアルーム作物の約七五パーセントを台無しにした（私の場合は一〇〇パーセントだ）。この夏が涼しく湿気が多かったことが災いし、おそらく南部で品種改良され〈ホームデポ〉や〈ロウズ〉、〈ウォルマート〉といったディスカウントホームセンターで売られていた安価な実生《みしょう》がこの感染症をもたらした。そしてこれは野火のように風に乗って広がり、その道筋にあったすべてのものに影響を与え、何らかの耐性をもつトマトにも影響を及ぼした。「葉枯れ病はひとつの耐性しかもたない遺伝子をあっという間にやっつけるということを知って、私はショックを受けた」と、バーピーのブリーダー、サイモン・クロウフォードは私に語り、これを自分の長い品種改良歴でおそらく最大の驚きだと述べた。

トマトを葉枯れ病にしてしまう病気の多くには効果的な化学療法がほとんどなく、私のような有機栽培家にとっては対応策はもっと少ない。さらに事態を悪くしているのは、これらのバクテリアと菌類の多くが土の中に何年もの間生きていて、それが土に到達したが最後、根絶がきわめて難しいということだった。実際、病気と闘う最良の方法は、トマトに耐性を植え付けること、換言すれば、交配種を作ることなのである。

ついに言ってしまった。しかし、どんな誇りある革命にも反革命が必要で、エアルーム・トマトの反乱も例外ではなかった。本当に驚いたのは、世界中で声高に聞かれることになる最初の反撃が、著名なニューヨークの洗練された農家シェフ兼レストラン経営者の元革命家、ダン・バーバーによって放たれたということだった。彼のストーン・ファームズのブルー・ヒル 二五〇ドルというテイスティングメニューは、しばしば、ミニチュアの卓上トレリスに芸術的に織り込まれた、ツルに実った自社畑のエアルーム・チェリートマトを目玉にしていた。バーバーは早くから、農家直送とエアルームという両方のトレンドを大きな声で支持していたが、二〇〇九年八月、ストーン・ファームズのトマト作物の全損から疫病までを辿って、『ニューヨーク・タイムズ』に次のような論説を書き、農家とシェフから共感を呼んだ。

> 持続可能性を提唱する多くの人びとにとって、科学は……疑わしくて、スローフードの美学に反するとみなされている。それは懐旧の情であり、自分の店のメニューでエアルーム・トマトだけを称賛するとき、私はシェフとして、それを売り込むことに罪深さを感じる。この尊いトマトの品種は保存に値する真に重要なもので、多くの場合、従来の品種より味わい深い。ところが、古いものを熱く追い求めるあまり、新しいとされるかもしれないものの開発をおろそかにしてしまう可能性がある。

古いものを熱く追い求める。この感情は幅広い影響を及ぼした。「エアルーム・トマト訴訟」をおこなった『サイエンティフィック・アメリカン』の記事は、このトマトをパグ――「息を吸おうとすると咳をするような音を鳴らす、折れ曲がった鼻の『血統書付きの』犬」――と同等の野菜とみなした。マスコミではエアルーム・トマトに関する逸話はほとんど現れず、新しい世代のブリーダーが雑種形成に対するより科学的なアプローチを通じて、どのようにトマトに風味を取り戻そうとしているかに関する逸話の方が多かった。それらは、トマトのゲノムの完全なマッピングを含め、オーヴェッド・シフリスが決して自由に使うことのできなかったテクノロジーを利用していた。

こうしたことの一部は単なるエアルーム・ニュース疲れだったことはたしかだが、エアルーム栽培が目新しいことではなくなってくると、農夫はそのリスクを発見し、園芸愛好家（私自身も含む）の中には、二ヵ月間のシーズン中に〇～一八個のトマトしか収穫できないことに疲れてしまう者もいた。リップマンのブリーダー、マーク・バリノーが私に語ったように、「存在しないトマトを味わうことはできない」のだ。

エアルーム・トマトは商用トマトの世界では人気が出なかった。その世界ではニッチなままで、この国で消費されるトマトのほんの一部に過ぎなかった。必ずしも罹病性のせいではないが、正確に言えば、それはエアルームだから、だ――つまり、それらは飛び道具として育てられてはおらず、したがって輸送にも保存にも適さない（ブランディワインが家の庭から食卓へ無傷で運ばれたらラッキーだと感じるだろう）。

とはいえ、それらがなくなってしまったわけではない。いずれにしても、エアルームは過去二〇年の間に商品化され、現在、主な種子カタログでも、自宅の菜園やホームセンターでも、苗木として手に入れることができる。私の地元のスーパーにも、メキシコの温室で育った匿名の（そしてすばらしい）エアルーム・トマトが常に置かれている。エアルームは今でも夏のファーマーズマーケットの必需品だが、最近は特定の品種にこだわることはあまりないようだ。明らかに「エアルーム」と表示されていることで、お金に余裕のある買い物客を惹きつけるにはじゅうぶんだ。結論としては、よいものもあるが、多くはそうでもないということだ。

ところが、裏庭の園芸愛好家が再発見したエアルーム・トマトは、大規模な農園経営には決してならなかったが、こんにちまで、その文化的影響、食の面での影響は商業的な影響力をはるかに凌いでいる。エアルーム革命はおそらく、一世紀の間にトマトに起こった出来事の中で最も刺激的なことで、郵便切手以外の技術をもち合わせていなかったひと握りの熱烈なファンでも業界を揺るがすことができることを証明したのだ。

もっと重要なのは、種子貯蔵者の断固たる決意のおかげで、何百万人ものアメリカ人が生まれて初めて本物のトマトを味わうことができたことだ。均一に熟す遺伝子をもたないトマト、輸送のために人工的に品質改良したものではないトマト、それでいて風味が出るように自然淘汰されたトマトだ。そして彼らは、その本来の味を忘れることはないだろう。中にはファーマーズマーケットを訪れることから始める人もいた。まだ太陽の温もりの感じられる、もぎたてのブランディワインを食べる楽しみを味わうだけのために自分の庭をもつ人、またはこれからもとうとしている人もいる。

しかしほとんどの国では、九月も終わり頃になると、太陽が低すぎてトマトが熟さず、有支柱栽培のコルドン型品種でさえ力が尽き、日が短く肌寒い夜のせいで活力を失い、しまいには初霜で果実が粉々になり、トマトの木を萎ませてしまう。最後に残ったトマトたちに窓辺で少しでも熟してくれるよう説得して、夏の最後の味を楽しもう。早くしないと冬が来てしまうから。

10　冬がやって来る
北の温室トマトは未来の先触れか、それとも、すでに持続不可能となった過去の遺物なのか？

一匹のハチが、雪が降っていることも忘れ、ブンブンと音を立てて通りすぎていく。くつろいだ様子の作業者たちが、立ったままの姿勢で熟したトマトを房ごと静かに摘み取り、まるでトマトを巧みに操っているかのようにやさしく、浅い箱の中に一層ずつ並べている。親指の太さほどもあるツルが、上空に向かって上部のガラス天井まで達しそうなところで向きを変え、六メートル、九メートル、一二メートル先まで続く支持ワイヤーに沿って、ブドウ園のように水平に伸びている。外は凍えるほどの寒さだが、室内は二二度くらいでカラッとしていて、トマトを摘み取るにはうってつけの日だ。明日もそうだろう。その次の日も。**トト、私たちはもうフロリダにいないみたいだ**〔『オズの魔法使い』のシーンに登場するセリフをもじったもの〕。

カナダの冬を呼び起こすもの、それはホッケー。スケート。カーリング。氷の塊を削って建てたホテル。トマト。

トマト？　一月だというのに、カナダのトマトがなぜ私の地元のスーパーにあるのか？　私が最初にそれに気づいたのは数年前だったが、北部の近隣から輸入されたこれらのトマトは、この一〇年の間に、私たちにこっそりと近づき、数年前まではその存在すら気づかないほどだったのに、今やカナダの卵やジャガイモ、デュラム小麦の生産を超える一〇億ドル規模の屋内栽培野菜産業となっている。トマトをのせた二〇〇台ものトラックが毎日、オンタリオからミシガンとの国境を越え、南部へとトマトを運んでいる——ここでフロリダ産のトマトを積んで北へ向かうトラックとすれ違うことは必至だ（正面衝突した結果生まれたと思われる新しい交配種については推測の域を出ないが）。

フロリダ産のトマトについてどう思うにしても、冬にそれを栽培することの背後にある論理はわかるだろう。日当たりの良い温暖な陽気の季節を延長しようとするパッシブ温室も同様である。しかし、カナダではどうだろう？　カナダに冬の温室を設置することは、メキシコにイグルーを建てるのと同じようなものだ。

夕暮れ時、私はデトロイトから、異世界のような桃色に空を染める何百万ワットという温室の照明を辿って、まるで蛾が火に引き寄せられるようにオンタリオ州リーミントンへやって来る。真冬なのになぜここにいるかと言えば、注意を向ける人も関心をもつ人も国境の南には誰ひとりいないのに、どういうわけか、エリー湖の北岸沿いにある農地には北米最大級の温室が集中しているからだ。すでに約四八〇〇エーカーの土地がガラス張りの温室になっていて、それは日ごとに拡大している。

どこを見ても、土地は開墾、整地されていて、新しい種類の農地になっている。施設農業、精密農業、制御環境などとして知られる用語が合わさったことが、気候変動や自然の気まぐれに左右されることのない、最大一〇〇エーカーという巨大な構造の温室の透明な壁の中で起こっていることを反映している。

ここで栽培されるほとんどのものは、最終的にアメリカの食卓にのぼるため、これらの温室のオーナーはアメリカ全土に拡大し、ピーマンやキュウリ、そして最近ではベリー類の供給比率が高まっている。しかし最大規模の温室栽培農家にとって、この静かな進出は、よりおいしいトマトへの探求――他に何がある?――から始まった。

ポール・マストロナルディはリーミントンの第四世代の農夫で、一家はカナダの近代的な温室産業の基礎を築いたと主張している。彼らの逸話は多くの点で典型的な移民のサクセスストーリーで、若く貧しい農夫だったポールの曽祖父アルマンドが一九二三年、他の七人の仲間《コンパーニ》たちと一緒に、故郷であるヴィラ・カナーレというイタリアの村を出たときに始まった。彼らはアメリカ東部の都市だけでなく、モントリオールやトロントの人口をも増大させたイタリア移民の波のひとしずくだった。

この八人のイタリア人はカナダの最南端リーミントンへ向かい、この地が地球上で八番目に面積の大きい淡水湖であるエリー湖のおかげで良土と温暖な冬に恵まれ、農村が繁栄していることを知った。街にあるハインツのケチャップとピクルスの工場は、農家には信頼できる市場を、労働者には安定した職業を提供した。移民たちが成功したという噂がヴィラ・カナーレの家族や友人たちの耳に届くようになると、旧市街のまるまる三分の一の人びとが故郷を去り、八人の開拓者の後について南西のオンタリオへ向かった。

アルマンドはトマト農夫として成功したが、同じく成功した息子のウンベルトは、一九四〇年代初頭にオランダへの旅の途上で、オンタリオの農園では一般的とされている、数ヵ月間ではなく一年の大半の期間トマト栽培をおこなっている洗練された温室を目の当たりにした。ウンベルトは、こんにちまで続くオランダ人との密接な関係性を築くことから始め、この農法を自国へもち帰った。近隣の人びとはすぐにこれに倣ったので、この他に類を見ないイタリア人とメノナイト（同様に、同じ頃ロシアから移住してきた人びと）の街は、世界の温室超大国に向かって歩みはじめることになった。

「ファミリービジネスに手を染めるつもりはまったくありませんでした」ウンベルトの孫で四六歳になるポール・マストロナルディはそう語り、トマトについても正直言ってそれほど思い入れはなかったと付け加える。ところが大学で数学と物理を専攻した後、ポールはウンベルトから会社を引き継いだ父親に、ひとつの条件を付けて実家に戻ると伝えた。条件とは、大きく考えること。それもものすごく大きく。より多くの温室を建てるだけでなく、より大きな温室を作るのだ。温室の大きさが生産性の鍵になると彼は感じていた。だから、典型的な新しい温室の敷地面積が五エーカーだった頃に、ポールはオランダの技術と人材を利用して、北米で最大の五〇エーカーという巨大な温室を建設した。

この温室をトマトで埋めたところ、功罪相半ばする結果となった。顧客を訪問していたとき、マストロナルディはフロリダの栽培者にはおなじみの決まり文句を耳にした。彼のトマトは味がないと言うのだ。そこで彼は、よりよいトマトを求めてオランダへ飛んだ。そしてオランダの種子会社の大手エンザ・ザーデンで、ある品種を見つけた。「この一風変わったサイズの果実はゴルフボールくらいの大きさでした。味はよいけれど、この近辺のどの市場にもなじまなかった。どこか変だったのです。でも味はずばぬけていたので、私たちは『これこそ皆が探し求めているもの、風味のある昔のトマトの味がするものだ』と話していました。温室で作物を保護することの利点は、少しだけ注意が必要な品種とか、それほど丈夫ではない品種などを育てることができることです。天候に左右されませんから。そんなわけで私たちは一九九四年にこの品種を導入し、実験を始めたのです」

テスト作物は成功したが、マストロナルディには自身の新しい品種をその他すべてのトマトと区別する方法が必要だった。スーパーマーケットでは結局、生のトマトは匿名で売られているが、缶詰トマトにはブランド名がついていることに彼は気づいた。そこでマストロナルディは、自分のゴルフボールサイズのトマトに、友情をほのめかすキャッチーなイタリア語の響きをもつ名称をつけた。それが、カンパリだ。

このとても小さくて高価なカンパリは、最初の数年間はうまくいかなかった。食前酒のカンパリと同名であることが消費者よりも弁護士たちの関心を引いたためだ（マストロナルディは著作権訴訟をうまくかわした）。しかし、トマトマニアの間で噂話が広がり、どういうわけか——マストロナルディ自身が誰よりも驚いたと断言している——HBO〔アメリカの衛星ケーブルテレビ局〕でトニー・ソプラノのキッチンが映ったときカンパリ・トマトのパッケージが流れるようになり、ひと吹きの風がカンパリの帆をいっぱいに膨らませることになった。マスコミは興味津々、グルメたちもどっと押し寄せ、カンパリは成功への道をまっしぐらに突き進んだ。そのコストを除けば。

「世界で一番高価なトマトの種だそうですね」と、私はマストロナルディに言う。

「そこにありますよ」

「種子は一ポンド一五万ドルです」

もちろん彼は他には何も言わず、ただこう指摘する。「カンパリの種をいっぱいに詰めたブリーフケースをもってここを出れば、数十万ドルの価値になりますよ」と。言い換えれば、カンパリの種は文字どおり、金《ゴールド》よりも——はるかに——価値があるということだ。

保護された環境で食物を育てるという考えは決して新しいものではない。ティベリウス帝がキュウリ（いまだ最も人気のある温室作物）を一年中食べたがったため、古代ローマ人は半透明の石膏を塗った冷たい囲いの中でこのツル植物を育てた。

ローマの冬は寒く、この近代の温室の前身は、夜は屋内に運び込まなければならなかったため、サイズが限定されていた。解決策は明らかかのように思えるが、私たちが入手した暖房温室に関して書かれた最初の記事は、一四五〇年頃の韓国のものだ。オンドルと呼ばれる、今でも韓国の家庭で見られる暖房システムは驚くほど近代的で、厚い石組みの床を下から温めることで、人びとが寝静まって火が消えたあとも暖かさを保持する（建築家のフランク・ロイド・ライトは一九〇五年のアジア旅行中オンドルのある家に滞在し、帰国後、床下で火を燃やす伝統のやり方に代わって、コイルに熱湯を循環させる放射床暖房を「発明」した）。

初期の温室はサイズに制限があり、大きくて強固な窓ガラスを製造できるほどにガラス技術が発達するのはルネサンスまで待たなければならなかった。相当数がヴェルサイユ宮殿内にある一五〇メートル以上もの長さのあるオランジェリーに使われていた。オランジェリーとは一六八四年、宮殿の整形庭園に並ぶ一〇〇〇本以上の柑橘類樹木を越冬させるために建設された温室だ。つまり、ルイ一四世の庭師は毎年秋になると、オーク材と鋳鉄でできたプランターに植えられた樹木を一本一本（ヴェルサイユ宮殿のギフトショップで、王たちがレプリカを買うことができればと思いながら）、庭園からオランジェリーまで引きずって運び込み、春になればその逆のプロセスをおこなわなければならなかったということだ。

庭師は切なげに、こう考えたに違いない。「ああ、このくだらない柑橘類の流行が王と共に消え去って、**こいつらが長生きしなければいいのに**」と。切なげに……たしかにそのとおりだ。太陽王は七二年と一一〇日間、国王の座に就いていた。その記録はいまだに破られていない（あなたに期待しています、エリザベス女王！〔エリザベス女王は惜しくも二〇二二年九月八日に逝去〕）。

フランス人は実際――手短にいえば――暴君のような王たちを排除し、同じく暴君的な皇帝を代わりに置いた。とりわけ有名なのはナポレオン・ボナパルトだ。そして、ナポレオンの甥のシャルル＝リュシアン・ボナパルトこそ、近代の温室を発明した人物と考えられている。

卓越した自然学者、鳥類学者、動物学者、そして（ボナパルト一家としてはやっかいなことに）熱烈な共和制支持者だったシャルルは、アメリカで数年間、鳥類について研究し、二〇〇種類以上の鳥を発見してそれらの目録を作成し、若干二二歳で、当時最も称賛された鳥類学者となった（西海岸でよく見られる黒い頭が特徴のボナパルトカモメは、誰もが思う有名な叔父の名ではなく、シャルル＝リュシアンの名にちなんで名付けられた）。

アメリカを去った後、シャルルはローマに落ち着き、ここでイタリアの動物に関する本を出版した。

「ボナパルト」の姓をもつこのフランス人はローマ議会にも議員として選出され、一八四九年のローマ共和国の樹立にも参加した。ところがシャルルの民主主義的情熱は、フランスに戻った彼の家族にとって受け入れられるものではなかった。フランスでは、いとこのルイ――後にシャルル＝ルイ・ナポレオン・ボナパルト、またの名をナポレオン三世となる人――が皇帝の称号を得た二番目のナポレオンとなっていた。シャルルがイタリア側について、愛するいとこから送られた四万人のフランス軍に対する防衛戦が不成功に終わると、彼は祖国を追われ、最終的にオランダ南部のライデンに辿り着いた。折衷主義のシャルルは、今度は鳥類から植物へと研究対象を移し、薬用植物を年間通して栽培、研究するため、世界初の近代的温室と一般に考えられているものをライデンに設立した。

　平地と、フロリダ・トマトを霜から守るのと同じメキシコ湾流による温暖な気候が揃う南オランダは、今も昔も、温室には理想的なロケーションだが、オランダの温室産業の出現に一役買ったのは、その一世紀後に現れたもうひとりの悪名高き暴君だった。ナチス占領の最後の日々は食料が枯渇し、しまいには土を掘ってチューリップの球根を食べる者までいた。一九四四年から一九四五年にかけてのオランダ飢饉と呼ばれるその時期に、二万人のオランダ人が非業の死を遂げた。戦後、オランダ人はもう二度と、自分たちの土地を飢饉が襲うことは許さないと誓い、本格的に温室建設に乗り出した。

　ここで強調したいのは「本格的に」ということだ。現在、オランダの農業の少なくとも八〇パーセントが温室内でおこなわれている。わずか四万一〇〇〇平方キロメートル――西ヴァージニア州の三分の二――にも満たないこの小さな国は、アメリカに次いで、世界に食料を輸出する第二の輸出国で、温室産業では年間約一〇〇〇億ドルを稼いでいる。オランダ人はこの驚くべき偉業を、世界最先端の温室技術――巨大で管理された環境の中で、大気と根温、光、水分、栄養分を最適化している――を開発することによって達成した。そして、小さな国土の〇・二五パーセントを温室に充てている。〇・二五パーセントと言われてもそれほど多いようには聞こえないかもしれないが、アメリカに換算すれば、コネチカット州、デラウェア州、ロードアイランド州の全土が温室の中ということになる。

オンタリオ州レミントンの温室は、オランダの専門知識、設備、ソフトウェア、種子、そして人材を利用してオランダをモデルに作られているということで、私はこの中に入ってみたくてたまらない気持ちになる。ところがその前に、ポール・マストロナルディが私にふたつの質問をする。「最近トマト畑に行きましたか？」身が引き締まる。なぜならもちろん、最近行ったばかりだからだ。「畑ではああいう靴やパンツを履いていましたか？」イモカリーで自分が何を着ていたかを思い出そうとしながら、私の身はもっと引き締まっていく。何百キロもの道のりをやって来たのに、ここで背を向けられてはたまらない。

温室の経営者は常に病気のことを心配しているが、この冬は、トマトブラウンルゴースウイルスを恐れて、ますます用心深くなっている。ルゴースについてはフロリダで耳にしたことがあるが、この病気はメキシコの温室という温室を荒らし、そのおかげでフロリダの生産者に利益がもたらされていた。

病気は間違いなく温室栽培と切り離せないリスクのひとつだ。屋内で栽培すれば、害虫や病原体を寄せ付けないようにするのは簡単だが、もし入り込んでしまったら、鼻水を垂らしたよちよち歩きの幼児を保育園に連れて行くのも同然だ。ルゴースがアメリカに侵入しないように、USDAは最近、カナダ産のものも含めたすべての輸入野菜の検査を強化すると発表した。それに応じてオンタリオの温室は賢明にも、汚染を恐れて、訪問者との接触を一時停止した（その後数週間のうちに、これよりはるかに危険な新型コロナというウイルスによる人間の「汚染」の恐怖により、アメリカとカナダの国境が一年半の間、閉鎖されることになる）。

幸いにも、見込み客や報道機関がやって来るマストロナルディのガラス温室は、オンタリオ州ではなく、国境を渡ったミシガン州コールドウォーターにある。私が、彼の一億ドルの温室をだめにしてしまう感染症患者第一号にならないことを確かめたマストロナルディは、ブーツとグローブとフードが付いた薄く透き通った白いジャンプスーツを私に手渡す。ふたつの耳を垂らしながら巨大な白うさぎのようにも見えない姿で消毒液の水たまりを通過して彼の足跡を追い、壁に取り付けられたディスペンサーから出てくる殺菌剤で手袋をした手を擦り合わせると、北米で最も大きく最も洗練された屋内栽培施設のひとつに入る準備は万端だ。

どのくらい大きいんだ？　サッカー場ほどのサイズの温室を想像してほしい。かなり感動的じゃあないか？　それにあと七五個分のサッカー場を足した大きさが、私が今いる場所だ。ガラスとスチールでできた構造物が一〇〇エーカーの土地を覆っている。全長一・六キロ、それにモール・オブ・アメリカ［ミネソタ州東部のブルーミントンにある全米最大級のショッピングモール］よりも大きい占有面積をもつ。まるで超高層ビルを横に倒したような感じで、それを直立させたら、エンパイアステートビルを三つ分縦に重ねたほどの規模になり、キングコングの頭上よりはるかに高くなるだろう。そこを偵察するのにおすすめの手段は何か？　自転車だ。

この温室は明確な栽培区域に分割され、私がいる区域は快適で亜熱帯地方のような感じで、一月末の午後といえども、それほど暑いわけでもじめじめしているわけでもない。頭上にある背の高いツル性植物が植物園を思わせる。とはいえ、ここにはたったひとつの植物種 *Solanum lycopersicum*〔トマトの学名〕しかない。何千本とあるトマトの木のひとつひとつが、畑栽培のトマトによくあるような肩くらいの高さではなく、約二三メートルの高さにまで伸び、その太いツルが電気コードのようにきれいにひとつにまとめられて、水平に張られたワイヤーに結び付けられ、天井に届きそうなところでカーブしている。トマトが本当にツル性植物であることを実感する。ターザンがツルを伝って降りてきそうだ。

農園経営の未来を象徴する可能性のあるものの中で、ミシガン州コールドウォーターにある照明と温度が調整されたこの温室は、全長1.6キロメートル以上ある（Mastronardi Produce Limited の許可を得て転載）。

天然ガスからの熱は、それぞれの列の下を走る一対のパイプの中を循環する熱湯から供給される。冬は太陽の光が不十分で、トマトの旺盛なニーズ（植物は人間が視覚に必要とする光の五〇倍の光を光合成に要する）に応えることができないため、ディーゼル発電機を利用した高圧ナトリウム電球とＬＥＤから補助的な光が提供される。この温室の雰囲気は若干人工的でもある。閉鎖された空間であることを考えれば、植物は利用できる二酸化炭素のすべてをすぐに使い果たしてしまうため、そのマイナス分（と光合成を促進するためのプラス分）を補うじゅうぶんな二酸化炭素が発電機の排気から取り込まれ、ポンプで汲み取られる。

この農園——温室経営者は実際にこれらの温室を「農園」と

呼んでいる――には、フロリダのトマト畑と共通する点がひとつある。土がスプーンひと匙分もないということだ。

　ここは水耕栽培農園なのだ。植物は不活性ロックウールの袋の中で栽培される。ロックウールとは、マストロナルディに言わせれば「ポップコーンか何かのように破裂するまで温めると、繊維ガラスのような材質に変わる玄武岩」のことだ。これにより、栄養分を含んだ水の流れが生まれる。水は濾過して再利用できるため、廃棄物もなければ環境を汚染する流出もない。

　ハチが数匹入り込んできたのを見て、段ボールの巣箱が二・五メートルほどの高さのところに設置されていることに気づく。マストロナルディはハチの役割について説明する。「ここは風が吹かないのです。子どもの頃、トマトの列に行って、木を一本一本揺らすのが放課後の私の仕事でした」と。こうして花粉が雌しべの柱頭に落ちるようにするのだ。彼が「ファミリービジネスに手を染めるつもりはまったくありませんでした」と言ったのも無理はない。

　スズメバチとテントウムシも導入している。彼らの給料？　食べられるものすべてだ。現代の温室は総合的有害生物管理（IPM）を実施し、害虫をコントロールしている。畑栽培のトマトによくあるように、作物を殺虫剤に浸す代わりに、温室農家は益虫を導入して害虫を食わせる。テントウムシが葉にとまると、マストロナルディは指摘する。「かわいいとかやさしいとかというテントウムシのイメージは捨てること。奴らは残忍な捕食者なのです」と。

　このシステムは非常に効果的なので、手に負えない事態にならない限り（そんなことは滅多にないのだが）、殺虫剤はほとんど、いや、まったく使われることはない――もちろん、畑栽培のトマトに比べたらはるかに少なくて済む。とはいえ、母なる自然を演じようとすると、常に複雑な仕事とデリケートなバランスが必要になる。マストロナルディがすべての照明を低エネルギーのLED電球に変えて実験したとき、ハチは軌道を外れて落ちはじめた。IPMについて言えば、マストロナルディはこう述懐する。「以前スズメバチの群れがコナジラミをあまりに効果的に駆除してしまい、[餌がなくなって飢えて]次々に死んでしまい、入れ替えが必要なことがありました」そのため、スズメバチの飼育数を減らし、コナジラミの全体数を注意深く監視しながら――餌食としてはじゅうぶんだが、作物に大きなダメージを与えない程度に制限することにした。

トマトが目の届く限りの範囲に広がっているのが見える。ミシガン州コールドウォーターにあるマストロナルディの温室の内部（Mastronardi Produce Limited の許可を得て転載）。

マルハナバチ、テントウムシ、幸福なスズメバチ、よく熟れたトマト――おそらくこれは二酸化炭素濃度が高いからなのだろうが、外に雪が降りつづく中、こんなふうに思ってしまう自分がいる。カンパリ（ボトルに入っているやつ）と庭いすが与えられれば、冬じゅうの休暇をここで過ごせる、と。しかしこの場所は明らかに、二〇一三年にメーン州マディソンのバックヤード・ファームズ社の温室のときとほぼ同じスピードで、楽園からポンペイへと姿を変える可能性がある。その時、温室のオーナーたちは村を救うために、村全体を破壊しなければならなかった。コナジラミの蔓延をスズメバチで防ぐことができなかった栽培者らが結局、五〇万本のトマトの木を引っこ抜いて処分し、温室全体を消毒しなければならなかったのだ。

ひと握りの摘み取り作業者によって収穫されようとしている、

このとても美しい完熟の果実に何かが群がっているようには見えない。工場式農園よりも工場のフロアを思わせる光景の中、作業者たちは、しゃがんだり背伸びしなくても高いところにあるトマトに手が届くように、飛行機に食事用のカートを積むのに使われるものとよく似た油圧リフトの上に立っている。温室に熱を供給するレールに取り付けられたこのパイプトロリーと呼ばれるものが、トマトの木の列の間を静かに転がっていく。摘み取り作業者は一定のペースで作業をするが、イモカリーで私が見たように激しくもぎ取るようなことはしない。

ほとんどがラテンアメリカ系の移民である作業者は、一時間に一五ドル稼ぎ、イモカリーのライバルと同様、住居付きで、臨時ボーナスにありつけるチャンスもある。トークン〔代用硬貨〕で支払いを受け、それをポケットに入れるフロリダの摘み取り作業者とは異なり、ここではすべてがＲＦＩＤ追跡タグで電子的に記録されている。

言うまでもなく、今後一八ヵ月の見込み注文から換気、水分、肥料の微調整に至るまで、すべての作業がコンピューター管理されている。一〇年のうちに、収穫もコンピューター化され、トマトを傷めることなく熟した果実を認識し、やさしく摘み取ることができる洗練されたロボットがこの作業をおこなうことになるだろう、とマストロナルディは予測している。

そうしたことはすべて、きわめて印象的で、過剰に清潔で未来的だが、私の中の懐疑論者は、この作業がどうしたら畑栽培の作物とコスト面で競争できるのかといぶかっている。結局、オンタリオでトマト畑を借りれば、一エーカーあたり五〇〇ドルで済む。施設農業というビジネスへの参入料は、少なくともこの規模であれば、大枚一億ドルだ。そしてそれは単に温室を建設するだけのためのコストだ。生産となると、暖房や照明、水耕システムのメンテナンス、成長培地の年ごとの交換、労働力

（すべての木は一本ずつ手作業で台木に接木される）、温室のメンテナンスと修理、そして典型的な農園労働者が稼ぐよりも高い賃金など、より多くのコストがかかる。何か忘れていることがあるのでしょうか？　と私はマストロナルディに尋ねる。

収穫高だ。二酸化炭素で肥沃にした管理環境で育ったそれぞれ二三メートルほどの木は、トマトの種類にもよるが、畑栽培の一〇～二〇倍の果実を実らせる。畑栽培のトマトブリーダーが収穫高を増やそうとする場合、常に風味を犠牲にしていることを思い出してほしい。なぜなら、フロリダ大学のサム・ハットンが指摘したように、同じ枚数の葉が光合成をおこなって果実の数を増やしているからだ。ところが温室では、トマトの木は樫の木ほどの高さがあり、有支柱栽培のコルドン型品種は花より葉の割合のほうが高いため、光合成がじゅうぶんにおこなわれるのだ。

典型的な畑栽培でトマトが果実を実らせる期間が六～八週間なのに対して、これらの木は四〇週間トマトを実らせつづける。この一〇〇エーカーの温室はフロリダの標準からすればちっぽけに見えるかもしれないが、その生産性は数千エーカーの畑に相当し、それなりの規模になる。しかも自分の農園は、干ばつや洪水、霰、上流の養豚場で発生する大腸菌などで作物を失うことは決してない、とマストロナルディは指摘する。そして、大手のバイヤーが価値をおくとすれば、それはサプライチェーンの信頼性だ。

「七〇年前、曽祖父と祖父が初めて温室トマトの販売を始めたとき、小売業者はこう言いました。『一体、畑栽培のトマトに対抗する温室トマトに、誰が二倍の金額を支払うというんだ』と。なぜなら当時はそれが普通だったからです。ところが今、私たちは、畑栽培のトマトを育てるのにかかるコストの一五パーセント以内に収まっていると言えますし、北米のどこで栽培されるかにもよりますが、畑でとれるトマトよりも安く提供できる場合もあるのです」

おそらく、ウェンディーズが現在利用しているすべてのトマトを温室栽培のものにしているという事実ほど、パリティ価格〔農家の生活必需品の価格と比較して政府が決定する農産物の価格〕の確実な指標となるものはないだろう。彼らはこれを、消費者にとっての品質問題としているが、それはイモカリー労働者連合のフェアフードプログラムへの参加を彼らが拒否したことで、事実上フロリダから締め出されたことに端を発している。

トマトの値段がもう少し高くなっても、消費者はそれにお金を払うのを厭わないだろう、とマストロナルディは言う。なぜなら、温室トマトはプレミアム商品だと思われているからだ。人工的な照明と土のない環境で栽培された温室トマトがなぜ、畑栽培のトマトより勝るのかと私は尋ねる。「実際、風味を出すための品種を育てることができるのです」と彼は言う。「出荷可能性や品種の耐久性などをそれほど心配する必要がないからです」しかしそれでも、これらは肥料の入った水で育てられた水耕栽培のトマトなのだ。土の中、あのテロワールの中にある微量元素から得られる、ある種、言葉では表現できない《ジュヌセクワ》ものを手に入れるにはどうしたらよいのだろうか？

マストロナルディはテロワールの重要性を「ばかげたこと」として切り捨て、こう主張する。「何かの遺伝的特徴こそ、人びとにそのトマトの風味と特徴を与えるものなのです。それは、どんな栄養素をその植物が必要としているかを理解するということなのです」実際、彼の目的はテロワールを排除することなのだ。というのも、彼はミシガン州で栽培されたものとまったく同じ味がする、ブリティッシュコロンビアの温室で育ったカンパリ・トマトがほしいから——そして消費者もそれを期待しているから——だ。このように、マストロナルディが言うには、彼のアプローチはボトル入り飲料水メーカーのそれとあまり変わらない。彼らは水道水から始めて、純粋なH_2Oのベースラインになるようにすべての不純物を取り除き、その後、最終製品にその特徴的な味を与える微量元素を水の中に戻すのだ。「そうすれば、どんな場合でも望んでいる味になります」と彼は言う。

とはいえ、私たちはここで水の話をしているのではない。話を元に戻して、私がワインについて知っていることをひとつだけ引用したい。ソーヴィニヨンブランとサンセールはフランスの同じ地域の同じブドウから作られるが、同じロワール地方でもそれぞれ反対側にあり、土壌がまったく異なるため、私のような一本一二ドルのワインの味しかわからない者にも、その違いははっきりとわかる。「それが、その土の中にあるものなのです」とマストロナルディは言う。「そうした微量元素を自分たちの肥料に入れるのです。ある種、秘伝のソースです。ものすごく味のよい畑栽培のトマトをもらったら、それを温室に入れて、もっとよいものにすることができるのです」

なるほど、温室の中を歩き回っている間、私はトマトを試食する。夏のトマト畑を手放す気はまだないが温室のトマトも悪くはない。実際、ブドウの大きさからカンパリくらいの大きさの特に小さめの品種の中には、ものすごくおいしいものもある。マス市場向けの標準サイズのトマトは、やはり冬のトマトのような味がするが、捉え方は人によって違うだろう。アメリカのほとんどの地域では、それほど遠くまで行かなくても温室トマトを探すことができる。カナダの温室産業はアメリカのオフシーズンの野菜供給者となるだけでなく、地元の農家が休閑期のときにその穴埋めをし、フロリダに代わるものを提供することを望んでいるからだ。ただ、アメリカの野菜供給者になれればそれでよいのだ、以上終わり。一年一二ヵ月間。その成長はカナダだけにとどまらない。温室野菜生産はあまりに急速に発展したため、すべての大陸で追跡することは不可能だ。今やアメリカだけでも二三〇〇もの水耕栽培農園がある。

増えつづけるその数には、街の郊外や街中にある、より小規模な「垂直農園」も含まれる。それはときに開拓した倉庫や工場などにあり、横に一〇〇エーカー広がっているのではなく縦に数階分の高さに伸びている。こうした経営のオーナーは、従来の農家が四〇〇エーカーの土地で栽培するのと同じ量の食物を、たった一エーカーで栽培することができると主張する。このようなわけで、人びとがスーパーマーケットで買うレタスやピーマン、キュウリやトマトは、アメリカ、カナダ、メキシコ、そしてイスラエルといった国々の温室から来ている可能性がますます高いのだ。

そして今度は、このリストにベリー類を加えることができる。マストロナルディはコールドウォーターの温室の二エーカー分を、新しいイチゴの品種の苗床をテストするのに充てている。中には、家庭菜園のものを思わせるほどおいしいものもある。これらは、フロリダ・トマトと同じ汚染された砂で育てられた、ほとんど味のないフロリダのイチゴを廃れさせることになるだろうし、実際そうすべきでもある。

鮮度にこだわったり過保護に育てる必要のない野菜でさえ、屋内栽培に移行している。オランダ最大の温室栽培の輸出品は、何と言ってもタマネギだ。一体私たちはどこまでやる――できる――のだろう？　来る温室時代を象徴すると思われるものの中に、アントン・チェーホフの戯曲『桜の園』がある。それは、賞をとった大農場の桜の木が、村へ続く道を建設するために切り倒される悲痛な音で幕を閉じる。まさにティッシュペーパーなしでは語れない類のエンディングだ。しかし私は泣かない人を知っている。なぜならサクランボは特に気まぐれな天候――遅い時期の雨が幹近くの窪みに水溜りを作り、強風がバックミラーに吊る下げた一対のサイコロのようにサクランボを互いに強くぶつけ、晩霜がすべての作物を台無しにする——に敏感なので、ポール・マストロナルディは次のビッグプロジェクトとして、桜の園を温室の中に作ることを目論んでいるかもしれないからだ。チェーホフの言葉はいつの日か、マストロナルディ自身の言葉になるだろう。「神よ、神よ、桜の園は私のものだ！教えてくれ、私は酔っているのか、狂っているのか、それとも夢を見ているのか」

アメリカで革命的と思われているようなことが、ヨーロッパではすでにごく普通のことになっている。オランダのトマトの八五パーセントが温室育ちで、その構造は、ミシガンにあるマストロナルディの巨大な温室の半分ほどの大きさのものもあり、その他の国も、経済的な魅力が高まるにつれて、その後を懸命に追っている。オランダの技術と同じくらい印象的なのは、ヨーロッパのトマトのほとんどが、こうした恒久的で高価で洗練された建物ではなく、想像できる限りローテクの温室で栽培されているということだ。スペインの南海岸にある岩盤が露出しているアルメリア近郊の地域では、たくさんのプラスチックが張り巡らされ、壁から壁まで二六〇平方キロメートルもある温室は、宇宙から見た世界で最も目立つ人工建造物という特質を備えている。

温暖で太陽の光が豊富なので、補助的な暖房も照明も必要がない。その代わり、安価な使い捨てのポリエチレンシート（ヨーロッパでは「ポリテン」と呼ばれている）を金属フレームと木枠を合わせた組み立て部に取り付け、冬の数ヵ月間、適した温度で作物を保持している。このポリテンと、同じく安価で使い捨てのアフリカ人労働者が、この地方をヨーロッパのイモカリーに変え、年間約一五八〇トンのトマトやその他の野菜を供給している。

コスタ・デル・ポリテンとも呼ばれるこの使い捨てのプラスチックから出る廃棄物は大きな環境問題ではあるが、このシート状のものは思わぬ方法で地球に役立っているようだ。「温室効果」がここでは違う意味をもつ。つまり、氷河サイズのプラスチック層が陽光を大気にはね返し、一〇年ごとにマイナス一七・五度ずつこの地方を冷却するのだ。その一方で、スペインの他の地域――および世界――はナポリのピザ窯のように熱くなっている。

南スペインと似た気候をもたない世界の残りの地域は、オランダやカナダで実施されている屋内温室技術のようなものへと着実に移行している。その提案者らは、畑農業に勝る利点を引用したがる。たとえば農薬の使用を九五パーセントカット、水使用量を九〇パーセント削減、最小限の環境的影響、より安全な食品生産、洪水・霜・霰・暑さからの隔離、そして主要な人口集中地域との近接。つまり私たちは皆、「地元のものを食べられる」ということだ。

では本当のところ、何が気に入らないのか？

まあ……腐った例の代物はいただけないが、ニューイングランドの村ほどの大きさのある二二度に保たれた温室の中でトマトを試食している間、私は外が凍えるほど寒くなっていることに気づいた。だからこう尋ねなければならない。**一月に、暖房と照明設備のあるカナダの温室で育ったトマトのカーボンフットプリントはいかばかりか？**　と。

私はただ単に嫌味を言っているのではない。科学者や消費者は次第に農業によって発生する温室効果ガスに目を向け、牛肉の生産が主な――だじゃれを言うつもりはないが〔prime（主な）とprime（肉などが極上の）をかけている〕――標的となっている。民主党がグリーンニューディール政策で農業の温室

コスタ・デル・ポリテン、スペイン、アルメリアのプラスチック温室、国際宇宙ステーションより撮影（NASA JPL-Caltech の許可を得て転載）。

効果ガスに対応する必要性を挙げたとき、私たちのこの口からハンバーガーをもぎ取ろうとしているとして非難されるという騒ぎが二〇一九年に発生した。実際には、この政策は牛についても牛肉についても触れていなかったのだが、新米議員であり決議案の提出者でもあったアレクサンドリア・オカシオ＝コルテスの事務所が発行した「透明化を図るための」ＦＡＱが、「放屁する牛」から出るメタンガスについて遠回しに言及したとき、論争が勃発した。

　厳密には「げっぷする牛」の方がより正確なのだが、農業が自動車やバス、電車や飛行機をすべて合わせたものが放出する世界の温室効果ガス排出量の四分の一以上を占めていることは真実だ。

　農業による排出量の大部分が野菜ではなく食肉や家禽類、酪農製品からのものであることは認めるとしても、これはどう見ても、農業を屋内に移動して農業シェアを増やし、より多くの温室を作って温室効果ガスに対処すべきと考える場合ではないような気がする。とはいえ、これが今、まさに世界中で起こっていることなのであり、それはいかなる公的または政治的な言説や政策指針もなく発生しているのだ。

この影響力を決定するには数学が必要だ。つまり、この行進を導く野菜、すなわち温室トマトのカーボンフットプリントを計算する必要がある。食物一ポンド（四五〇グラム）あたりに発生する炭素《カーボン》のポンド数（またはその他のガスから来る同等の温室効果）として定義されるこの数値を算出することは、想像以上に複雑な試みだ。それはトマトを栽培する際に発生するカーボンだけではない。完全なライフサイクル評価は、温室の建設から、それを運営するための燃料、そしてそれが生み出す廃棄物の処理に至るまで、あらゆるものから発生する温室効果ガスを考慮しなければならない。

信頼できる数値を導き出す試みの障害となるのは、温室の緯度、外気温、燃料源、日照時間といった重要な変数が場所によって異なるという点だ。リーミントン周辺の気候は、エリー湖のおかげで比較的温暖だが、メーン州マディソンにあるバックヤード・ファームズ社の温室は、リーミントンから二一〇キロも北に位置する。ここの冬はあまりに暗いため、温室の二万個の高圧ナトリウム灯は、アメリカの平均的な世帯が一年で消費する量と同じ電力を三二分間で使い果たしてしまう。とはいえ、それは水力発電所から得ているため、厳密に言えば、照明のフットプリントは無視できるほどである（しかしこれは配電網に供給されるはずのクリーンエネルギーを使用している）。

この複雑さと不確かさを考えれば、分析によって異なる数値が出されているのも驚くべきことではない。とはいえ一般的に言って、北部の温室で育ったトマトのカーボンフットプリントは約三・〇～三・五ポンド（一・三～一・六キロ）で、その約三分の二が（通常は天然ガスで）温室を温めることから発生している。残りは照明、建築、廃棄物、梱包、そしてミネラルウール栽培媒質の生成から来るものだ。

これは高いのか、低いのか?

比較すると、一ポンド〔四五〇グラム〕のリンゴには〇・二五〜〇・五ポンド〔一一〇〜二三〇グラム〕のカーボンフットプリントが含まれている。根菜にも同じことが言える。牛肉の温室効果ガスに関して悪い噂があるのも当然だ。牛をひとつの国に喩えると、牛たちは地球上で三番目に大きな温室効果ガス放出者となり、一ポンドのステーキで約二六ポンド〔一二キロ〕もの濃いカーボンフットプリントをもたらす。

それはよしとしても、われわれは食べなければならない。だから本当の疑問は、どうやって温室トマトを屋外トマト、特にその主な競争相手であるフロリダ・トマトと比べればよいか、ということなのだ。畑で育ったトマトのカーボンフットプリントはわずか〇・二五ポンド〔一一〇グラム〕で、そのほとんどが、二酸化炭素の放出より三〇〇倍も強い効果をもつ温室効果ガスである亜酸化窒素に分解する燻蒸剤や肥料から来ている。〇・二五ポンドと三ポンドのカーボンを比較すると、温室は温暖化する地球にとってマイナスの提案のように聞こえる。

しかしこれで終わりではない。輸送についても考える必要がある。一般に人口密集地帯の近辺で栽培される温室作物と異なり、南フロリダのトマトは冷凍トラックで全国に出荷しなければならないため、州をまたぐ移動によって生まれるカーボンが確実にこの数値を引き上げることになる。

それは確かだが、特に「フードマイル」について考えている人にとっては、思っているほどの数値ではない。ロカボア〔地元で作られたものを食べる人〕になるのはそれなりによい理由があるかもしれないが、ある人のカーボンフットプリントを減らすということは、おそらくその理由のひとつにはならない。重要なのは、自分が食べる食物が自分のところへ届くまでの距離ではなく、どのように輸送されるかということなのだ。ほとんどの食物の陸上および海上輸送は、そのカーボンフットプリントの驚くほどわずかな量しか占めていないのだ（航空貨物は稀な例だが、まったく別の話だ）。

南スペインの突端にあるアルメリアからウィーンへ出荷されるトマトのフットプリントは、ウィーンの温室トマトのちょうど半分くらいだ。また百数十キロの生産物を、一二〇キロ先の土曜の朝市まで、今にも壊れそうな万能トラックで運んでいるおなじみの地元の農家は、一五トンものトマトを引き上げて一六〇〇キロもの道のりを走るリップマン・ファミリー農園のトラクタートレイラーより、トマト一ポンドあたりのカーボン量を多く生成しているようなものなのだ。

フロリダ・トマトを北部の市場にトラック輸送することで増えるカーボン量は、距離によって異なるものの、さらに最大〇・二五ポンドほどになり、フロリダ・トマトの最終的なカーボン量は約〇・五ポンドとなる。つまり、典型的な温室トマトは、フロリダの畑でとれるトマトのカーボンフットプリントの少なくとも六倍ということだ。したがって、農業がさらに屋内へ移行するにつれて、こんな疑問が浮かぶに違いない。**北部の温室は持続可能な未来なのか、それともすでに廃れた過去の遺物なのか？**

オランダ人がすでにこうしたすべてのことに着手し、現在、温室の技術と生産の両方で世界を先導しているので、私はこの疑問をジャスパー・ショルテンに投げかけてみる。ライフサイクル評価分析家のショルテンは、国際的な農業および食品部門内の環境問題や持続可能性問題を専門とするオランダの会社、ブロンク・コンサルタントに勤務している。

「これは持続可能とは言えません」と彼はオランダのオフィスからビデオリンクを通じてきっぱりと言う。「今のやり方ではだめです」

そしてその今のやり方も、少なくとも北米がやっているやり方に比べれば非常に進化している。オランダの大規模な温室のほとんどがCHP――熱電併給――を利用して熱と電気を同時に生成することで、天然ガスで温室を温めるだけで、それとは別に配電網から電気を引く場合と比べて使用するエネルギー量が約半分で済む。

CHPの背後にある原理（アメリカではしばしば「コジェネレーション」と呼ばれる）は、電気の生成によって、通常は大気中に分散される多くの廃熱が生まれるということだ。したがって、CHP発電機を温室の近くに建設すれば、無料でトマトを温めることができる可能性が高く、同時に余分な電気を配電網に戻したら、公益事業会社が気前よく買い取ってくれる――少なくともオランダでは。こうしてオランダでは、新しいCHP発電機は通常、古いカーボンとスモッグを撒き散らす石炭火力発電所に取って代わっている。全員ウィンウィンだ。少なくとも、取って代わる石炭火力発電所がひとつも存在しなくなるまでは。

ショルテンもこの問題を認識している。「われわれがオランダで見ているのは」と彼は続ける。「天然ガスから再生可能エネルギーへの移行です」つまり、この国の西部に豊富にある地熱のことだ。「でもそれがなかったら、温室は持続可能性という観点から見た場合、まったく違ったものになるでしょう」

私のサラダの残りも、そろそろ苦くなる頃だろうか？　最近私は、もうひとつの冬の温室作物にやみつきになっている。根がついたままのバタークランチレタスの小口切りだ。かつては高価であまりお目にかかれなかったこのレタスも、今ではカリフォルニアレタスと張り合える。それにこの植物は――そう、野菜は植物であることを忘れないでほしい――私のスーパーのカートに入ってもまだ生きているため、西部からトラックにのせられたレタスと比べれば、新鮮さにおいて数段上だ（西部から来るトマトは約一週間かかる。レタス年齢に換算したらまさに数光年にもなる）。これがプラスチックの容器に入ってくるのはいただけないが、それさえ我慢できれば、二月の寒い夜に上質なサラダを楽しむことができるのは本物のごほうびだ。

いや、ひょっとしたら、ごほうびだったとなるのかもしれない。温室野菜に対するショルテンの悲観的な見通しを考えると、温室環境問題について研究しているコーネル大学の准教授、ニール・マットソンに電話をするとなればもっと嫌な予感がする。ところがマットソンはそんな直感に反して、温室野菜のカーボンフットプリント量の増加は、わたしたちがそれをたくさん食べるだけで相殺することができると主張し、励ましてくれる。

一見したところ、それは首を傾げたくなる考え方だが、マットソンが電話で説明してくれたところでは、野菜――非効率的な温室で育てられたものでも――のカーボンフットプリント量は、ほとんどすべての動物性たんぱく質よりも少ない。だからたとえば一二オンス（約三四〇グラム）のステーキディナーの代わりに温室育ちの大きなサラダにすれば、サラダの上に数切れのステーキ（あるいはもっと理想的にはチキンとかマメ）をトッピングしたとしても、カーボン量は大幅に削減され、同時に健康に関わるコストも年間数十億ドルも節約できるというボーナスも付く。したがって、年間通して私たちがより多くの野菜を食べられるように、温室でじゅうぶんな品質の作物を栽培すれば、温室効果ガスの削減に大きく貢献できるということだ。

さらに、地球温暖化は私たちの地球を脅かす唯一の環境問題ではない、とマットソンは指摘する。実際、気候変動の影響はそれだけではないのだ。「カリフォルニアでは大規模な干ばつを何年も経験してきたので、作物を育てたいと思ってもできない場合があるのです」と。

この会話から九ヵ月後、ニール・マットソンは科学者であると同時に神託者なのかもしれないと思えてくる。というのも、これを書いている今、南西部は歴史的な大干ばつと呼ばれる危機に直面していて、アリゾナ州――カリフォルニア州と共に、アメリカで栽培されるほぼすべてのレタスの生産地となっている――の一〇エーカーのうち九エーカーが「深刻な干ばつ」に見舞われている。この国最大の貯水池で、かつては南西部の信頼できる水源でもあったミード湖は、今や干からびた浴槽で（バスタブリング〔浴槽の水面付近に発生する輪じみ〕のすぐ下）、一九三〇年代に最初に満タンにして以来、最も低い水位まで落ち込んでいる。しかもまだ六月に入ったばかりだというのに。

農業が世界の真水使用の七〇～九〇パーセントを占め、重要な帯水層が急激に枯渇しようとしている今、水不足は国の、そして世界の重大な問題として浮上している。これにより、従来の農園より水使用量を九〇パーセント削減できる温室が魅力的なオプションとなっている。実際、温室は、農薬の使用から肥料の流出によって引き起こされる河川や水路の富栄養化に至るまで、エネルギー以外ではあらゆる面で環境に貢献している。さらに、農園の労働力を確保するのが次第に難しくなり、ロボットを使用した温室が事実上必要になるかもしれない、とマットソンは主張する。

持続可能性については、創造的であることがその秘訣だということで、マットソンとショルテンは意見を同じくしている。マストロナルディ・プロデュースはオンタリオ州ソンブラに、完全カーボンニュートラルの温室と呼ぶものを建設した。化学肥料メーカーに隣接するこの温室は、工場のすべての余分な蒸気を熱源に使用し、二酸化炭素の放出を工場に還元している。オンタリオはまた、特に成長が早く、貧しい土壌でもよく育つヤナギを使って、バイオ燃料から動力を生成する実験もおこなっている。少なくとも理論的には、バイオ燃料はカーボンリサイクルマシンであり、燃料として燃やせば、栽培サイクル中に吸収した炭素を大気に戻すことができる。

欧州連合から離脱する前、事実上すべてのトマトを輸入に頼っていたイギリスは、廃水処理工場の隣に一対の巨大温室を建設したばかりだ。水処理からの廃熱を利用して温室を温めることで、イギリスのトマトの一二パーセントを供給することが期待されている。さらに、よりエネルギー効率と光合成効率のよい照明も常に開発されている。

持続可能性はさておき、施設農業をひとつの選択肢ではなく必要不可欠なことと見る人もいる。世界の人口が二〇パーセントずつ増え、二〇五〇年には一〇〇億人となることが予想されている中、世界は過去八〇〇〇年の間に栽培してきたものと同じ量の食物を、この先た
ったた四〇年間で生産しなければならないと想定される。これはきわめて難しい挑戦だ。雑種形成はすでに、トウモロコシやトマトのような野菜の収穫高を桁違いに増やしたことでお金を使い果たしてしまった。さらに、森林を耕作地に変えることは環境的には逆効果だ。ならば、この増えた分の食物供給は一体どこから来るのか？

遠くで聞こえるあの音は何だろう？　桜の木を切り倒し、ビルを建設するための空き地にしている音だろうか？　「教えてくれ、私は酔っているのか、狂っているのか、それとも夢を見ているのか」

ミシガンからの帰途へ就く飛行機に乗ると、少し呆然とした気分になる、私のスーツケースはまたもやトマトでいっぱいだ。この一年以上、トマトの過去を解明しようとがんばってきたが、ある日――まさに私の探求の旅の最終日――、私はそのまったく予期していなかった未来を偶然垣間見てしまった。『クリスマスキャロル』に登場するスクルージのような感覚で、私は自分が見てきたもの、自分が予見してきたものの意味合いを処理しようとする。そこにあるのは華麗な新世界だ。そこではトマトだけでなく、地下にできるタマネギからハンギングフルーツまで、私たちが日頃見ている農産物コーナーにあるほぼすべてのものが精密微気候の屋内で栽培され、コンピューターによって管理され、ロボットが収穫し、無人走行トラックで輸送されている。

この世界では、農業の三万年の歴史において初めて、社会は生き残るための肥沃な土や好都合な天候の恩恵を受ける必要はなくなった。一方で、かつては誰にでも――貧しい移民にも――強いバックアップや家族のサポートがあれば開かれていた収益性の高い農園の仲間入りをするために、一億ドルの参入料を支払わなければならない。作物は干ばつの影響を受けにくくなったが、代わりにますますストレスのかかる配電網に依存している。ブルージーンズとトラクターが白いジャンプスーツと油圧リフトに置き換わった今、一〇〇エーカーの水耕栽培温室という現状を打破する可能性を秘めた農業のイノベーションを見つけ出そうとすれば、マコーミックの刈り取り機まで遡らなければならないかもしれない。

それは、あまりに未来派的なビジョンのように思えて、紙に書き留めることすら躊躇してしまう自分がいる。私はマストロナルディのサクランボの味のするクールエイドを飲んでしまったのか〔クールエイドはアメリカの粉末清涼飲料水の商品名。「クールエイドを飲む」で「無批判に従う」という意味の慣用句〕と読者が疑うのも無理はないだろう。それがディストピア的な遠い未来のことではないことを除けば――オランダではきっと遠くはない。いや、それは今、現実に起こっているのだ。アメリカでまだそれほど大きな規模で起こっていないのは、おそらく、南カリフォルニアとフロリダに双子の穀倉地帯があることがその主な理由だろう。しかし、メガ温室と垂直農園が、ケンタッキー州からニューヨーク州北部の至るところに出現していることからも、そうしたことは軌道に乗りつつあるように思える。

心配になる、というよりも不安に駆られるが、農業にひとつだけ変わらないものがあるとすれば、それは変化であり、こうした変化――機械化、雑種形成、種子保存――がなければ、私たちの現代社会はこうして存在することもなかっただろう。なぜならすべての生命、思考、イノベーションは、栄養から生まれるからだ。そしてもし、今後数十年のうちに、その栄養の多くが温室から供給されることになるとしたら、その先頭を切るのは――当然のことながら――トマトになる可能性がますます高くなっているように思える。

ここには面白い対称性がある。というのも、水耕栽培の温室はある種、先祖返りを象徴しているようなものだからだ。水耕栽培で育つ野菜としてその生活を始め、アステカのチ﹅ナ﹅ン﹅パ﹅を漂っていたトマトは、それから五〇〇年以上も経ってから、まるでずっとそれを望んでいて、そのときをひたすら待っていたかのように水の農業へと戻っていく。

そして今こそそのときだ。トマトの人気がこれほど高まったことは未だかつてなく、その可能性がこれほど明るくなったことも未だかつてなかった。トマトは南米の小さな苦いベリーとして始まったときから、野菜界のカメレオンとみなされるほど、非常にたくさんの重要な世界的出来事に登場してきた――古代の繁栄する文明が一夜にして消滅したのを見た証人、ルネッサンスの行きすぎの犠牲者、新しい国家の食事を変える革命者――そんなトマトを、どうして見逃して来れたのだろうか。

　トマトは今、あらゆる大陸（南極大陸を含む）で栽培され、地球の重力といった些細なものに煩わされることなく、人類初の火星への旅を実現した。身近なところで言えば、ファーマーズマーケットはテノチティトランの市の日以来目にすることのなかった新旧のトマトで溢れんばかりになっている一方で、家庭菜園家はこれまでにないほど、裏庭やコミュニティガーデンを所有するようになり、最新の交配種から、私たちを祖先や大地や歴史と結びつける一世紀前のエアルームに至るまで、前例のないほどさまざまな品種の種子を選ぶことができるようになった。

　この夏、私が栽培してきたたったひとつのエアルームはアンティークと呼んだ方がいいかもしれない。一九四九年にテノチティトラン付近で野生のまま収集され、「新品目ＬＡ０１４６」ということしかわかっていないこのエアルームは、ピサの大聖堂の扉に鋳込まれたトマトのような深い溝が特徴的だ。この品種でそこまで古いものはないが、ＵＣデイヴィスのトマト遺伝学資源センター長だった伝説的な人物のチャーリー・リックを引き継いだロジャー・シュテラは、そうした初期のトマトの大まかな特徴がここからわかるのではないかと語っていた。

　三月から、私はこれら数少ない貴重な種子を育ててきた。屋内の照明の下で育てることから始め、「培養器」を超える大きさまで成長したらもっと大きな容器に移し、その後、庭に植え替えた。庭には一万ボルトの電気フェンスが張り巡らされ、マーモットや鹿を寄せ付けないようにしてある。ヤギの妊娠期間と同様の胚胎期間をもつトマトを栽培することは、まさに信仰行為とも言えるものだが、私の忍耐は報われ、この八月の午後、最初の数個が熟した。

味に定評のあるトマトでもないし、何十年もかけて人為淘汰や品種改良を、少なくとも最近までおこなってきたトマトでもないのだから、あまりおいしくないことは覚悟している。基本的にそれは雑草であり、一六世紀のイタリア人がランチに使うよりも観賞用として利用してきたように、そうする方が向いているのかもしれない。しかし義務として、私はこの骨董品種の野生のリブ入りトマトがどんな味がするのかを知る必要があるのだ。

答えは、それほどまずくはない、だ。ブランディワインにはほど遠いが、私は嬉しい驚きを隠せない。予期していた苦さも酸っぱさもまったくない。むしろ、その深い溝を一旦かわしてしまえば、何十年忘れられていたかもわからないこの野生の植物は、見た目も味も現代のトマト、どのファーマーズマーケットにあっても違和感のないエアルームと何ら変わらない。

私はこれを横にスライスする。その切り口は、なめらかな星形の珍しいデザインになっている。アンはお腹を空かせている。「BLTサンドイッチを作りましょう」と彼女は言う。私たちはBLTを作る。最初の一口で、彼女の口からやわらかなうめき声が漏れることは確実だ。私たちは静寂と敬意と歴史の中で、それを味わう。

ついに私は口を開く。「どう思う?」掌にトマトをのせ、その重さを感じながら、そしてその深紅の肌を照らす光を見つめながら尋ねる。最後の一口の味がまだ舌の上で踊っている。「こいつには未来があるかな?」

謝辞

農業や食を扱う本を書くことのやりがいのひとつは、こうした分野の仕事を選ぶ人びとはとてもあたたかく、友好的で、自分の仕事に対して情熱的であるということだ。本書のほぼ全編が、新型コロナウイルス蔓延によるロックダウンと規制とストレスの中で調査と執筆がなされたという事実が、そうした人びとの寛大さと支援をいっそう際立たせている。

まずは、旧メディチ家の邸宅への立ち入りを許可してくれたピサ県の知事《プレフェット》に大きな感謝《グラッツィエ》を捧げたい。この訪問は、ニューヨークのマーク・カーソン゠セルマンとイタリアのギオマール・パラダの確たる意志をもった努力と、電子メールや電話でのやりとりがなければ実現しなかっただろう。同様に、パスタ&ポモドーロ博物館へ、時間外にもかかわらず訪問を許可してくれたジュリア・マリネッリとエレナ・ハミシアにも感謝したい。カンパーニアでは、パオロ・ルッジェーロ、ナンシー・ガウディエッロ、そして年齢を感じさせないヴィンチェンツォ・ジオから、サンマルツァーノ・トマトの逸話を聞かせてもらった。歴史家に敬意を表し、デイヴィッド・ジェンティルコアには大いにお世話になった。彼の著書『ポモドーロ!』は、イタリアにおけるトマトの歴史の決定版だ。またザッカリー・ノワクは、マルゲリータピザの起源に関する啓発的なインタビューを提供してくれた。

アメリカでは、コネチカット州ハートフォードにあるワズワース・アテネウム美術館のエリン・モンローとコートニー・ヘバート、セイラム歴史協会のカート・ハーカー、ロナルド・マギル、リッチ・グイド、キャンベルスープカンパニーに在籍していたドット・ホール、ラトガーズ大学のトーマス・オートンとアレックス・デルコロに感謝したい。ジョンソン大佐から産業トマトに至るまでの、アメリカにおけるトマトの初期の歴史については、アメリカのトマト史に関する卓越した研究書を執筆した歴史家のジョン・ホーニグとアンドリュー・F・スミスによる広範な研究から大きな恩恵を受けた。

バーピーでは、予定していた時間を大幅に過ぎてしまったものの、インタビューに応じてくれたジョージ・ボールに、そしてサイモン・クロウフォードに対しては、第一に雑種形成の理論と実践について指南してくれたこと、第二に本書のライブ版として、ロンドンで開催された二〇二一年度チェルシーガーデンショーでの「世界を変えた10のトマト」展を提案し、その制作に時間（と忍耐）を割いてくれたことに感謝したい。またヘンリー・J・ハインツとケチャップの歴史に関する情報とアーカイブ写真を提供してくれたジョン・ハインツ上院議員歴史センターのキュレーター、エミリー・L・ルビー、時間を割いて貴重な洞察を提供してくれた作家、ハロルド・マギーとクレイグ・ルフーリエにも感謝を捧げる。

フロリダの「緑熟」トマトは、これまでずっとけなされてきたが、リップマン・ファミリー農園でこのトマトを栽培している人たちに同じことが言えるはずもない。彼らは皆、私を温かく歓迎し、ざっくばらんで、貴重な時間や情報やアクセスを寛大に提供してくれた。特に農園経営のすべてにアクセスできるようにしてくれたケント・シューメイカー、数日間にわたるインタビューやツアー、質問に快く応じてくれたトビー・パース、マーク・バリノー、クリス・キャンベルに感謝したい。フロリダのトマト産業の背景となる資料を提供してくれた、フロリダ・トマト栽培者取引所のマイケル・シャドラーにもお礼を言いたい。

フロリダ大学湾岸研究教育センターのサム・ハットンは、価値あるリソースと知識バンクとして活躍してくれただけでなく、研究と授業の多忙なスケジュールの中、一日を割いて、植え付けの準備が整った砂地のトマト畑へ連れて行ってくれた。

温室野菜栽培の持続可能性に関する専門知識を提供してくれた、コーネル大学のニール・マットソンとブロンク・コンサルタンツのジャスパー・ショルテンにも感謝している。自分のコレクションから野生のメキシコ産トマトの種を分けてくれたUCデイヴィスのトマト遺伝資源センターのロジャー・チェトラットにも感謝したい。カナダでは、ジョー・スブロッチとディーン・テイラーがリーミントンの温室の歴史に関する背景となる情報を提供してくれただけでなく、フロリダの栽培者と同様、自分の時間を惜しみなく割いて歓迎してくれたポール・マストロナルディとの面会も手配してくれた。

私がリクエストしたあらゆる無名の雑誌記事や書籍の抜粋を——たいていは数時間以内に——準備してくれた図書館司書のスチュアート・モスの助けがなければ、私の研究はもっと難しく、完成することすらなかっただろう。またダン・スキナー、ベアトリーチェ・ウーギ、ルカ&ラウラ・マルテッリ、ネイサン・クラインマンにも貢献してもらった。そして、この原稿の最初のセクションについて洞察に満ちたフィードバックを与えてくれた親友、ジャック・フックスにも感謝したい。

企画から出版まで、そして(まさに私が最も必要としていたときに)チキンスープにまで私を導いてくれたすばらしいエージェント、モーリー・フリードリヒとヘザー・カーに深く感謝している。彼女らは完璧な編集者マディー・コールドウェルとともに、本書にとって最適な本拠地としてグランドセントラル・パブリッシングを見つけてくれた。彼らの探究心に満ちた好奇心と鋭い編集眼が、本書の最初のページから最後のページまで、計り知れないほど注がれている。グランドセントラルのチーム全体にも感謝したい。見事なジャケットデザインを提供してくれたトゥリー・エイブラハム、本書の多くの画像について専門的な知識を提供し、支援してくれた編集アシスタントのジャッキー・ヤング、熟練したコピーライティングを提供してくれたデボラ・ワイズマン、そして製作とマーケティング面では、キャロライン・クレク、ロクサーヌ・ジョーンズ、アマンダ・プリッツカーのすばらしいチームに感謝したい。

最後にして最大の感謝を、私のすばらしい妻、アン・マリンに捧げたい。私がまた別の本を書くと言っても——今回は世界的なパンデミックの中、世のほとんどの夫たちが妻にサワドーブレッドのおかわりを要求しているときに、私の妻は一度のみならず二度も、マスクをつけたままイタリア中を引きずり回されるハメになったが——陽気に我慢してくれた。

ともすれば、私もそんな夫たちのひとりだったのかもしれないのだが。

参考文献

Alberts, Robert C. *The Good Provider: H.J. Heinz and His 57 Varieties*. Boston: Houghton Mifflin, 1973.

Allen, Arthur. *Ripe: The Search for the Perfect Tomato*. Berkeley: Counterpoint, 2010.

Brown, Martin, and Peter Philips, "Craft Labor and Mechanization in Nineteenth-Century American Canning." *Journal of Economic History* 46, no. 3 (1986): 743– 56.

Dickie, John. *Delizia! The Epic History of the Italians and Their Food*. New York: Free Press, 2008.

Dienstag, Eleanor Foa. *In Good Company: 125 Years at the Heinz Table, 1869– 1994*. New York: Warner, 1994.

Dunn, Daisy. *The Shadow of Vesuvius: A Life of Pliny*. New York: Liveright, 2019.

Estabrook, Barry. *Tomatoland: How Modern Industrial Agriculture Destroyed Our Most Alluring Fruit*. Kansas City: Andrews McMeel, 2011.

Gentilcore, David. *Pomodoro! A History of the Tomato in Italy*. New York: Columbia University Press, 2010.

Gladwell, Malcolm. "The Ketchup Conundrum." *New Yorker*, September 6, 2004.

Goldman, Amy. *The Heirloom Tomato: From Garden to Table; Recipes, Portraits, and History of the World's Most Beautiful Fruit*. New York: Bloomsbury, 2008.

Helstosky, Carol. *Pizza: A Global History*. London: Reaktion, 2008.

Hoenig, John. *Garden Variety: The American Tomato from Corporate to Heirloom*. New York: Columbia University Press, 2018.

Hyman, Clarissa. *Tomato: A Global History*. London: Reaktion, 2019.

Jordan, Jennifer A. *Edible Memory: The Lure of Heirloom Tomatoes and Other Forgotten Foods*. Chicago: Chicago University Press, 2015.

———. "The Heirloom Tomato as Cultural Object: Investigating Taste and Space." *Sociologia Ruralis* 47, no. 1 (2007): 20–41.

Kummer, Corby. "Pasta." *Atlantic*, July 1986.

LeHoullier, Craig. *Epic Tomatoes: How to Select and Grow the Best Varieties of All Time*. North Adams, MA: Storey, 2015.

Levine, Ed. *Pizza: A Slice of Heaven*. New York: Universe, 2005.

Long, Janet. "Tomatoes." In *The Cambridge World History of Food*. Cambridge: Cambridge University Press, 2000.

Martineau, Belinda. *First Fruit: The Creation of the Flavr Savr Tomato and the Birth of Genetically Engineered Food*. New York: McGraw Hill, 2001.

Mattozzi, Antonio. *Inventing the Pizzeria: A History of Pizza Making in Naples*. New York: Bloomsbury, 2009.

Miller, Henry I, and Gregory P. Conko. *The Frankenfood Myth: How Protest and Politics Threaten the Biotech Revolution*. Westport, CT: Praeger, 2004.

Mukherjee, Siddhartha. *The Gene: An Intimate History*. New York: Scribner, 2016.

Nowak, Zachary. "Folklore, Fakelore, History: Invented Tradition and the Origins of the Pizza Margherita." *Food, Culture & Society* 17, no. 1 (2014): 103– 12.

Ott Whealy, Diane. *Gathering: Memoir of a Seed Saver*. Decorah, IA: Seed Savers Exchange, 2011.

Parasecoli, Fabio. *Al Dente: A History of Food in Italy*. London: Reaktion, 2014.

Prezzolini, Giuseppe. *Spaghetti Dinner*. Greenville, OH: Coachwhip, 2018.

Restall, Matthew. *When Montezuma Met Cortes: The True Story of the Meeting That Changed History*. New York: HarperCollins, 2018.

Rozin, Elisabeth. "Ketchup and the Collective Unconscious." *Journal of Gastronomy* 4, no. 2 (1988): 45– 55.

Skrabec, Quentin R., Jr. *H.J. Heinz. A Biography.* Jefferson, NC: McFarland, 2009.

Smith, Andrew F. "The Making of Robert Gibbon Johnson and the Tomato." *New Jersey History* 108 (1990): 59– 74.

———. *Pure Ketchup: A History of America's National Condiment.* Columbia: University of South Carolina Press, 1996.

———. *Souper Tomatoes: The Story of America's Favorite Food.* New Brunswick, NJ: Rutgers University Press, 2000.

———. *The Tomato in America: Early History, Culture, and Cookery.* Columbia: University of South Carolina Press, 1994.

Whealy, Kent, and Arllys Adelmann, eds. *Seed Savers Exchange: The First Ten Years.* Decorah, IA: Seed Saver Publications, 1986.

訳者あとがき

のっけから私事で恐縮なのだが、私の実家は埼玉県の北本市というところにある。一〇歳のときに茨城県から越してきた。当時は周りにそれほど家が建っておらず、私の実家も土地だけはそこそこ広かった。一〇〇坪の庭の半分に父が芝を植え、もう半分は母が家庭菜園にし、キュウリやナス、ジャガイモやダイコン、レタス、大葉、ズッキーニ、ブルーベリー、そしてトマトなど、ありとあらゆる野菜を育てていた。農家に生まれた父の影響からか、東京下町出身の母も野菜や草花を育てることに喜びを感じていた。今もそれは変わらない。

トマトと言えばこの北本市、実は〈北本トマト〉という知る人ぞ知る特産品がある。市内の温室で促成栽培される、味も形も高品質のトマトだそうだ。特に意識したことはなかったが、今思い返してみると、幼い頃、食卓には必ずトマトがあった。

姉と私が家を出て、父と母ふたりきりの生活が始まってからどれくらいの年月が経っただろう。卒寿の父と米寿の母、いつの間にか朝九時半の電話が安否確認の日課となった。今年もコロナ禍で、正月に帰省して孫の顔を見せてあげることも叶わなかった。そんな折、父がいつもの朝の電話でこう告げた。「体調がよくないから、来週近所のクリニックで検査してもらうよ」と。ちょうど本書の翻訳の話をいただき、原文を読みはじめた頃のことだった。

それから東京と北本を往復する日々が始まった。家を出て以来、こんなに頻繁に実家を訪れたことはない。庭には相変わらず芝生が広がり、畑には夏野菜の苗が植えられていた。まもなく父が入院し、母ひとりになると、庭の草取りもままならなくなり、家庭菜園は次第に荒れはじめた。そんな母がある日、無駄にしてももったいないからと、一メートル近く育った一本のトマトの苗木を大きな鉢に植え替えて私に託した。私はそれを車で都内の自宅に持ち帰り、ガレージの横にある猫の額ほどの庭の、辛うじて一番陽の当たる場所に置いた。トマトなんて育てたこともなかったが、無事に実がなり、赤く色づいたら、余命四ヵ月と宣告された父の病気も奇跡的に治るのではないかと本気で思った。

父も家族も、年齢的に身体の負担となる治療はそれ以上望まず、在宅での緩和ケアに切り替えた。介護ベッドをレンタルし、母のベッドのとなりに設置した。訪問看護師やヘルパーさんが入れ代わり立ち代わりやって来て、じめっとした空気を笑顔で吹き飛ばしてくれた。私は父の顔が見えるとなりの和室の、昔、毎日一緒に食事をしていた座卓にMacBookを広げ、日中はそこで仕事をし、夕方都内の自宅へ戻るという生活を続けた。

母から受け継いだトマトも、水やりだけは欠かさなかったが、大きく育った木には中くらいのサイズの実が六、七個しかならず、その中でも赤く色づいて食べることができたのはたったの三つか四つだった。皮も硬く、青臭い味がした。八月に入ると、トマトの木は下の方から葉が枯れはじめ、全体的に黄ばんできて、花も咲かなければ実もつかなくなった。最終的に自分の背丈ほどまで伸びたトマトの木に、私は別れを告げた。大きな鉢と土だけが虚しくそこに残った。それでも、願をかけて育てたあのトマトの味を、私は一生忘れないだろう。

八月一五日終戦記念日、ようやく仕上がった本書の初稿を早朝に送信すると、私は急いで北本へ向かった。その日の午後、父は住み慣れた家で、病との闘いを静かに終えた。

本書の翻訳はそんなふうに始まり、そんなふうに終わった。

音楽が郷愁を呼び覚ますのと同じように、食べ物もまた、それを口にしたその時々の感情や風景、匂いまでをも蘇らせることがある。特に、自分が手塩にかけて育てた野菜や果物であればなおさらだ。著者ウィリアム・アレキサンダーの夢は、新しく購入したニューヨーク州ハドソン川渓谷の家の庭に家庭菜園を作って、一〇〇パーセントオーガニックの野菜や果物を栽培し、それを家族と一緒に味わうことだった。

精神医学研究所の技術責任者を長年勤め上げ、ガーデニングとパン作りとフランス語の学習に勤しむアレキサンダーは、このハドソン川渓谷の家庭菜園作りにまつわるこだわりと苦労と喜びを一冊の本にまとめた。それが二〇〇六年に出版された、『64ドルのトマト——ひとりの男がいかに正気を失い、大金を使い果たし、存在の危機に見舞われながら、理想の菜園を追い求めたか』だ。無能な業者や庭師に悩まされ、家族からは同情され、害虫や鹿、雑草の駆除に奔走した挙句、ようやく実をつけたブランディワイン・トマトの金額は、諸経費を計算してみると、一個六四ドルにもなっていたという話だ。それでも彼は自分の庭を愛し、自分が育てた作物を愛していた。

ガーデニングに熱を入れすぎて椎間板ヘルニアになってしまったというアレキサンダーは、妻と共にワシントン州に移り住み、今度はその情熱を作物そのものに向けた。彼が愛してやまないトマト、いつものBLTサンドイッチに欠かすことのできないトマトは、どうやって自分のところまで辿り着いたのか、昔は毒だと思われていたトマトが、なぜこんなにも世界中の人気者になり得たのか……その知的好奇心が彼をトマトの歴史探訪へと誘った。『世界を変えた10のトマト』は、歴史家でもプロの農家でもないアレキサンダーが書き上げた、ユーモアと愛情あふれるトマトの歴史読本だ。

タイトルにもあるとおり、本書は一〇の章から構成され、トマトにまつわる奇想天外な一〇の物語が軽妙洒脱な文章で綴られている。しかし、厳密に言えば一〇どころの話ではない。誰も知らないトマトのトリビア的な逸話が、他にもたくさん散りばめられているのだ。

アレキサンダーは二〇一九年一一月、新型コロナウイルスのパンデミックがアメリカに到達する数ヵ月前に本書の執筆に取り掛かったという。そのために彼はイタリア訪問を二〇二〇年に計画していたのだが、当時イタリアを訪れる旅行者は、ホテル等の部屋で二週間自主隔離することを条件に入国が許可されていた。しかし、イタリア滞在時間が一二〇時間以内であればこの隔離は免除される。そこでアレキサンダーと妻のアンは、一二〇時間以内に収まるイタリア旅行を二度にわたって実行したという。一回目はイタリアを代表するサンマルツァーノ・トマトの産地である南部へ、二回目はトマトのルーツとも言えるヴェッキオ宮殿がある北部へ。

本書のトマトの旅は、まずこのヴェッキオ宮殿から始まる。そして、フロリダ州イモカリーの巨大農園からカナダとミシガン州でトマトを水耕栽培する一〇〇エーカーの温室まで、アレキサンダーが実際に訪れたさまざまな地域へと読者を誘う。彼はそれらの地でさまざまな人びとと出会い、彼らの話を聞き、トマトの収穫を手伝い、採れたトマトを味わい、生まれて初めて耳にする数多くの事実に驚嘆する。その過程で、ハインツやウォーホル、トランプ大統領やミシェル・オバマなど、読者にもなじみのある人物を引き合いに出しながら、ピザやパスタの歴史、初期の缶詰技術、遺伝子組み換え作物の開発、労働問題や気候変動等に触れることも忘れない。

たとえば、イタリア人がトマトのレシピを考案するずっと前から、フランス人はトマトを「愛のリンゴ」と呼んで食していたこと。ケチャップの発明は、缶詰の後に残る廃棄物を再利用したことがきっかけだったこと。最初の交配種である「ビッグボーイ・トマト」が開発される前の一九三〇年代、トマトの木は四メートルもの高さがあり、家庭菜園家は梯子を使って手入れや収穫をする必要があったこと、等々。アレキサンダーの言葉を借りれば、まさに「それは初耳だ」。

さらに、フロリダ産トマトは、生産速度と生産量を増やすために味を犠牲にして緑色のまま摘み取り、それをガス処理で赤くする。その硬さは、車のバンパーに適用される基準の二・五倍以上の衝撃に耐えられるという。そうしたトマトが世界中のスーパーマーケットやファストフード店に出回っているのだ。しかし、トマトを殺した「犯人」は、青いまま摘み取られる「緑熟トマト」ではなく、便利なものを貪欲に追い求め、年間四億五〇〇〇キロもの「味のしない」トマトを食べつづけている私たち消費者だと、アレクサンダーは警告する。

一方で彼は、天候に左右されることなく、より風味を重視した品種改良ができる温室栽培トマトに期待を寄せる。温室が引き起こす環境問題をクリアにし、持続可能性が保証されれば、昔ながらの、あの「おばあちゃんのトマト」を味わえる日が来るかもしれない。

「トマトに未来はあるか?」本書の最後にアレキサンダーは問いかける。あるインタビューで、彼はその問いを受けてこう答えている。「トマトの未来は明るい」と。コロナ禍で、野菜や果物を自分で栽培しようとする人びとが年々増え、トマトは育てたい作物の人気ナンバーワンだ、と。* 私もまた来年、庭にトマトの苗を植えよう。今度こそうまく育てられるような気がする。夏が来て、赤く色づいたトマトをもいで食べたら、そこにはどんな光景が、感情が、蘇って来るだろう。

私にとって忘れがたい一冊となった本書の翻訳には、青土社編集部の篠原一平氏、前田理沙氏、坂本龍政氏、そして校閲を担当してくださった方々に大変お世話になった。悲しみの淵にありながらも、ときにおいしそうな香りがしてくる一節に遭遇してお腹がグゥと鳴ることもあれば、著者のユーモアたっぷりの文章にクスリと笑うこともあった。心から救われた。本書との出会いを与えてくださったこと、この場を借りて厚く御礼申し上げたい。

二〇二二年九月三〇日

飯嶋貴子

* CBC The Sunday Magazine: "How tomatoes, once thought to be toxic, became a globally beloved food." cbc.ca/radio/sunday/the-sunday-magazine-for-august-14-2022-1.6548442/how-tomatoes-once-thought-to-be-toxic-became-a-globally-beloved-food-1.6556622

［著者］**ウィリアム・アレキサンダー（William Alexander）**
『ニューヨーク・タイムズ』のベストセラー作家。『ニューヨーク・タイムズ』、『ロサンゼルス・タイムズ』などに寄稿している。著書に *The $64 Tomato: How One Man Nearly Lost His Sanity, Spent a Fortune, and Endured an Existential Crisis in the Quest for the Perfect Garden* がある。

［訳者］**飯嶋貴子（いいじま・たかこ）**
翻訳家。訳書にローゼンブラット『Uberland ウーバーランド』、パウンドストーン『世界を支配するベイズの定理』、ブライトマン『留守の家から犬が降ってきた』、フレンドリー＋ウェイナー『データ視覚化の人類史』（以上、青土社）などがある。

世界を変えた10のトマト

2022年10月20日 第1刷印刷
2022年11月10日 第1刷発行

著者——ウィリアム・アレキサンダー
訳者——飯嶋貴子

発行者——清水一人
発行所——青土社

〒101-0051 東京都千代田区神田神保町1-29 市瀬ビル
［電話］03-3291-9831（編集） 03-3294-7829（営業）
［振替］00190-7-192955

組版——フレックスアート
印刷・製本——ディグ

装幀——大倉真一郎

ISBN978-4-7917-7506-4 C0020
Printed in Japan